KB275336

배우 오순택의

연기 미학

신체시정적
접근

오순한
지음

미래사

과연 나날의 삶 속에서 긍지(矜持)를 잃지 않고
겸손하면서 비굴(卑屈)하지 않고, 그러면서
꿈을 버리지 않고 살아간다는 것,
사람답게 산다는 것.
그러한 삶은 어떤 것일까?

_ 오순택

들어가는 말

이 책의 출발은 나의 마지막 스승이신 배우 오순택의 마지막 연기 유산, 스승이 가르치신 제자들이 스승에게 배운 기록을 모아 출판한 책 『칼을 쥔 노배우』입니다. 그리고 바로 그 책이 내가 이 책을 쓰게 된 실제적 동기입니다. 『칼을 쥔 노배우』 초고 마감일에 제자 몇몇이 모여 나눈 대화를 후기를 대신해 정리하면서 내가 했던 약속, 그 약속이 마음 한구석에 박혀 있었고, 스승이 떠나시고 나서는 그 약속이 의무감이 되었습니다. 그 의무감이 결국 내가 이 책을 쓰도록 부추겼습니다. (후기를 대신했던 스승과의 마지막 대화 전체 내용은 책 뒤에 부록으로 첨부합니다.)

솔직히 고백하자면, 내가 할 수 있는 것은 단지 스승의 가르침이 더 명료하게 드러나도록 정리하는, 딱 그 정도입니다. 제자들의 기록과 어시스턴트로 스승의 워크숍에 참여했던 내 공부를 더해 7년을 부지런히 탐구했음에도 나 또한 미완으로 마무리하게 되는 것에 스스로 자책이 됩니다만, 인간 진화의 역사에서 개인의 한 걸음은 언제나 미완일 수밖에 없습니다. 그리고 많은 대가들 또한 그렇게 미완으로 남겼기에, 현재를 사는 우리 역시 또한 남겨진 걸 채우며 진화해가는 것입니다. 각자 자신에게 적응시키면서 계속해서 앞으로 나아갈밖에요.

그런 이유로 책 제목과 관련해 해두고 싶은 말이 있습니다. 이 책을 고쳐 쓰는 과정에서 불현듯 정리된 것입니다. '신체시정적 접근'이 단순히 연기 방법이라기보다는 배우 오순택의 연기 인생 전체를 종합하는 정수로서, 배우 인생 전체를 관통한 스승만의 연기 미학이었다는 것입니다. 첫 단추를 어떻게 끼워야 할지 한참을 고민하던 중에 신체시정적 접근의 핵심 미학이 찾아졌습니다.

> 신체시정적 접근법을 간단히 정리하면, 몸과 마음이 '투명한 혼'이 되는 순간에 독자 혹은 관객의 혼(魂)과 만나는 것입니다.
>
> _오순택, 『칼을 쥔 노배우』

스승이 정리하신 신체시정적 접근법의 간단한 정리. '몸과 마음이 투명해진다. 투명한 혼이 된다…….' 수없이 되뇝니다. 수수께끼 같았지만, 바로 그 이유로 이렇게 풀어가는 것이 올바르다고 생각합니다. 스승께서는 생전에 '신체시정적 접근'이 21세기 우리 배우들의 연기 미학으로 가장 적절하다는 믿음을 갖고 모색을 멈추지 않으셨습니다. 이해를 돕기 위해 스승의 생각과 연결되는 위대한 연기 스승 스타니슬랍스키의 가르침을 옮겨 옵니다.

눈은 영혼의 거울이며 공허한 눈은 텅 빈 영혼의 거울이다. 배우의 눈, 배우의 표정이 영혼의 깊은 내적 내용을 반영하는 것이 중요하다. 그래서 배우는 자기 배역에서 인간 영혼의 삶에 상응하는 위대한 내적 자원들을 비축해두어야 한다.

_스타니슬랍스키, 『배우 수업』, 제10장 「교감」

두 대가의 생각이 한 맥락으로 이어지고 있습니다. 스타니슬랍스키는 먼저 자기 배역에서 '인간 영혼의 삶에 상응하는 위대한 내적 자원들'을 비축해두어야 한다고 합니다. 그리고 오순택 선생님은 배우의 몸과 마음이 '투명한 혼'이 되는 순간 독자의 혼을 만난다고 합니다. 우선 두 대가가 사용한 공통된 한자, 혼(魂)의 뜻을 찾아봅니다. '마음'이라는 의미의 한자가 들어 있습니다. 나는 혼과 마음의 연결을 생각하다가 다시 단절된 상태로 또 한동안을 흘려보냈습니다.

한참을 그 상태로, 늘 그랬듯이 이런저런 책을 뒤적이다 인지심리학자들의 관점을 발견했습니다. 인지심리학자들의 관점으로 보면 '마음'은 곧 의식이지요. 역시 인지심리학자들의 관점으로 인간의 의식이 두 차원으로 작동한다는 사실이 스승의 생각과도 연결됩니다. 스승께서도 연기 또한 두 차원으로 작동하는 것을 아셨고, 제자들에게 항상 연기의 순간에 대해 외적 풍경과 내적 풍경이 조화를 이루어야 한다고 가르치셨습니다. 외적 풍경은 주인공 바깥 세계에서 벌어지는 행위의 풍경이고, 내적 풍경은 주인공의 생각과 감정과 비밀이 펼쳐지는 마음의 풍경이지요.

음, '풍경'이라는 표현 때문에 피상적으로 생각될 수 있지만, 스승께서 연기를 시작했을 때 영향을 받았으리라 추측되는 샌포드 마이즈너의 가르침은 스승의 뜻을 좀 더 뚜렷이 이해할 수 있게 해줄 것입니다.

> "캐릭터의 내적인 요소(internal part)는 우리가 무엇에 대해 어떤 감정을 품느냐에 따라 정의할 수 있어."
>
> _ 샌포드 마이즈너·데니스 롱웰, 『샌포드 마이즈너 연기 테크닉』

구체적으로는 '감정이 드러나는 행동 양상들'이 캐릭터의 근원이라는 것입니다. 물론 외적인 요소는 가시적으로 드러나는 것들이겠지요. 그리고 내적인 요소는 스타니슬랍스키가 말한 '인간 영혼의 삶에 상응하는 위대한 내적 자원들'입니다. 스타니슬랍스키는 '비축'이라는 표현을 썼습니다. '어떻게 그 내적 자원들을 비축해야 하는가?'라는 질문을 던지고, 다시 또 계절이 여러 번 바뀌었습니다. 그리고 운 좋게 2006년 노벨 문학상을 탄 오르한 파묵이라는 튀르키예 소설가의 책에서 그 답을 발견했습니다. 사실 스승이 이미 준 답에 대한 확신을 얻었다고 하는 게 맞습니다.

소설은 우리를 풍경 속으로 초대하고, 우리는 세상을 그 안에 있는 등장인물의 관점에서, 그의 감각을 통해서, 그리고 가능하다면 그의 단어를 통해서 봅니다.

_오르한 파묵,『소설과 소설가』

　　오르한 파묵은 책의 첫 번째 문장을 "소설은 두 번째 삶이다."로 시작합니다. 결코 과장이 아닙니다. 소설을 읽을 때면 작품 속 다른 삶으로 들어선 듯 그 세계에 사는 경험을 할 때가 많습니다. 공감이지요. '독자 혹은 관객'이라는 말에서도 느낄 수 있습니다. 그러한 경험은 배우에게도 정말 중요합니다. '상상력을 키우기 위해서 어떻게 해야 하는가?'라는 제자들의 질문에 스승은 언제나 '소설 읽기'를 강조하셨습니다. 독서를 '생활화'했던 스승께선 소설 읽기가 상상력 기반의 연기력을 축적하는 데 최적이라는 것을 몸소 체득했던 겁니다.

　　독서가 사람들의 의식에 미치는 영향을 많이 연구한 사회과학자 가운데 요크대학교 심리학 교수 레이먼드 마 또한 같은 맥락으로 독서가 "바깥을 향한 관심과 내면을 향한 관심을 결합하는 방법"이라고 했습니다. 특히 소설을 읽을 때 그렇다고 합니다. 신경과학자이자 정신과 의사이며 『'나'라는 착각』의 저자인 그레고리 번스는 "독서는 뇌의 서사 궤적을 바꾸는 가장 효과적인 방법이다."라고 말합니다. 그의 팀이 실험한 결과 "읽기의 몰입적인 특성이 뇌의 상상력 시스템을 자극한다."고 합니다.

　　적어도 연극에 눈을 돌리기 전, 나의 진짜 삶을 밀어낼 정도로 소설에 빠져 살았던 나는 책 읽기가 저 지난한 진짜 삶을 견디는 힘이 되기도 한다는 것을 너무나 잘 압니다. 예, 그렇습니다. 소설 속에 빠져 있는 동안은 현실의 모든 고통을 잊어버립니다. 그렇게 쌓인 내공이 작품 해석력으로 이어진 것입니다. 물론 소설 읽기는 배우의 내적 자원을 비축하는 데도 최고의 방법입니다. 연기는 배역의 삶을 심적으로 체험해야 하는 예술입니다. 소설을 통해 스승의 신체시정적 접근의 기반, 그리고 스타니슬랍스키가 강조했던 인간 영혼의 삶에 상응하는 위대한 내적 자원들인 인간과 인간들의 삶을 제대로 만날 수 있습니다.

그런 의미에서 시 읽기도 소설 읽기만큼이나 중요하다는 것을 말하고 싶습니다. 시와 소설은 개별적으로도 자신의 과거, 현재, 미래의 경험을 더욱 생생하게 합니다. 살아오면서 마음이 가장 추울 때, 시 한 편 건져내고 읊조리는 일이 얼마나 사람 가슴을 따뜻하게 하는 일인지 경험해보지 않으면 결코 알 수 없습니다. 마음에 시가 담긴 배우의 연기가 무대에서 혹은 화면에서 어떻게 펼쳐질지 생각해보십시오. 나는 압니다. 배우를 가르치는 내내, 특히 연기 화술 수업에서 반드시 시를 연기하는 훈련을 시켰고, 배우들의 감성이 어떻게 바뀌는지 직접 보았습니다. 물론 시 훈련 방법의 기초 역시 러시아에서 배웠습니다. 다만 나는 한글 창제 원리를 기반으로 하는 시 화술 훈련을 합니다. 그리고 무엇보다도 오순택 선생님께서 그토록 강조하신 '시정'을 이해하려면 시 말고는 다른 길이 없습니다. 소설 읽기와 더불어 시 읽기도 필수입니다.

소설 읽기와 시 읽기는 스토리텔링의 상상력과 해석력 그리고 공감 능력을 깊이깊이 뿌리내리는 일입니다. 연기 내공(배우들에게 연기를 가르치실 때마다 스승께서 늘 강조하셨던)을 축적하는 데 있어서 그 어떤 메소드로도 해결되지 않는, 이른바 타고난 재능조차도 넘어설 수 있는, 오직 배우 스스로만 해낼 수 있는 최고의 방법입니다. 가장 좋은 비유는 나무가 아래로 자라는 일입니다. 사시사철 푸른 대나무와 같습니다. 대나무는 뿌리만 7년을 자란다고 하지요. 배우가 소설과 시를 읽는 일은 대나무가 뿌리를 뻗는 일과도 같습니다. 땅 위로 자라나기 위한 준비지요. 준비를 잘한 배우는 한결같이 탁월한 연기력을 보여주게 됩니다.

예, 그런 이유로 준비와 관련해서 꼭 해야 할 말이 있습니다. 나 자신, 많은 시간 정말 공들여서 스승의 연기 미학 '신체시정적 접근'을 드러내보고 싶었습니다. 그러나 연기 메소드로 자리매김하는 것은 배우 자신의 몫입니다. 자신에게 맞는 연기 방법으로 자리매김하기 위해서 소설, 시를 읽는 것과 함께 가장 깊은 역사를 지닌 아리스토텔레스의 『시학』, 연기 역설의 법칙을 알게 해주는 드니 디드로의 『배우에 관한 역설』, 배우 정체성에 적합하게 유연하게 적응시킬 수 있도록 시스템으로 정리된 스타니슬랍스키의 『배우 수업』을 공부하는 것입니다. 이 세 권의 책은 가장 기본이 되는 연기술의 원전입니다. 읽고 또 읽으면서 자기 생각과 자기 경험으로 정리하고, 자기 자신에게 적응시키십시오. 스승 또한 미국에서 배우로 사는 동안에도, 한국에서 마스터로 걸었던 그 길에서도 끝까지 연기 방법에 대한 모색을 놓지 않았습니다. 그리고 그 결과가 '신체시정적 접근'입니다. 그것이 내가 전하고자 하는 핵심입니다.

13 　미완에 대해서는, 스승이 가졌던 연기에 대한 그 자세와 마음을 알아챌 누군가에게, 그리하여 꼭 자신의 한 걸음을 더 가볼 수 있기를 간절하게 열망하면서 그 누군가의 미래로 넘기겠습니다. 스승의 가르침을 생각하고 또 생각해서 나 자신을 다져가는 데 길잡이가 되고 있듯이, 이 책의 내용들이 누구에게든 배우의 길을 가는 데 그러한 길잡이가 되기를 바랍니다.

일러두기

이 책은 저자와 오순택 선생님의 제자들이 공동으로 쓴 책 『칼을 쥔 노배우』 후기 대신에 넣었던 스승과의 마지막 대화에서 출발했다. 책은 모두 8장으로 구성되는데, 기본적으로는 제자의 질문 내용을 중심으로 각 장을 나누었다. 다만 제자들이 궁금한 점이 제각각이라 대화 자체가 조금 중구난방인 부분이 있어, 저자의 관점으로 스승이 전하려 했던 핵심을 뽑아 주제로 삼으면서 각 장의 제목으로 달았다. 전체 대화 내용은 책 맨 뒤에 부록으로 첨부했다.

⊙ 차례

서문

> 과연 나날의 삶 속에서 긍지(矜持)를 잃지 않고 겸손하면서
> 비굴(卑屈)하지 않고, 그러면서 꿈을 버리지 않고 살아간다
> 는 것, 사람답게 산다는 것. 그러한 삶은 어떤 것일까?
>
> _ 오순택

선생님을 만났던 초기에 선생님의 글을 다시 정리해 컴퓨터로 옮겨드리면서 눈과 귀에 박힌 글입니다. 온전히 배우로서 산 당신의 삶과 연기에 대한 자세와 생각이 압축된 물음입니다. 오래 곱씹고 곱씹다 보니 내 연극 인생에 대한 화두가 되었고, 지금은 내 남은 삶의 화두가 되었습니다. 정말 그러한 삶은 어떤 것일까요?

가볍게, 내가 이 문장을 유난히 오래 기억하게 된 일화부터 말해야겠습니다. 스승의 글을 정리해서 컴퓨터에 저장해드릴 때의 기억입니다. 자판으로 글을 치다 보면 끊기는 것이 귀찮아서 한자 넣는 것을 뒤로 미룹니다. 긍지와 비굴의 한자를 넣지 않은 것을 옆에서 다른 일을 하시던 선생님께서 보시더니, "오 박사, 긍지와 비굴 한자를 꼭 넣어야 해. 안 넣으면 안 돼."라고 단호하게 말씀하시는 겁니다. "아, 선생님. 넣을 거예요. 중간에 넣으려면 타이프치는 흐름이 끊기거든요. 단락 끝나고 찾아서 넣을 거니까, 걱정하지 마세요."라고 대답해드리니, 빙긋 웃으시면서

"커피 한잔 줄까?" 그러십니다. 잠깐 쉬자는 말씀이지요. "예, 선생님." 늘 그랬듯이 선생님이 커피를 내리시는 동안 단락을 끝내고 바로 괄호 안에 한자를 넣고 저장합니다.

그리고 선생님이 직접 내려주신 커피를 마시며 담소를 나눕니다. (이때를 기억할 때면 선생님과 저의 관계가 마치 시력을 잃은 호르헤 루이스 보르헤스와 그에게 책을 읽어주던 알베르토 망구엘의 관계와 비슷하다는 생각을 하게 됩니다.) 담소 중에도 '긍지'와 '비굴' 한자 얘기를 재차 어김없이 짚으십니다. "요즘 젊은 친구들이 한자를 싫어해. 그러면 안 되는데." 라고. "예." 나도 스승의 말에 완전히 동의합니다. 외할아버지께서 한학을 공부하셨어서 두 살부터 일곱 살까지 외가에서 자라며 여섯 살 즈음 한글을 배우기도 전에 『천자문』을 먼저 알았으니까요. 물론 한자를 쓰지는 못했습니다. '하늘 천, 땅 지, 검을 현, 누를 황'을 따라 읊었을 뿐입니다. 그 경험으로 한자에 대해 긍정적일 수 있었던 겁니다. 그 순간을 기억하며 다시 긍지와 비굴의 한자 뜻을 확인해봅니다.

矜持: 자신의 재능이나 능력을 믿음으로써 가지는 떳떳하고
　　　자랑스러운 마음.
卑屈: 용기가 없고 비겁함.

왜 내가 한자 뜻을 찾아 적었는지, 그리고 지금 이 순간도 저 문장을 다시 곱씹는지 알아챘을까요? 긍지, 프라이드라고 하지요. 그런데 프라이드라고 하면 왠지 좀 가볍게 들립니다. 긍지

라고 해야 비로소 스승께서 전하고자 하는 그 느낌이 다가옵니다. 나는 저 문장에서 스승께서 가지고 계셨던 연기에의 태도(스승은 늘 그렇게 제자들에게 '배우에의 존경'을 강조했습니다)와 배우로서의 긍지를 강하게 느낍니다. 그리고 그 태도와 긍지는 스승께서 늘 말씀하셨던 바, 한국으로 돌아오신 이유와도 무관하지 않습니다. 그리고 결국은 마스터로서의 마지막 삶을 오직 제자들, 우리 배우들에게 내어주셨습니다. 어쩌면 내가 이 책을 써야 하는 진짜 이유일 겁니다.

젊은 배우들에게는 생소할 수 있는 이름이지만, 오순택 선생님은 한국에서 대학을 졸업하자마자 곧바로 미국에 가서 네이버후드에서 연기를 배우고 할리우드 배우로 데뷔해서 40년을 활동했습니다. 순수 한국인으로서는 처음, 미국에서 배우로서 입지적 성공을 이룬 분입니다. 그런 선생님께서 우리 배우들을 세계적 수준으로 키우고 싶다는 뜻을 품고 은퇴가 없는 미국에서의 배우 생활을 접고 한국으로 오신 겁니다. 그리고 13년 동안 한국에서 제자들을 가르치시면서 21세기 오로지 한국 배우들에게 적합한 연기 방법을 모색하셨습니다. 그 결정(結晶)이 바로 이 책의 단초가 된 '신체시정적 접근' 방법입니다. 비록 미완성이라고 말씀하셨지만, 그조차도 대한민국에서는 그 누구도 하지 않는 일이었습니다.

우연찮게 스승의 글을 읽고 그 정신을 알아챘던 나는 분명 운이 좋았지 싶습니다. 그 글을 읽고 얼마 후, 예기치 않은 필연으로 미하일 체홉으로 논문을 쓰는 중이던 선생님 제자의 공연에서 선생님을 만났습니다. 그 제자의 논문에, 러시아에서 스타니슬랍스키와 미하일 체홉을 결합하는 메소드로 박사 논문을 썼던 내 경험이 일조했고, 그 인연으로 제자의 공연에 초대되어서 선생님을 만났던 것입니다. 사실 그 글이 아니었다면 그분이 누군지도 모른 채 그냥 지나쳤을 겁니다. 그 글 때문에 제자를 알기 전부터 너무 뵙고 싶었던 것이지요.

연극이 끝나고 제자를 기다리는 그분 옆으로 가서 주저주저하며 먼저 인사를 했습니다. 제자의 논문을 읽었다 하시며, 좋은 논문을 쓸 수 있게 해주어 진심으로 고맙다고 하셨습니다. 그리고 바로 그날 미하일 체홉이 많이 궁금했다고 하시며, 돌아오는 일요일 댁으로 저녁 초대를 해주셨습니다. 너무나 의외의 즉각적인 초대에 당황스러웠지만, 이미 스승의 글에 담긴 그 정신에 경외의 마음을 품은 터라 기꺼이 응했습니다. 그 뒤 종종 집으로 불러주셨고, 나는 언제나 즐겁게 방문했습니다. 점심 약속으로 갔다가 대화가 길어져 결국 저녁까지 이어질 만큼 많은 대화를 나누었습니다. 그리고 그렇게 나와 스승의 대화는 5년 가까이 이어집니다.

그런 분이셨습니다. 스승께서는 나이와 상관없이 제자들과 서슴없이 토론하십니다. 연기 방법에 대한 스승의 탐구심은 대단하셨지요. 제자들의 기록에도 종종 보입니다. 그리고 내가 연출했던 연극 공연에도 와주셨고, 배우들과 내 제자들에게도 진심 어린 조언을 해주셨습니다. 감히 말하지만, 연기에 대한 그분의 자긍심과 사랑은 내가 아는 그 어느 배우에게서도 듣도 보도 못한 것이었습니다. 스승께서 배우 그리고 마스터로서 살았던 그 시간들, 그 내공은 군계일학이었습니다. 어떤 배우도 스승이 본 것을 보지 못했고, 또 스승이 말하는 것을 말하지 않았으니까요. 스스로 도제되기를 자청할 수밖에 없었습니다.

그때, 그렇게 5년 가까이 나눈 대화들, 그 시간이 특별하게 소중한 기억으로 남은 것은 아마도 연극에 대해, 연기에 대해 서로 많은 생각이 같았고, 그리고 인생의 지향점이 같았기 때문일 겁니다. 행복한 시간이었습니다. 운 좋게도 그때 스승과 함께 보낸 그 5년 동안 마침 일이 별로 없기도 했지만, 선생님과의 시간을 많이 갖기 위해 사는 데 지장이 없는 한 의도적으로 일을 적게 잡기도 했습니다. 어쩌면 선생님과의 시간이 길지 않다는 것을 알고 있었기 때문입니다. 그때 스승의 나이 여든, 내 나이 쉰이었습니다.

그래서였을까요? 단 한 번이라도 선생님과 작업할 기회가 절실해졌고, 놀랍게도 마치 그런 내 마음이 어떤 파동을 만들었는지 스승의 마지막 수업을 어시스트할 수 있었습니다. 그리고 보았습니다. 스승이 어떻게 배우들을 가르치시고 인도하시는지를. 그리고 좀 더 긴 시간, 실제로 작업해보기를 간절히 기다렸지만 아쉽게도 그것이 스승의 마지막 수업이 되었습니다. 그러나 다행히 어떤 예감의 부추김으로 정말 중요한 일을 할 수 있었습니다. 스승이 보여주신 순간들을 목격한 제자들이 그 순간들을 기억하고 있을 때, 그 기록을 남겨놓고 싶다는 생각이 강하게 든 것입니다. 그 결과가 선생님의 제자들과 공저로 낸 『칼을 쥔 노배우』입니다. 그렇습니다. 그 시간과 그 책이 없었다면 이 책도 없습니다.

『칼을 쥔 노배우』를 기획할 때, 무슨 예감이라도 있으셨던지 제자들의 정체 상태를 늘 걱정하는 말씀을 하셨고, 제자들을 위한 재활 워크숍을 하셨으면 했습니다. 그리고 더 나아가 한국 배우들을 위한 연기 학교를 세우고 싶어 하셨습니다. 왜 좋지 않은 예감은 늘 적중하는 걸까요? 선생님이 그렇게 간절히 바라시던 제자들을 위한 재활 워크숍은 이루어지지 못했습니다. 연기 학교 역시 계획 단계에서 더 나아가지 못했습니다. 그리고 스승께서 이 세상에 안 계신 지금, '신체시정적 접근' 방법 자체가 『칼을 쥔 노배우』에서 미완인 상태로 자칫 잊힐 상황에 놓인 것입니다.

물론 연기 인생 끝에서 응집된 배우 오순택의 삶과 연기의 도라고 할 수 있는 신체시정적 접근 방법을 이해하는 것이 결코 쉬운 일은 아닙니다. 그렇지만 그 어려움에도 불구하고 의지를 가지고 잘 읽어낸다면, 스승이 가졌던 연기에 대한 자긍심이 마음 깊이 단단하게 자리 잡을 수 있습니다. 내가 그랬습니다. 어떤 어려움도 극복할 수 있는 단 하나의 힘이 있다면, 바로 내 일에 대한 자긍심이라는 것을 스승께 배웠습니다. 이 책을 쓸 수 있었던 것도 그 자긍심 때문입니다.

나는 스승께서 미국에서 돌아가셨다는 소식을 접했던 그날, 2018년 4월 4일을 잊지 못합니다. 이 책도 그때 시작된 것이니까요. 부산 광안리에 살고 있었습니다. 그때 매일 하던 일, 광안리 바닷가를 걷다가 돌아와 그 일을 알게 됐습니다. 그리고 무슨 마음에서인지 『칼을 쥔 노배우』를 꺼내 다시 읽기 시작했고, 그 책에서 미처 알지 못했던 것들을 보았기 때문일 수도 있는 그 순간, 내가 본 것을 제대로 확인해봐야 했습니다. '스승이 세우려고 했던 연기 학교는 대체 어떤 모습이었을까?'라는 호기심과 함께, 『칼을 쥔 노배우』에 실린 제자들의 기록을 꼼꼼히 읽기 시작했습니다. 그리고 내 기억으로는 맨 마지막에 받은, 하마터면 실리지 않았을 수도 있는 제자의 원고에서 그 실마리를 찾았습니다.

> 그 첫 번째 환경은 블랙박스 극장에 영상 시스템을 갖추는 것이었습니다. 그래서 배우들이 연극과 영화에 동시 적응하며, 자신의 연기를 매체에 따라서 조절하고 극대화할 수 있는 배우 양성소를 매양 꿈꾸셨습니다. 티칭은 개인 강사들의 강의들이 따로 진행되는 것이 아니라 연출, 연기, 움직임, 영상 감독 등이 함께 팀티칭으로 이루어지는 연기 교육 시스템을 간절히 원하셨습니다. 이런 환경과 배움이 공급되었다면 배우 및 학생들은 엄청나게 확장했을 것이고 좋은 배우들이 지속적으로 탄생되었을 것입니다.
>
> _ 이두성, 『칼을 쥔 노배우』

팀티칭은 영화와 관련된 사항 외에는 스타니슬랍스키가 이미 100년 전 완벽하게 구축한 시스템입니다. 연기 교육 시스템으로는 최고입니다. 러시아에서는 지금도 여전히 그렇게 팀티칭으로 연출가와 배우를 길러냅니다. 그러나 한국에서는 이루어지기 힘든 여건입니다. 그런데 책을 쓰는 중에 코로나 시기를 겪고 있어서였는지, 선생님의 선견지명, '블랙박스 극장에 영상 시스템을 갖추는 것'에 관한 내용은 마치 코로나 시대를 예견한 것 같았습니다. 그래서 든 생각, 블랙박스 극장까지는 아니더라도 영상 시스템을 갖춘 공간을 만들 수는 있겠다고 생각했습니다. 물론 지금 누군가는 배우로, 누군가는 교수로, 누군가는 연기 선생으로 활발히 활동하고 있는 스승의 제자들이 선생님과의 기억을 올바르게 정리하면서 좀 더 진화된 생각으로, 그리하여 종래에는 신체시정적 연기로 선생님과의 약속을 지켜내는 것이 이상적일 것입니다. 진심으로 간절히 오순택 선생님의 제자들 각자에 의해 무슨 일이든 일어나기를 바랍니다.

나도 그렇습니다. 생각을 했을 때 바로 실행해야 한다는 것을, 뒤로 미루면 정말 실행하기 힘들다는 것을, 『칼을 쥔 노배우』를 기획할 때의 경험으로 배웠습니다. 스승과 열정적 대화를 나누었던 쉰 살의 연출가는 너무나 초조한 나이, 1년이 10년의 가치를 지니는 이순(耳順)의 나이 환갑이 넘었습니다. 더는 미룰 수 없습니다. 스승이 온몸으로 보여주신 신체시정적 연기를 마지막으로 본 목격자 중 한 사람으로서 분명 내가 본 것을 말해야 할 책임이 있습니다. 비록 스승이 꿈꾸던 그런 학교를 세울 수는 없어도 15년의 시간을 한국에서 마스터로 사시면서 뿌린 씨앗, 신체시정적 접근법의 밑그림이라도 그려보고자 합니다.

'만일에'라는 상상으로 다시 그 대화를 잇는다면 어떤 대화를 나누어야 했을까?

내가 이 책을 시작하면서 던졌던 첫 질문입니다. 그 질문에 대해 온 힘을 다해, 온몸으로 밀고 나가면서 나에게 해온 대답을 정리해보겠습니다. 나는 이 책을 초보자들의 연기 입문서로 썼습니다. 내용과 가치의 경중을 떠나서 이 책은 미래의 배우들을 대상으로 하는 연기 입문서입니다. 오직 한 번뿐인 삶에서 선택한 배우의 길, 어떻게 갈 것인가? 스승의 가르침의 기저에 흐르는 문제, 올바른 배우의 태도, 연기에 대한 자세는 초보 배우에게 밑그림과 같습니다. 그림을 그리기 전 밑그림을 잘 그려야 하듯 연기를 시작하기 전 배우는 연기에의 태도를 먼저 올바르게 갖추어야 합니다.

나는 나름대로 쉽게 쓰려고 노력했는데, 3년에 걸쳐서 탈고한 첫 원고를 읽어준 배우, 연기 전공 교수, 출판 관계자들이 이구동성으로 전문적 내용이라고, 쉽지 않은 내용이라고 합니다. 적잖은 좌절로 출판을 미루고 틈틈이 다시 고치면서 4년이 또 훌쩍 지나갔습니다. 그러는 중에 더 어려워진 것 같기도 합니다. 하지만 마냥 붙들고 있을 수만은 없어서 내 제자들에게 했던 말, 후안 마요르가가 그의 희곡 『비평가』에서 비평가 볼로디아의 입을 통해 한 말을 들려주면서 그냥 그대로 밀고 나가겠습니다.

"고통 없이 뭘 배웁니까?"

1장

'만일'의 오지랖

2013년 9월 14일, 오전 11시, 초고 마감일. 모두의 원고를 취합한 뒤에 점검 차원에서, 각자에게 여전히 해결되지 않는 미진한 부분에 대해 이야기를 나누고자 몇몇 제자가-김여진, 김종태, 오순한, 이민우, 이종무- 오순택 선생님 댁에 모였다. 둘러앉아 선생님이 직접 내려주신 커피를 마시면서 한 사람씩 말문을 연다. 공연 때문에 좀 일찍 일어나야 하는 이종무의 궁금증부터 풀어나가기로 했다.

이종무 예전에 선생님 수업을 받을 때 적어놓은 글과 또 지금 다시 느끼는 것 중 여전히 고민되는 것이 있는데, '만일에'로 필터링을 할 때 늘 걸리는 부분이 있습니다. 인물의 목표를 정할 때, 목표를 중심으로 하다 보니, 순간을 놓치거나 상황을 놓쳐서 오히려 목표가 '순간에서 순간으로' 넘어가는 데 방해되는 경우가 있습니다. 배우의 집중과 상상만으로 바로 주어진 상황에 들어갈 수는 없는가? 여전히 고민입니다.

오순택 사실 처음부터 magic if, 그 말이 이해가 되지 않았다. 왜? 주어진 상황으로 그대로 들어가지 못하는가? 항상 주어진 상황이 있는데, 왜 '만일에'가 필요한가? 배우가 내적 진실의 감각을 가지고도 주어진 상황에 바로 들어가지 못하겠는가? 상황을 충분히 이해하고 자기의 능력 안에서 상황을 흡수하면 되는 것이 아닌가? 길을 가는 데도 항상 조정이 필요해지는 것처럼, 연기를 하는 데도 역시 마찬가지로 순간순간 장애가 있다. 그래서 조정이 필요해지는데, 목적이 있으니까 조정이 가능해지는 것 아닌가?

_『칼을 쥔 노배우』, 「후기를 대신하여」

만일의 오지랖은 사실 인간이 존재하는 데는 한계가 있고, 상대적으로 상상력에는 한계가 없기 때문입니다. 그런 이유로 일단 분명히 해둘 것은 스승의 생각이 옳다는 겁니다. 맞다가 아닙니다. 옳다는 겁니다. 맞다와 옳다는 다른 것이거든요. 상상력에 관한 '만일'의 오지랖은 사실 스타니슬랍스키 시스템을 잘못 이해한 데서 비롯되었다는 것을 분명히 말합니다. 그리고 이러한 오류 역시 시스템을 장착하는 데 핵심 과정인 '에뜌드' 창조 과정을 제대로 알면 해결되는 문제입니다.

'에뜌드'는 5~6분 내외의 스토리텔링 창작으로 시작합니다. 그렇습니다. '에뜌드' 창조 과정은 극작 과정의 압축입니다. 무엇보다도 배우 자신에게 일어날 수 있는 '사건'을 상상해내는 것이 관건입니다. 다시 말해서 자신에게 일어날 수 있는 '극적 상황'을 상상해내는 것입니다. 상상력으로 극적 스토리를 구성합니다. 그리고 극으로 만듭니다. 그렇게 만들어진 짧은 극이 '에뜌드'입니다. 스타니슬랍스키 시스템은 '에뜌드' 과정을 통해 배우로서의 작업 전반에 대한 연기술을 장착하는 시스템입니다. 가장 중요한 것은 에뜌드의 주인공인 '나'에게 '무슨 일이 일어날 수 있을까?', 즉 사건을 상상해내는 것입니다. '만일'이란 단어는 사용되지 않습니다. 마스터가 반복하는 말은 "무슨 일이 일어난 거지?"입니다.

한 편의 희곡, 또 그 속에 있는 각 배역은 작가의 상상력의 산물이자, 작가가 생각해낸 일련의 만약이라는 가상 세계 및 주어진 상황이다. 극작가의 작업이 그래야 하듯이 예술은 상상력의 산물이다. 배우의 목표는 자신의 테크닉을 이용하여 희곡을 연극적 실재로 바꿔놓는 일이다. 이런 과정에서 상상력은 가장 중요한 역할을 한다.

_ 스타니슬랍스키, 『배우 수업』

『배우 수업』 제4장 「상상력」 첫 페이지에 있는 말입니다. 그렇습니다. 연기 시작에서부터 가장 먼저 '스토리텔링의 힘'이 요구됩니다. 특히 서사와 관련된 작가적 상상력의 도구로서 '만일'은 스토리텔링을 위한 상상력의 도구인 겁니다. '만일'이 스토리텔링이라는 작가적 상상력의 시작을 촉발하는 역할을 하는 것입니다. 이러한 맥락에서 작가들의 '만일'은 어린아이의 '만일'과 거의 같습니다. 그렇습니다. '만일'은 특히 상상력이 풍부한 작가와 상상력이 풍부한 아이들의 상상력을 수월하게 끄집어내는 도구인 것이지요. '만일 나에게 ~한 일이 생기면?'으로 시작하는 상상력의 도구인 것입니다. 『배우 수업』 제4장 「상상력」의 장에서 '만일'이란 단어가 나오는 이유도 그러한 맥락에서입니다.

그리고 무엇보다도 중요한 것은 『배우 수업』 시스템은 '배우 자신에 대한 작업'이라는 것입니다. 그러니까 연기를 위한, 배우의 준비를 위한 체계입니다. 영역자 엘리자베스 레이놀즈 햅굿이 『An Actor Prepares』로 영역한 것은 그런 맥락에서일 겁니다. 우리는 일본에서 유학하고 돌아온 연출가 오사량이 일본에서 번역된 것을 우리 글로 옮기면서 『배우 수업』이 된 것이고요.

그러니까 스승의 대답이 옳습니다. 배우에게도 작가적 상상력이 필요한 것은 사실이지만, 엄밀히 따져보면 '배역'이 주어진 배우에게는 '만일'이 구체적으로 구현된 '희곡'이 손에 쥐여 있으므로 그에게 요구되는 상상력은 다를 수밖에 없습니다. 시스템에서 스토리텔링의 힘을 만드는 '만일'의 과정은 배우가 되기 전, 되는 과정에서의 일입니다. 단계가 다릅니다. 잊지 마십시오. 이미 배역을 연기해야 하는 경우에는 희곡 전부가 '주어진 상황'이고, 배우들은 희곡이라는 '주어진 상황'을 해석해서 이해하고 연기하면 되기 때문에 '주어진 상황'을 '실재로 바꾸어놓는 일', 다시 말해서 구체적이고 실제적인 행동과 감정을 찾기만 하면 되는 겁니다. 이때는 '해석력'이 더 많이 필요하지요. 참고로 샌포드 마이즈너는 '주어진 상황'을 좀 더 구체적으로 '주어진 상상 속 상황'이라고 표현했더군요.

마이즈너는 스승께서 공부한 미국의 '네이버후드 연기 학교'에서 스타니슬랍스키 시스템에 근거해 배우들을 가르쳤던 아메리칸 삼인방 중 한 사람입니다. 미국의 많은 배우들을 배출한 위대한 마스터입니다. 최근 번역된 그의 책 『샌포드 마이즈너 연기 테크닉』을 읽으면서, 특히 배우를 가르치는 방법에서 스승의 모습이 꽤 많이 겹쳐 보여 놀랐습니다. 사실 오래전부터, 어쩌면 마이즈너가 배우 오순택의 스승이었을 수도 있겠다고 추측했는데, 책을 다 읽고 나서 공교롭게도 오순택 선생님이 다녔던 딱 그 시기에 마이즈너가 그 학교를 잠시 떠나 있었음을 알게 되었습니다. 그럼에도 꽤 많은 부분이 겹칩니다. 『칼을 쥔 노배우』 공저자 제자의 기록에 있었던 '속닥속닥' 메소드도 마이즈너 책 전반에 걸쳐서 보이거든요.

아무튼 우리의 주제로 돌아와서, '만약' 부분도 그렇습니다. 마이즈너 역시 좀 '다르게' 받아들입니다. 특히 오류를 범하지 않는다는 점이 그렇습니다.

> "그러나 대체화, '만약'의 기술은 또 다른 것이지. 차가운 글자에 불과한 대사를 감정적으로 명확하게 만들어줄 수 있는 개인적인 경험이나 상상으로부터 자신만의 예시를 찾아내는 것이거든."
>
> _ 샌포드 마이즈너·데니스 롱웰, 『샌포드 마이즈너 연기 테크닉』

그러니까 그는 개인적인 경험과 상상으로 '대체'해서 장면을 연기하기 위해 필요한 감정을 찾아가게 했던 것입니다. 『산 연기』의 저자 우타 하겐 역시 '만약'을 자신의 정체성에 맞게 '대체' 작업으로 구체화했습니다. 그런 의미에서 우타 하겐 역시 시스템의 계승자라고 할 수 있습니다.

> 정체의식을 확대한다는 의미에서 일단 자기 발견의 여행길에 오른 다음에는, 그래서 지금 이 지식을 극중 인물과 동일시하는 데 적용하려고 한다면, 우리는 자신의 경험과 기억으로부터 일련의 연속적·중복적 대체 작업을 통해서 이 전이,

즉 우리 내부에서 등장인물을 발견하는 과업을 수행해야 하며, 이렇게 대체된 것들을 극의 허구의 자리에 두어야 한다.

_ 우타 하겐,『산 연기』

책의 원제목은 'Respect for Acting'입니다. 우타 하겐의 연기 접근법을 배우 자신에게 적용하려면 배우 자신의 '정체', 즉 '나는 누구인가'가 먼저 해결되어야 합니다. 당연합니다. 배역 안에서 '나'를 찾는 노력이 필요하기 때문입니다. 이 과정에서도 기억력과 더불어 대체라는 상상력이 중요한 역할을 합니다. 우타 하겐은 자기 '정체'에 맞게 '만일'을 적용했다는 것을 잊지 마십시오. 어쨌든 작가와 배우의 상상력은 그 과정에 있어서 다른 겁니다. 작가의 상상력은 '만일'이란 상상력을 통해서 '가상 세계'를 창조하는 것이고, 배우의 상상력은 그 '가상 세계'를 '실재'로, 즉 감정이 담긴 행동, 다시 말해서 연기(action)로 바꾸어놓는 일인 겁니다.

사실 이 '만일'에 대한 답을 푸는 데 꽤 오래 걸렸습니다. 스타니슬랍스키 시스템의 압축이라고 할 수 있는『배우 수업』전 과정이 나에게서 먼저 통합되어야 했기 때문입니다.『배우 수업』제4장에서 토르초프 선생(스타니슬랍스키)은 학생들에게 '조카와의 상상 놀이'를 들려주면서 '만일'의 역할을 분명히 설명하고 있습니다. 분명히 할 것은, '만일'은 극적 상상력을 끄집어내기 위해서 초보 배우들의 '상상의 지렛대'로서 기본적으로 '에뛰드' 창작 외에는 성인에게 '만일'의 과정을 제대로 터득하게 할 방법은

'거의' 없다는 점입니다. 러시아 연기 교육의 핵심이 된 '에뜌드'는 스타니슬랍스키의 놀라운 발견입니다. 스토리텔링 기술의 연기적 기술로의 압축입니다. '에뜌드' 창조 과정이 연극의 근원이 되는 '이야기'를 상상해내고, 그 이야기를 연기로 창조하는 첫 단계이기 때문입니다. '에뜌드' 창조 과정은 바로 작가가 곧 배우였던 비극이 탄생하는 과정과 같습니다. 작가의 창조 과정과 배우의 창조 과정이 결합돼 있는 진짜 이야기꾼의 과정인 것이지요. 배우야말로 지극히 실제적이고도 현실적 의미에서 진정한 호모 나랜스(Homo Narrans: 이야기꾼 인간)입니다. 이야기꾼이 배우가 된 것입니다.

> 연기란 불가사의요, 연극 또한 그렇다. 사람들이 한 공간에 모여 두 그룹으로 나뉜 다음, 한쪽이 다른 한쪽을 위해 스토리를 연기하는 것이 곧 연극이다.
>
> _데클란 도넬란, 『배우와 목표점』

그렇습니다. 연극의 기원이고 또한 연기의 기원이 바로 아리스토텔레스의 『시학』에 정리된 스토리텔링입니다. 그 불가사의가 스타니슬랍스키가 찾아낸, 시스템의 압축이라고 할 수 있는 『배우 수업』의 '내적 창조 과정' 전체를 관통하는 '에뜌드' 작업의 기반입니다. 그런 맥락으로 '에뜌드' 작업은 배우가 되는 '준비'로서 시스템을 빨리 익힐 수 있는 최적의 방법입니다. 그런 맥락에서 햅굿이 『An Actor Prepares』로 번역한 것은 꽤 괜찮은 선택입니다. 다시 『배우 수업』으로 번역한 오사량의 선택도 그리 나쁘지 않습니다.

스타니슬랍스키 시스템은 실제로 '에뜌드' 과정을 핵심으로 연기에 필요한 모든 내적 창조 요소들을 결합하는 최고의 과정입니다. 하지만 우리의 연기 교육과정에는 '에뜌드' 창조 과정이 없습니다. 교육과정에서도 대부분 작품을 정하고 작업에 들어갑니다. 그리고 나라마다 시스템 수용 과정이 다릅니다. 다양성의 관점으로 이해해야 합니다. 우타 하겐과 샌포드 마이즈너는 '대체(particularization)'로 대신합니다. 물론 그 또한 스타니슬랍스키 용어입니다. 그런 의미에서 우리 배우들이 '만일'에 매달리는 것은 시간 낭비입니다.

확신합니다. 러시아에서 스타니슬랍스키 시스템을 배우고, 연출 마스터 자격을 따고, 다시 또 스타니슬랍스키 시스템에 블라디미르 네미로비치단첸코, 미하일 체홉의 메소드를 결합하는 내용으로 박사 논문까지 쓰고 돌아온 이후 지난 20년 동안 시스템이 압축된 『배우 수업』을 제대로 풀어 전달하겠다는 생각으로 100번 넘게 읽으면서 확신하게 된 사실입니다. 덕분에 『배우 수업』을 풀어내는 과정에서 제4장 「상상력」 원고를 마무리할 때는 아리스토텔레스의 『시학』을 완전히 새롭게 다시 공부할 수밖에 없었습니다. 그리고 더 많은 연기 기술을 발견할 수 있었습니다. 온고지신(溫故知新), 배우에게도 '스토리텔링' 기술, 즉 배역으로서 주인공 입장으로 하는 줄거리 정리 기술이 필수라는 결론에 이르렀습니다. 그때부터 배우 교육과정에서 배우들과 대본 읽기

전에 줄거리 정리부터 했습니다.

결과는 놀라웠지요. 내 믿음은 틀리지 않았습니다. 내 책『문장//쪼개기』에서 확인할 수 있습니다. 그 뒤에 안톤 체호프의『갈매기』와 에드워드 올비의『동물원 이야기』를 연출하면서도 '줄거리' 정리를 맨 처음에 반드시 했습니다. 물론 그때도 자기 배역을 주인공으로 한 줄거리 정리는 희곡은 물론 배역에 대한 배우들의 이해를 상상 이상으로 끌어올렸습니다.『오순한의 갈매기 연출 노트』에서 확인할 수 있습니다.

그러니 지금 희곡을 손에 쥐었다면 '만일'은 머릿속에서 지우십시오. 배우가 반드시 해야 할 실제적 작업을 하십시오. 이미 희곡이라는 '주어진 상황'을 갖고 연기하는 배우들에게 '만일'은 원래의 구실을 못 할뿐더러 필요하지도 않습니다. 희곡이야말로 '만일'이 구체화된 실재니까요. 상상력이 무궁무진한 아이들에게서야 '만일'이 상상력을 확장시킬 수 있는 마법의 단어지만, 이미 상상력에 한계가 생겨버린 어른이 쓸 때는 자신의 한계 이상을 상상해낼 수 없어 결국은 배우 자신의 한계에 한정된다는 겁니다.

너 자신을 알라. 배우에게도 매우 중요한 말입니다. 자기 자신의 한계를 인정하고, 현재의 자기 한계를 극복할 수 있는 구체적이고 실제적인 방법을 찾는 것이 지혜로운 선택입니다. 그러니 스승의 말대로 '상황을 충분히 이해하고 자기의 능력 안에서 상황을 흡수하는' 방법을 찾는 것이 현실적입니다. 배역을 따내면, 자기 배역을 주인공으로 해서 줄거리 정리부터 하십시오. 줄거리 정리를 제대로 하려면, 해보면 알게 되겠지만, 인문학적 토대가 필요하고 또 훈련을 많이 해야 합니다. 희곡을 많이 읽어야겠지요. 줄거리 정리가 제대로 되면 작품의 주제와 초목표가 명확히 드러납니다. 그 밖에도 줄거리 정리와 함께 점점 명확해지는 것은 '그는 누구인가?'라는 극적 질문입니다. 사람마다 자신의 정체성 형성에 따라서 성격은 물론 행동과 말투가 형성되는 것과 마찬가지로, 인물의 성격은 물론 행동과 감정을 찾기 위해 배우가 반드시 해야 할 작업, 인물의 정체성이 명확해지는 것입니다.

'그는 누구인가?'라는 극적 질문에 대한 대답을 찾으면 작가에 의해 주어진 인물의 행동과 성격을 파악할 수 있게 됩니다. 특히 작품 전체를 관통하는 행동은 인물의 목표와 긴밀히 연결되어 있습니다. 그러므로 인물의 정체성과 긴밀히 연결되는 인물의 목표를 알아내야 합니다. 내 인생의 목표를 찾기 위해 내 정체성에 대한 답을 먼저 찾아야 하는 것과 같은 맥락입니다. 극적 질문과 함께 인물의 정체성을 파악하는 가운데 인물의 목표를 알게 되고, 인물이 목표를 이루려는 욕구를 이루기 위해 어떤 행동을 할지 알게 됩니다. 그리고 결국에는 그에 따라서 인물의 구체적 행동, 즉 적합한 연기를 할 수 있는 구체적 방법을 궁리할 수 있게 됩니다.

생각해보죠. 지금 자신이 세운 목표는 배우가 되는 겁니다. 그 목표를 이루기 위해 이 책을 읽는 것을 비롯해 배우가 되는 목표를 이루기 위해서 구체적인 행동을 합니다. 그 행동들은 분명 자신의 자질과 정체성이 바탕이 되어 나옵니다. 연기에 대한 자질과 정체성이 적합하다면 배우가 되려는 목표를 이루기 위해 올바른 행동을 하게 될 것입니다. 같은 방법으로 생각하면 됩니다. 인물의 목표는 그 인물의 정체성과 상관이 있습니다. 아주 긴밀합니다. 지금 이 말은 정말 중요하니 꼭 기억해야 합니다. 작품을 앞에 두고, 인물을 앞에 두고 '만일'의 오지랖에 걸려들면 '막연함'의 함정에 빠지는 결과만 초래합니다. 인물의 목표 그리고 특히 목표를 이루고자 하는 욕구는 바로 인물의 자질에서 나오고 행동의 방향도 결정짓습니다. 그리고 그 모든 것이 작가에 의해 설정되어 있습니다. 그러니 '만일'은 머릿속에서 지우십시오.

다시 강조합니다. 『배우 수업』 시스템은 러시아어 원서 제목으로도 분명히 명시된 '배우 자신에 대한 작업'이라는 원제목이 우리에게 알려주는 바와 같이 배우 각자의 개성을 파악하면서 기본 토대를 다지는 단계입니다. 배우가 되기 위한 '수업' 단계인 겁니다. '준비' 없이 배우가 될 수 있다고 생각지 마십시오. 샌포드 마이즈너 역시 '준비 없이는 결코 무대에 나가지 말라'고 가르칩니다. '준비'는 데클란 도넬란에 따르면 '보이지 않는 작업'에 속하는 단계입니다. 그러니까 한 단어로 말하면 '과정(process)'입니다. 러시아 연극 학교에서는 바로 이 단계에서 학생들이 '배우가 될지'를 단호하게 판단해줍니다. 학생 스스로 자기 정체성을 파악하는 과정이 되는 겁니다.

결국 자신만의 고유한 배역을 창조하는 것, 작품 이해에 더 집중해서 배역의 상황에 맞는 행동과 감정을 찾아내어 그 행동과 감정을 자신과 동일시해가는 것이 더 현명합니다. 그러려면 배우의 풍부한 경험이 필요합니다. 연기는 경험의 예술입니다. 텍스트가 배우의 경험을 자극해야 축적된 경험 수집함에서 배역에 적합한 기억이 이미지로 바뀌어 나오게 되는 겁니다. 그러나 정체성과 환경이 다른 배우들 각자의 경험에는 분명 한계가 있습니다. 스타니슬랍스키는 그러한 고민을 출발점으로 해서 평생에 걸쳐 시스템을 완성했습니다. 배우 자신의 정체성에 시스템을 맞물리게 한 것입니다. 그래서 시스템입니다.

연기에서 '만일'의 오지랖이 넓어지는 데 막대한 기여를 사람은 아메리칸 메소드 삼인방 중 선두 주자였던 미국의 연기 교육자 리 스트라스버그입니다. 리 스트라스버그가 스타니슬랍스키 시스템을 너무 가볍게, 오지랖 넓게 전혀 관련이 없는 '정서 기억'에 섞어서까지 수용하면서 이상하게 오지랖이 넓어진 것인데, 한국 배우들 역시 그 영향을 받아서 '만일'이 지금처럼 오히려 주체할 수 없을 정도로 오지랖이 더 넓어진 겁니다. 더욱이 영화 제작자 엘리아 카잔이 리 스트라스버그와 함께 영화배우들을 키우는 '액터즈 스튜디오'를 열고, 거기서 할리우드 배우들을 많이 배출함으로써 할리우드 영화의 영향력이 전 세계적으로 확장되면서 '만일'이라는 '상상의 지렛대'를 주로 '정서 기억'을 위한 것으로만 인식하게 된 겁니다. 결국은 그 영향으로 우리 배우들 역시 '만일'의 그 넓은 오지랖에 너무 현혹된 겁니다.

예전에 선생님 수업을 받을 때 적어놓은 글과 또 지금 다시 느끼는 것 중 여전히 고민되는 것이 있는데, '만일에'로 필터링할 때 늘 걸리는 부분이 있습니다.

제자의 생각에서 스승의 가르침과는 뭔가가 어긋남을 알겠지요? 다시 반복하게 되는데, 제발, 이미 텍스트(대본, 시나리오)가 있는 한 '필터링(filtering)'과 '만일'은 연결될 수 없습니다. '만일에'로 필터링할 그 '무엇'도 없습니다. '만일'은 필터링의 주체가 아니거든요. 전혀 상관이 없지요. 어떤 연기 방법이든 모든 연기 방법을 '필터링'하는 주체는 배우 자신의 정체성과 함께 『배우 수업』 제11장 「적응」의 문제와 관련됩니다. 특히 적응 과정에서 '조정'과 관련이 되지요.

배우가 표현하는 모든 감정은 그 나름대로 미묘한 형태의 조정이 필요하다.

_ 스타니슬랍스키, 『배우 수업』

이 말은 『배우 수업』 제11장 「적응」에 있습니다. 우리의 현실에서는 오지랖이 넓어져버린 '만일'이 원래 스타니슬랍스키의 의도였던 작가적 '상상의 지렛대' 구실도 못할 뿐 아니라 필터로서의 기능도 구멍이 너무 넓어서 적합하지 않습니다. 그래서 저는 『배우 수업』을 가르치는 경우를 빼고는 '만일'이란 단어를 쓰지 않습니다. 제가 배우들과 상상 작업을 할 때는 오직 행동이 목적입니다. 다시 강조합니다. '만일'은 '이야기' 창작을 위한 상상력의 도구입니다. 그리스·로마신화 이야기부터 현대 소설에 이르기까지 상상과 환상과 공상을 위한 도구입니다. 상상과 환상과 공상을 위한 '만일'은 거리낌이 없어도 됩니다. 스타니슬랍스키가 말했듯이 배우에게는 상상과 환상과 공상 모두 필요합니다. 그래서 배우 자신을 위한 작업, 즉 상상력 훈련에는 '만일'이 유용한 것이지요. 그러나 희곡이 주어진 이상 연습에서나 무대에서나 '연기'할 때는 이미 'being'입니다. 그리고 'being' 역시 행동입니다. 그러니 연기 단계로 들어선 상황에서는 필요하지 않습니다.

사실 앞의 질문은 내용도 그렇거니와 시간상으로도 나란히 놓일 수 없는 문제입니다. 여기서 제자는 스승에게 다른 문제를 같이 묶어서 이야기하고 있습니다. 질문이 명확하지 않으니 올바르게 대답하기도 어렵습니다. 그럼에도 불구하고 시간을 돌이켜 마지막 수업에 어시스턴트로 참여했던 그때의 풍경을 기억해보면, 제자들의 질문이 잘못되었더라도 즉답 대신 반문을 통해서 혹은 우회해서 선생님 자신의 경험을 들려주시면서 어떻게든 부드럽게 배우들로부터 올바른 대답을 이끌어내셨고, 올바른 방향을 짚어주려고 애쓰셨습니다. 그때도 그렇고, 지금 점검하는 과정에서 다시 읽으면서도 스승의 자세를 생각하면 나 스스로도 겸허해집니다. 아무리 스승이 배우 입장에서 그들을 충분히 이해하기 때문이라고는 해도, 쉬운 일이 아닙니다. 나는 그저 알게 된 것만으로도 감사할 뿐입니다.

인물의 목표를 정할 때, 목표를 중심으로 하다 보니, 순간을 놓치거나 상황을 놓쳐서 오히려 목표가 '순간에서 순간으로' 넘어가는 데 방해되는 경우가 있습니다. 배우의 집중과 상상만으로 바로 주어진 상황에 들어갈 수는 없는가? 여전히 고민입니다.

목표는 배우가 배역을 준비하는 과정에서, 특히 스토리텔링의 과정에서 중심 주제가 찾아진 결과로부터 정해지는 것입니다. 인물이 목표에 이르기까지 그의 삶의 과정을 관통하는 '끊어지지 않는 선(『배우 수업』 제13장 「끊어지지 않는 선」)'을 이해한다면 쉽게 해결될 문제입니다. '순간에서 순간으로'라는 표현에 이미 보이지 않나요? 드라마 연기든 매체 연기든 순간과 순간으로 끊어지지 않고 관통해서 목표에 다다르는 것이지요. 오히려 목표가 순간과 순간을 잇는 힘이 되어야 합니다. 성공적인 삶에서와 마찬가지입니다. 목표는 이미 결과이기 때문이지요. 배우가 해야 할 일은 'here and now', 지금 여기 과정에 존재(being)해야 하는 것이고요. 내용을 잘 읽어보고 스승의 대답과 함께 따져보면 제자가 무엇을 알고자 하는지 알아챌 것입니다. 이럴 때도 문장//쪼개기는 꽤 유용합니다. 쪼개지 않으면 전체만 보여서 /사이/가 보이지 않기 때문이지요. 질문을 나누어서 짚어봅시다.

인물의 목표를 정할 때, 목표를 중심으로 하다 보니, //

‘인물의 목표’는 ‘그는 누구인가?’라는 극적 질문의 답을 찾는 과정에서 찾아집니다. 자명하지요. ‘만일에’라는 단어로 필터링이 되지 않습니다. 정말 전혀 상관이 없다는 것을 알았을 겁니다. 인물의 목표를 정하는 것은 배우가 아니라 작가의 일입니다. 작가가 준 것이니 작품 분석과 인물 분석 과정에서 배우가 찾아내야 하는 작업입니다.

순간을 놓치거나 상황을 놓쳐서 //

이런 일은 분명 연기 중에 일어나서는 안 되는 일입니다. 끊어지지 않는 선을 파악했다면 일어나지도 않는 일입니다. 찾아진 만큼 연기하게 됩니다. 인물의 목표는 배우의 연기 행동을 통해서 드러나는 것입니다. 인물의 목표는 희곡에 이미 주어져 있고, 배우가 인물의 목표를 찾는 이유는 인물의 정체성, 즉 연기 곧 행동을 통해서 인물을 드러내기 위해서, 즉 ‘행동 플롯’을 계획하기 위해서입니다. 목표가 행동의 계기이고 행동의 끝이 되기 때문입니다. 즉, 인물의 목표는 인물의 행동으로 관통됩니다. 목표를 향한 인물의 행동을 찾는다면 연기 중에 인물의 목표 때문에 순간을 놓치거나 상황을 놓치는 일은 일어나지 않습니다. 연기하는 순간에 목표를 생각하지는 않지요. 오히려 행동의 일관성에 의한 ‘끊어지지 않는 선’이 중요하지요. 스타니슬랍스키에 따르면 연기에 생명을 불어넣는 것이 바로 ‘끊어지지 않는 선’입니다.

배우와 배역은 사람으로 말하자면 이 끊어지지 않는 선에 생
명이 달려 있다. 이 선이 끊기면 목숨도 끊기고, 이 선이 살
아나면 목숨도 살아난다.

_스타니슬랍스키, 『배우 수업』

인물의 목표는 행동으로 관통되어야 하고, 그 '끊어지지 않는
선'은 인물을 이해하는 과정에서 이미 해결돼 있어야 하는 겁니
다. 완벽하게 극중 인물로서의 행동으로 준비돼 있어야 합니다.
거듭 말하는데, '만일에'로 필터링을 할 수 없습니다.

**오히려 목표가 '순간에서 순간으로' 넘어가는 데 방해되는 경우
가 있습니다. //**

지금 이 순간에 목표가 있는 것이 아닙니다. 역시 마찬가지로
설명할 수 있습니다. 연기 중이라는 것은 주어진 상황 속에 배역
으로 그 순간을 살고 있다는 것입니다. 끊어지지 않는 선에 있다
는 것입니다. 우리는 삶의 순간마다 목표를 의식하지 않습니다.
오히려 그 순간에 몰입합니다. 인물의 목표는 이미 작가에 의해
서 장착되어 있고, 그에 따른 행동이 올바르게 찾아진 상태라면
결코 목표가 '순간에서 순간으로' 넘어가는 데 방해되는 경우는
없습니다. 그러나 연습 중일 때는, 그러니까 인물에 대해 '그는
누구인가?'라는 극적 질문이 아직 해결되지 않았을 때는 충분
히 일어날 수 있는 일입니다. 인간인 배우의 본성 때문입니다.

세상을 있는 그대로 보기보다 자신이 바라는 대로 상상하는 것이 인간의 본성이기 때문이지요. 우리는 그 사실을 깨닫지 못한 채로 삶의 상당 부분을 가정의 영역 속에서 살아갑니다. 연습 역시 배우의 삶의 부분이므로 배우 자신에게 일어날 수 있는 일인 겁니다.

작가는 정말 끈질기게 '만일'이라는 가정을 통해서 '만일 그가 ~한 사람이라면 어떨까?' 하고 이런저런 가능성을 시뮬레이션해서 이야기와 인물을 상상해낸 겁니다. 모든 이야기가 그렇게 태어납니다. 그리고 우리는 삶의 상당 부분을 '이야기'와 함께 살아갑니다. 최근 뇌와 관련해서 밝혀진 바에 따르면 어쩌면 거의 이야기와 살고 있을지도 모릅니다. 그러나 배우는 작가가 창조한 가상의 세상을 있는 그대로 보는 것이 훨씬 도움이 됩니다. 배우가 연기하는 순간은 그 가정 속에 인물로서 존재하는 일이라야 하니까요. 배우 자신이 바라는 대로 상상해서는 안 되는 것이지요. 자, 이제 마무리 질문을 해결해봅시다.

배우의 집중과 상상만으로 바로 주어진 상황에 들어갈 수는 없는가?

잠시 호흡을 가다듬고 이 질문에서 무엇이 간과되고 있는지 생각해봅시다. 그러지 않으면 맥락 없는 문장이 됩니다. 주어진 상황에 들어가기 위해서는 우선 주어진 상황에 대한 이해와 받아들임이 먼저 전제가 되어야 합니다. 그리고 '주어진 상황'이 경험될 때까지 좁히는, 그런 모든 작업이 뒤따라야 하는 겁니다. 적응 과정이 필요한 겁니다.

배역으로서 극적 질문이 해결되었다면, 그래서 연기 행동을 상상해냈다면, 즉 연습을 통해서 충분히 행동으로 준비되었다면 바로 주어진 상황에서 배역인 '그'로서 행동할 수도 있습니다. 그러나 다음 문제가 있습니다. 연습을 통한 상대와의 호흡과 주어진 상황에 대한 익숙함을 전제로 합니다. 상대와의 호흡과 주어진 상황에 대한 익숙함이 해결되어야 비로소 무대에서 집중으로 주어진 상황에 당연히 들어가게 됩니다. 자, 이것이 스타니슬랍스키 시스템에서 배우가 주어진 상황에 몰입하게 되는 올바른 과정입니다. 다만, 지금 배우의 질문이 '연습' 상황이라는 것을 전제로 하는 것이면, 집중과 상상은 연습 이전에 '배우 수업' 단계로 준비돼 있어야 합니다. 즉, 타고난 집중과 상상 능력이 연기를 위해 확장이 되었어야 하는 겁니다. 다시 말해서 내 대답은, 이미 배우가 했어야 하는 자기 자신을 위한 작업, 즉 '보이지 않는 작업'에서 해결된 것을 전제로 합니다.

배우에게 주어진 상황은 희곡입니다. 희곡 속의 모든 내용입니다. 희곡에 대한 이해와 받아들임이 먼저라야 합니다. 이야기를 이끄는 핵심이 인물이라는 사실도 간과해선 안 되겠지요. 배우에게 중요한 것은 바로 인물(배역)이 이야기, 즉 희곡의 핵심이며 사건과 상황을 포함한 플롯의 원동력이라는 겁니다. 우리 삶에서 우리 자신이 핵심인 것과 같습니다. 온 힘을 다해 배역과 동일시하는 것, 그리하여 연기 중에는 이미 주어진 상황에 적응

되어 배역과 동일시돼 있는 상태라야 합니다. 참고로 그것이 스타니슬랍스키가 강조한 '준비된 상태'입니다.

『배우 수업』제4장이 '상상력'의 준비에 대한 수업이고, 제5장이 '집중'의 준비에 대한 수업입니다. 데클란 도넬란의 표현으로는 배우의 '보이지 않는 작업' 부분인 것이죠. 데클란 도넬란은 '연습, 배우의 훈련 그리고 삶의 경험' 그 세 가지를 보이지 않는 작업에 포함시킵니다. 스타니슬랍스키의 『배우 수업』은 '보이지 않는 작업' 단계인 것입니다. 배우의 '보이지 않는 작업'은 내공으로 축적되어야 합니다. 그럴 때 길게는 배우 생활 전 과정에서, 짧게는 연극 작업 전 과정에서 배우의 연기는 스승이 늘 강조했던 내적 풍경과 외적 풍경이 하나로 조화되는 그런 지점에 이를 겁니다. 바로 스타니슬랍스키가 추구한 '심적 체험'에 의한 '배역의 생활화'가 이루어지는 것입니다.

우리의 삶에서도 예기치 않게 직관이 발동되는 것처럼, 그렇게 배역을 심적으로 체험하는 순간순간에 그 배역에 주어진 상황으로 완전히 몰입하는 일이 일어나게 되는 겁니다. 그리고 그 순간들이 하나의 선으로 연결되어 목표에 도달하는 것이지요. 그 도달 지점에 대해서 미하일 체홉은 '중심 주제'라고 말했고, 노벨 문학상을 받은 소설가 오르한 파묵은 '중심부'라는 표현을 썼습니다. 내 생각으로는 오르한 파묵의 표현이 좀 더 깊이가 있는 것 같습니다. 배역과 작품을 아우르는 '목표'에 더 가깝습니다.

다만, 연습이라는 것을 전제로 목표점(target)과 관련을 지으면 좀 다르지요. '순간에서 순간으로' 연기하는 과정에서 그 순간의 목표점이 분명하게 관계되니까요. 연기의 모든 순간에는 관심의 대상(목표점)이 있어야 하고 상상의 토대(주어진 상황)가 있어야 하기 때문이지요. 그러니까 주어진 상황, 즉 대본에 대한 이해와 보이지 않는 작업이 먼저 해결돼야 한다는 겁니다. 내가 배우 중심으로 구체화했던 '줄거리 요약' 훈련은 배우가 주어진 상황을 토대로 상상을 발전시켜갈 수 있는 출발점입니다. 목표점은 데클란 도넬란의 발견이고, 그의 연극 작업에서 대단히 중요한 요소이기도 합니다. 제자와 같은 문제를 고민하고 있다면, 그의 저서 『배우와 목표점』을 읽기를 권합니다. 그 역시 스타니슬랍스키 시스템을 지속적으로 탐구하는 연출가라는 점도 덧붙이고 싶습니다.

> 사람들은 언제나 대상의 살아 움직이는 정신에 도달하려고 애쓴다.
>
> _스타니슬랍스키, 『배우 수업』

『배우 수업』 제10장 「교감」에 있는 말입니다. 데클란 도넬란의 '목표점의 원칙들'을 관통하는 핵심입니다. 연극 속 인물 역시 살아 움직이는 정신에 도달하려고 애쓴다는 것을 잊지 마십시오. 그것이 인물의 초목표일 것입니다. 미하일 체홉이 표현한 바로는 '중심 주제'이고, 오르한 파묵이 '중심부가 소설을 지배한다'고 했을 때의 삶에 대한 심오한 관점, 일종의 통찰일 것입니다. 그래서 기술로서 익힐 수 있는 '줄거리 요약' 훈련은 반드시 필요합니다. 배역의 관점으로 희곡의 줄거리를 정리하면 '중심 주제'를 파악할 수 있음은 물론, 의외로 상상력으로 해결되지 않는 많은 문제를 해결해줍니다.

앞서 말했듯이 '주어진 상황'은 작가가 이미 모두 희곡에 장착해놓았습니다. 그것을 먼저 정확히 이해하고 받아들여야 합니다. 경험 많은 연기 고수는 '주어진 상황'에 대한 파악은 물론 받아들이기도 빠릅니다. 연습 때도 그 상황으로 그냥 들어가는 능력이 됩니다. 다만 경험이 일천한 데다 상상력까지 부족한 초보 배우는 다른 방법이 필요할 겁니다. 더구나 개인의 경험으로도 '대체'에는 한계가 있습니다. 그래서 '만일'을 대체할 수 있는 'Know why'가 필요한 겁니다. '왜 하는가?'를 알아야 하는 이유와 관련해서 왜 배우가 되고 싶은지 먼저 알아야 합니다. 그래서 다시 역학적으로 먼저 자신을 알아야 합니다. 그래야 배우가 되기 위해서 '무엇을', '어떻게' 할 것인가의 문제를 해결할 수 있습니다. 그리고 배우가 되는 실제적 작업에서의 목표는 온 힘을 다해 배역과 공감하고 동일시하는 과정을 통해 인물로서 생활하는 능력을 축적하는 것입니다. 이 'Know why' 문제는 이 책 6장에서 좀 더 구체적으로 다루겠습니다.

배우 자신의 '정체', 즉 태도나 스타일에 따라서 어떻게 출발하는가의 문제는 정말 중요합니다. 스스로 대단히 디드로적인 사람이라면 '이성'을 토대로 해야 할 것이고, 감정이 풍부하다면 결국 감정으로부터 시작하겠지요. 물론 그 이전에 기본적인 '주어진 상황'은 제대로 공부해야 한다는 것을 전제로 하겠지요. 그리고 사실 배우 자신을 '인물화'하는 것이나 인물을 '자기화'하는 것이나 모두 '등장인물화' 과정에서 동시에 일어나야 하는 것이고, 결국 '결과(play)'에 이르면 같아지는 얘기입니다.

그런데 여기서 조심스러운 문제가 하나 있습니다. 보통 '자기애'가 지나치게 강할 때 심리학에서는 부정적 나르시시스트라고 합니다. 그런 경우 모든 배역을 '자기화'하는 경향이 있는데, 데이비드 버스가 『오셀로를 닮은 남자 헤라를 닮은 여자』에서 나르시시스트들의 특성을 자기 과신, 자기중심, 특별대우, 공감 결여, 대인 착취 등으로 규정한 것을 주목할 필요가 있습니다. 현실적으로 연기에는 부적합한 사람입니다. 그런데 아이러니하게도 유독 배우를 하려고 하는 사람 중에 그런 자기애가 강한 사람이 많습니다. 그 또한 성향 때문입니다. 부정적 나르시시스트의 성향을 간추리면, 자아를 부풀리는 성향과 무한한 영예에 대한 강박적 환상을 갖고 있으며, 거기다 감정이입의 결함까지 갖추고 있습니다.

불행히도 그런 배우들이 '만일'에 '나라면'을 더하면 '자기화'의 경향은 더 강해집니다. '감정'에 빠지는 경향도 강해지지요. 흔히 말하는, '빠져서 사는' 위험을 초래합니다. 연기에 전혀 도움이 되지 않습니다. 오순택 선생님 역시 그 경우에 대해 인물의 사이즈를 축소시킬 수 있다고 경고합니다. 사실 그런 사람에게는 경고조차 먹히지 않습니다.

그렇게 '감정'에 빠지는 상황을 '만일'을 매개로 해서 '집중'과

'상상'으로 연결하는 것 역시 같은 위험 요소를 내포합니다. 스타니슬랍스키 시스템을 잘못 이해한 탓인데, 빠지는 것과 집중은 완전히 다릅니다. 빠지는 것과 배우에게 필요한 상상도 물론 상관이 없습니다. 집중과 상상 능력은 연기의 순간을 위해 미리 훈련으로 장착되어야 하는 겁니다. 배우가 되어 무대에서 연기할 때는 인물로 '감정수입(感情收入)'하는 순간, 즉각적으로 인물로서 반응하는 순간 선생님이 몸소 보여주신 바로 그 '순간에서 순간으로' 넘어가는 연기를 위해서 준비가 필요한 능력입니다. 스타니슬랍스키 시스템은 바로 그 준비를 위해 필요한 모든 준비 과정의 체계입니다.

그러니까 훈련으로 준비된 상태에서, 즉 '배우 자신에 대한 작업'이 된 상태에서 대본 분석 과정에서부터 연습 과정, 그리고 연기 중에 계속해서 지속적으로 유기적으로 작동되어야 하는 능력입니다. 그 점에 대해서도 해야 할 공부가 정말 많습니다. 스타니슬랍스키가 각각 따로 한 장씩(『배우 수업』 제4장 「상상력」, 제5장 「주의집중」)을 할애해서 다룰 정도의 무게를 갖고 있는, 탐구가 대단히 많이 필요한 주제입니다. 스타니슬랍스키 시스템에 따르면, 배우 자신에 대한 작업, 즉 보이지 않는 작업이 끝나면 그다음이 심리기술로서의 '배역의 생활화'입니다. 다시 한번 정확히 짚겠습니다. 배역의 '심적 체험'이 햅굿에 의해 'living a part'로 번역되었고, 그 번역을 다시 신겸수가 배역의 '생활화'로 번역했습니다. 그리고 '정서 기억'의 목적 역시 '심적 체험'을 위한 '내적 창조 요소'입니다. 배역을 받아들이는 작업입니다. 공연이 시작되면 그때부터는 연기의 순간이 있을 뿐입니다.

> 배우는 매일, 매번 역할 창조의 과정을 반복할 때마다 역할
> 과 유사한 여러 느낌을 실제로 체험함으로써 배역을 생활해
> 야 한다.
>
> _스타니슬랍스키, 『배우 수업』, 제2장 「연기에서 예술로」

매번 반복하는 말인데, 연기는 경험의 예술입니다. 무대는 물론 연습에서조차 '만일에'라는 작업을 하고 있다면 대단히 아마추어인 것입니다. 배우 자신의 비밀로 남겨두어야 하는 개인적인 리허설을 공개하는 것이나 마찬가지니까요. 샌포드 마이즈너가 배우의 준비는 '사적이고 은밀한 것'이라고 했던 것은 바로 그런 이유입니다. 나 또한 성공의 비밀은 성공할 때까지는 알 수 없는 영역이기 때문에 더는 말하지 않겠습니다. 여하튼 스승은 직접 집중과 상상으로 들어가라고 가르치십니다. 사실 직접 집중과 상상으로 들어가는 것이 우리 배우들에게는 어려운 문제입니다. 연기를 시작하는 단계에서, 즉 '배우 수업' 단계에서부터 훈련돼야 하기 때문입니다. 오순택 선생님 역시 이미 준비돼 있어야 한다는 것을 전제로 하신 겁니다.

그런 의미에서도 스타니슬랍스키 시스템은 '배우 수업' 단계로서 어떤 배우도 피해 갈 수 없는 최고의 시스템입니다. 스타니슬랍스키야말로 '배우 수업' 단계를 '시스템'으로 완벽히 체계화시킨 거장입니다. 원서까지는 아니더라도 제대로 원전을

읽어내지 않는다면 숱한 오류에 휘둘리게 된다는 것을 잊지 말기 바랍니다. 그러잖아도 짧은 인생을 너무 길게 돌아가게 됩니다.

이종무 예전에 Rissa – 미국에서 초청된 연기 강사 – 선생님으로부터 우리 배우들이 스타니슬랍스키가 말한 것에 비해 목표에 과도하게 집착하고 있는 것 같다는 말을 들었습니다. 한국 배우가 너무 목표에 집중한다는 것에도 문제가 있다는 생각이 듭니다.

오순택 목표를 향해서 항상 직진하려고 하니까 재미가 없는 거지. 목적은 본래 있는 것이고 목적을 향해서 '순간에서 순간으로' 진전해 가야 하는 것이다. 산에 오를 때 꼭 한 길만 있는 것은 아니잖아. 때로는 물도 만나고 암벽도 만나지 않나. 때로는 목적을 상실할 때도 있겠지. 작가가 그려놓은 지도를 그대로 따라가고 싶지 않을 때는 어떻게 해? 그렇다고 꽃이 있는데, 그 꽃을 보고 싶은데 그냥 넘어가면 살아 있는 연기가 아니야. 너무 무미건조해. 그래서 순간순간의 즉흥 감각이 필요한 거지. 그러나 그렇다고 목적의식을 잊어버려서는 안 되는 거지. 그래서 리허설이 필요한 거고. 그리고 사실은 목적을 놓치는 경우는 없어. 작가가 그려놓은 지도가 있으니까.

_『칼을 쥔 노배우』, 「후기를 대신하여」

다른 것은 잘 모르겠습니다. 연기 예술과 관련해서는 거의가 지름길을 선택하면 오류로 이어집니다. 그리고 그 오류는 더 큰 오류로 이어지고 결국은 원치 않는 곳, 적어도 자신은 원치 않았던 곳에 가 있을 확률이 99%일 겁니다. 특히 미국에서 리 스트라스버그에 의해 저질러진 '만일'의 맥락 없이 널뛰는 오류는 거의 압도적입니다. 그런 이유로 스타니슬랍스키 시스템이 미국식으로 변형된 오류들을 잣대로 '배우 수업' 단계를 이해하는 것 역시 위험합니다.

사실 '아메리칸 메소드' 자체는 오류가 아닙니다. 수용의 한 방향이니까요. 다만 그것을 시스템 전체에 맞추려 드니 오류가 됩니다. 분명히 말하지요. 다양성이 기준입니다. 그런 의미에서 자신에게 맞는 메소드를 찾는 주체는 바로 자신이라는 것을 명심해야 하고, 비교적 스타니슬랍스키 시스템의 모범적인 계승자인 우타 하겐의 충고는 깊이 새길 만합니다.

> 지금까지 제시한 모든 대체의 실례들에서 나 자신의 예들만 들었는데 바로 그 점을 꼭 기억해주기를 바란다. 대체가 여러분한테 정말로 가치 있으려면 여러분 고유의 대체를 찾아야 한다.
>
> _우타 하겐, 『산 연기』

비단 '대체'에 대해서만이 아닙니다. 스타니슬랍스키 시스템을 포함해서 모든 연기 방법의 수용에서도 같습니다. 그런 맥락에서 더더욱 스타니슬랍스키가 자신의 연기술을 왜 '시스템'이라고 했는지, 그리고 그 계승자들이 왜 기꺼이 '시스템'을 받아들였는지 먼저 원전을 통해 이해해야 합니다. 물론 스타니슬랍스키의 1갑자(60년) 내공이 결집된 『배우 수업』이 원전입니다. 스타니슬랍스키가 '배우 자신에 대한 작업' 과정으로 개념 설계를 완벽히 구축해놓은 시스템입니다. 비록 번역된 원전이라고 해도 『배우 수업』을 다시 읽고 자신의 '배우 수업' 단계를 체계적으로 재정비할 필요가 있습니다.

예전에 Rissa – 미국에서 초청된 연기 강사 – 선생님으로부터 우리 배우들이 스타니슬랍스키가 말한 것에 비해 목표에 과도하게 집착하고 있는 것 같다는 말을 들었습니다. 한국 배우가 너무 목표에 집중한다는 것에도 문제가 있다는 생각이 듭니다.

맥락 없이 결과론적인 결론입니다. 인간도 태어난 이상 삶을 제대로 살아내기 위해서 삶의 목표를 세우는 것처럼, 희곡은 이미 드러난 삶과 인물에 대한 이야기인 만큼 인물에게도 작가에 의해서 주어진 목표가 있는 것이 자명한 일입니다. 인간 역시 매 순간의 선택과 행동이 그의 삶 전체를 결정합니다. 그리고 그 선은 결코 직선이 될 수 없습니다. 연극에서도 '순간에서 순간으로' 점들이 하나의 선으로 이어져서 결국 배우가 도달하는 전체인 목표가 됩니다. 스승은 제자를 한순간 뚫어지게 바라보시면서 다음 말을 잇습니다.

목적은 본래 있는 것이고 목적을 향해서 '순간에서 순간으로' 진전해 가야 하는 것이다. 산에 오를 때 꼭 한 길만 있는 것은 아니잖아. 때로는 물도 만나고 암벽도 만나지 않나. 때로는 목적을 상실할 때도 있겠지. 작가가 그려놓은 지도를 그대로 따라가고 싶지 않을 때는 어떻게 해? 그렇다고 꽃이 있는데, 그 꽃을 보고 싶은데 그냥 넘어가면 살아 있는 연기가 아니야. 너무 무미건조해. 그래서 순간순간의 즉흥 감각이 필요한 거지. 그러나 그렇다고 목적의식을 잊어버려서는 안 되는 거지. 그래서 리허설이 필요한 거고. 그리고 사실은 목적을 놓치는 경우는 없어. 작가가 그려놓은 지도가 있으니까.

삶에서와 마찬가지로 연극에서도 사실 직선이 될 수는 없습니다. 스타니슬랍스키 역시 스승과 같은 말을 합니다.

정상적인 연속선이란 다소간 필요한 중단이 있는 선이다.

_스타니슬랍스키, 『배우 수업』

지금 바로 『배우 수업』 제15장 「초목표」에 나오는 그림을 확인해보면 좋을 것입니다. 스타니슬랍스키 시스템은 그 자신 배우로서 그리고 동시에 연출가로서 살았던 60년의 결산입니다. 1갑자 60년은 인간이 도를 알게 되는 시간이라고 하지요. 스승께서도 만만치 않은 연기 경험을 우리에게 전합니다. 그래서 우리 옛사람들은 60의 나이를 이순(耳順)이라 말했을 것인데, 내가

55 이 책을 고치는 지금, 비로소 귀가 순해지는 그 나이입니다. 부끄럽게도 그냥 조금 인간으로서 갈 '길'을 보는 정도입니다. 그러나 나는 걱정하지 않습니다. 그들의 발자국을 좇아서 가고 있으니까요. 삶이 그렇지 않나요? 태어난 이상 삶은 being이고, 우리 삶의 끝에서 각자 어떤 자세로 사느냐에 따라서 결국 삶의 목적이 이루어지는 것이겠지요. 삶의 시작에는 내가 없지요. 내가 시작한 것이 아니니까요. 하지만 사는 것은 나지요. 그리고 결국 도달하게 되는 것은 내 삶이지요. 다양성을 기준으로, 다 다르게.

연극도 그렇겠지요. 물론 인물도. 도달해야 하는 것은 바로 그 희곡 전체의 끝일 것이고, 그 인물의 끝일 겁니다. 연극이 한 인간의 삶을 압축한 것이라고 해도, 압축된 가운데도 분명 '사이'가 있습니다. 그 사이를 어떻게 감각적으로 살려내느냐에 달린 것이겠지요. 다양성을 기준으로 다 다르게. 스승께서는 분명 "목적을 놓치는 경우는 없어. 작가가 그려놓은 지도가 있으니까."라고 하셨어요. 예, 배우는 언제나 '작가가 그려놓은 지도'에서 출발합니다. 그 지도의 '중심부'에 도달하는 것이 배우의 몫이지요. 그게 삶과 다른 부분인데, 배우에게는 축복입니다. 러시아 영화감독 안드레이 타르코프스키가 그랬어요. 막히면 돌아갈 곳은 '대본'뿐이라고요. 우리 삶은 지나오면 리셋이 되지 않는데, 연극은 돌아갈 곳이 있으니 '축복'이지요.

러시아에서 연극을 공부하고 한국에 돌아와 배우들과 작업하면서 새삼 놀랐던 것이, 희곡이라는 지도가 있음에도 희곡 전체를 보는 방법을 모르고 작은 목표든 전체 목표든 '목표를 제대로 찾아내는 법'을 모른다는 것이었습니다. 우리 배우들이 연기를 너무 단편적으로 오직 연기에만 국한해서 생각한다는 겁니다. 배우가 무엇을 합니까? 희곡에 등장하는 등장인물로서, 배우 자신의 몸과 영혼으로 평면적인 희곡(가상의 세계)의 세계를 입체적인 삶의 모습으로 드러내 보이는 것이지요.

특히 안타까운 것은, 제자 미하일 체홉이 자신의 스승 스타니슬랍스키의 가장 위대한 발명이라고 했던 '단위와 목표'라는 구체적이면서도 확실한 기술이 있음에도 왜 익히지 않는지, 왜 가르치지 않는지 모르겠습니다. 등장인물의 경로와 목표는 이미 희곡에 주어져 있습니다. 우리가 살면서 삶의 순간마다 이루어야 하는 작은 목표가 있고, 삶 전체를 관통하는 목표가 있는 것처럼 희곡의 세계에서도 마찬가지입니다.

인생이 직선이 아닌 것처럼 인물로서의 목표도 그렇습니다. 인물로서 전체를 관통하는 목표가 있고, 단위마다 상황이나 맥락에 따라 달라지는 작은 목표들이 있습니다. 그리고 작은 목표들은 결국 초목표에 합류됩니다. 『배우 수업』 제7장 「단위와 목표」, 제15장 「초목표」에서 자세히 설명하고 있는 내용입니다. 사실 배우가 기본적으로 갖추어야 할 극적 지성에서 비롯되는 연기 방법입니다. 우리 배우들의 극적 지성이 초보적인 이해 수준에 머물러 있는 것은 몸으로 체득하지 않았다는 반증입니다. 그리고 더 심각한 것은 '기본'을 간과한다는 사실입니다. 배우가 되기 위해서 기본적으로 해야 할 일을 하지 않으니 자꾸 '만일'이라는 그 '하얀 유령'의 오지랖에 휘둘리는 겁니다.

우리의 문제는 배우로서 해야 하는 일을 하지 않는다는 것입니다. 기본 중 기본인 줄거리 정리(storytelling)도 그렇습니다. 비극의 탄생에서부터 시작된 '처음-중간-끝'으로 정리하는, 그리고 국어교육을 받았다면 누구나 알고 있는 육하원칙(다섯 개의 W와 한 개의 H)으로 정리하는 '스토리텔링'은 희곡을 이해하는 가장 효율적이고 빠른 기술입니다. 스토리텔링에 모든 답이 있습니다. 희곡을 그냥 읽지 말고 줄거리 정리 기술을 익히십시오. 이야기가 있고 이야기의 원동력인 인물이 있습니다. '스토리텔링'이야말로 올바른 희곡 이해를 위해 가장 먼저 해야 하는 기초 작업입니다. 스토리텔링에서 '그는 누구인가?(who)'라는 극적 질문이 나오고 극적 질문에 의해서 인물의 행동(When, Where, What, How), 인물의 목표(Why)가 명확해집니다.

오순택 선생님 제자들의 글을 읽어보니 분명 그 중요성에 대해서 배웠고, 스스로도 늘 강조했더군요. 그런데 배우의 목표에 가려져서 늘 기본이 간과되더군요. 사실 한국에서 내가 만나본 배우 중에도 그렇게 당연한 '기본'을 실행하는 배우가 단 한 명도 없었습니다. 안톤 체호프의 『갈매기』 연습 과정에서 배역마다 개별적으로 '줄거리 정리'를 하고 요약하는 작업을 했는데, 그들 역시 그렇게 작업하는 것이 처음이고, 꼭 '스터디'를 하는 것 같다고 하더군요. 그 말에 좌절했습니다. 그러나 이해합니다. 그들은 내가 본 것을 보지 못했으니까요. 내가 러시아에서 처음 내 작품을 연출하기 위해서 맞닥뜨린 그 생소한 경험처럼, 학교에서도 그런 교육을 하지 않고 현장에서도 경험하지 못한 겁니다. 그래서 더더욱 이 책이 걸음마 배우들의 입문서가 되기를 바라지요. 나 자신 첫 단추의 중요성을 너무 잘 알기에 가급적 시간 낭비를 하지 않기를 바라는 겁니다. 배우의 대본 읽기에서 가장 중요한 첫 단추는 '스토리텔링'입니다.

'줄거리 정리'와 '줄거리 요약' 그리고 단위를 나누고 목표를 찾는 '배우의 작업'은 배역에 대한 배우의 '개념설계'라 할 수 있습니다. 우선적으로 다져야 하는 기본 토대라는 얘기입니다. 인물의 목표는 작품 전체의 줄거리를 그 인물의 입장으로 제대로 정리해내면 찾아집니다. 단위의 목표가 있고 전체 초목표가 있는데, 작품 전체를 이해하지 못한 채 초목표를 찾는 일은 거의 불가능합니다. 또 단위를 나누는 법도 모르고 단위의 목표를 찾는다는 것은 있을 수 없습니다. 단위의 목표는 초목표로 이어지기 때문에 정말 중요한 '배우의 작업'입니다. 시간 핑계를 대면 안 되는 일이지요. 사상누각이 됩니다.

그리고 사실 줄거리 정리 방법은 초등학교 때부터 고등학교 때까지 배웁니다. 마음만 먹으면 배우 스스로 충분히 할 수 있습니다. 당연히 해야 하고요. 희곡을 읽을 때마다 해보세요. 희곡에 대한 이해력이 빠르게 확장됩니다. 만일 책 읽기가 습관이 되어 있지 않다면 희곡 읽기가 어려울 수도 있습니다. 희곡은 실제로도 읽기 어려운 장르니까요. 그렇다면 소설 읽기부터 하세요. 우선 재미있게 읽은 소설들을 다시 읽고 '줄거리 정리'와 '줄거리 요약'을 하는 훈련을 하세요. 시간이 좀 걸릴 겁니다. 서문에서 말했듯이 소설 읽기는 오순택 선생님이 늘 강조했던 일입니다.

소설 읽기는 장래의 목표를 위해서 지금 해야 하고, 할 수 있는 일입니다. 지금 하지 않는다면 결국 매리언 울프가 자신의 저서 『책 읽는 뇌』에서 표현한 대로 '독서하는 뇌의 뿌리 깊은 생산성(generativity)'을 잃어버릴 겁니다. 그 상실은 일반인에게는 큰 문제가 되지 않을 수도 있겠지만, 배우에게는 치명적인 일입니다. 배우에게는 필수인 스토리텔링의 생산성, 특히 소설 읽기로 다져지는 상상력, 극 해석력 등의 지적 능력의 가치를 생각한다면 말입니다. 스타니슬랍스키 연기 시스템의 관점으로 말하면, 연기 원동력이기도 한 '감정·의지·지성' 셋 가운데 지성이 빠져버리는 일입니다. 지성이 해결해주는 단위 목표를 정확히 찾지 못하면, 즉 순간의 목표가 작품 전체에 대한 이해를 바탕으로 나오지 않는다면 전체 초목표로 가는 지도를 만들지 못합니다. 아무튼 '줄거리' 정리의 중요성을 뇌에 깊이 새겨놓기를 바라고, 하던 이야기로 돌아가서 계속 이어가지요.

'목표'를 스승의 표현대로 '목적지'라는 말로 바꾸면 대화를 이어가기 좋을 것 같습니다. 목적지라고 했을 때 희곡 전체가 도달해야 하는 지점, 배우가 역할로서 도달해야 하는 지점이 될 것입니다. 그리고 그 안에 배우 각자의 목표가 있는 것이겠습니다. 더 구체적으로는 매 순간 역할로서 존재하는 것이 배우의 연기 목표가 되어야 할 것입니다. 그렇습니다. 그때 선생님이 하신 말씀대로입니다. 배우는 일단 목표를 찾고 나면 '순간에서 순간으로'

흐르는 연기, 그 연기의 순간에 집중하는 것을 생각해야 하는데, 목적지로 직진하려는 목표만 세우니까 목표에 집착하고 오히려 목표를 놓치게 됩니다. 그렇지 않다면 인물 탐구를 하면서 그 인물의 목표를 찾지 못한 것일 겁니다.

이 순간, 이 글을 읽으면서 나에게 던지고 싶은 질문이 상상되기에 감히 내가 알게 된 것으로 보완하겠습니다. 왜냐하면 연기하는 순간 희곡에 충실해서 찾은 인물의 목표에 제대로 집중하면, 더 정확히 말해서 주어진 상황과 대사를 제대로 연기하면 도달하게 되는 지점이 바로 역할의 전체 목표이기 때문입니다. 그러니 먼저 희곡을 충실히 이해해야 합니다. 오히려 희곡을 통해 전체 목표와 인물의 목표를 제대로 선택할 줄 알아야 하는 겁니다. 희곡에 충실하면 선생님 말씀처럼 목표를 놓치는 경우가 없습니다. 희곡은 작가가 그려놓은 지도니까요. 희곡 전체, 그리고 대사들. 대사들은 세세하게 그려놓은 길이지요. 충실하게 찾아가면 반드시 '목적지'에 도달하게 되어 있습니다. 그러니 연기할 때는 연기하는 순간에 존재하는 데 집중하십시오.

그런 맥락으로 객관적 읽기의 중요성을 말하고 싶네요. 희곡을 읽을 때는 눈에 보이는 것, 들리는 것만 보고 들어야 하는 겁니다. 최대한 자신이 개입되는 것을 자제해야 합니다. 정직하라는 것이지요. 보이지 않는 것을 미루어 짐작하고 전체를 넘겨짚지 말라는 겁니다. 전체가 왜곡됩니다. 안 보이는 것을 어떻게 해야 하느냐고요? '보는 법(듣는 법)'을 배우고 익혀서 '보는 힘(듣는 힘)'을 키워야 하는 것이지요. 어쨌든 연기는 관객을 시청(視聽)하도록 하는 일이니까요. 현재의 시선을 안으로 보내지 말고 밖으로 보내면 됩니다. 현재 내 상태를 이해하고, 즉 경험하고(self-awareness) 현재 내 앞의 대상을 보는 겁니다. 대상을 보고 또 보고, 듣고 또 듣고, 두드리고 또 두드려야 합니다. 그러면 결국에는 보입니다. 연기를 위한 감정수입은 그렇게 두드리고 또 두드리는 과정에서 일어나는 겁니다. 연기는 역설의 예술입니다. 결과(play)로는 같겠지만, 과정(배우의 작업)으로서는 천재가 아닌 다음에야 감정이입(感情移入)보다는 연기 역설의 관점으로 하는 감정수입(感情收入) 작업이 배우에게 유용합니다.

그런 의미에서 작품 선택의 내공도 소설 읽기로 축적할 수 있습니다. 미켈란젤로는 대리석에서 조각을 보고 그 대리석을 선택해 자신이 본 조각을 파냈습니다. 배우에게 텍스트는 미켈란젤로의 대리석과 같습니다. 텍스트를 보고 인물을 상상할 수 있어야 하는 것이지요. 상상의 존재에서 내 몸으로 옮겨 오도록 감정수입을 통해, 즉 실체로서 내 몸으로 존재하게 하는 것이지요. 감정수입 역시 상상 과정을 통한 '배우의 작업'입니다. 당연히 작품의 목표, 인물의 목표, 대사의 목표라는 그 길을 따라서 가면 실체로 드러나게 되어 있지요. 작품의 세계도, 인물도.

이제 앞에서, 그리고 계속해서 선생님이 시적으로 표현한 애기도 구체적으로 드러나고 있을 겁니다. 아니라면 유감입니다만, 괜찮습니다. 그냥 계속해서 모색하십시오. '그냥'이라는 말 때문에 한 가지 기억이 떠오릅니다. 연출 마스터 과정을 마치고 한국으로 돌아와서 자신감으로 충만했던 시기, 진짜 걸음마 배우들을 가르칠 때 내가 입에 달고 살았던 말이 '그냥 해'였습니다. 어느 때인가 가르치던 나도, 배우는 그들도 '그냥 해'로 통해 버리더군요.

그러고 보니 연기를 배우는 일도 산을 오르는 것과 같습니다. 대학 때, 유년을 자연에서 산 터라 자연이 너무나 그리워서, 아주 저질 체력인 주제에 암벽 등반을 주로 하는 줄도 모르고 산악회에 들어갔습니다. 그러고는 동료들에게 민폐를 끼치면서도, 그런 나를 선배들이 어떻게든 산악회에서 내보내려고 했어도 악착같이 거의 3년 내내 산에 다녔습니다. 물론 졸업하고도 한 2년쯤 더 다니다가 러시아로 유학 가면서 산에 다니는 일을 멈췄지요.

특히 초보일 때는 산 정상을 생각하면서 올라가면 정말 힘듭니다. 게다가 허리에서 내 머리 하나만큼 더 큰 배낭을 멘 상태라서 중간쯤 가면 단내가 날 정도로 힘듭니다. 포기하지 않고 정상에 오르는 방법은 자기 컨디션을 정확히 파악하면서 디뎌야 할 한 걸음 앞을 보고 정확히 디디는 데만 집중하는 겁니다. 울퉁불퉁 돌길일 때는 특히 그 순간의 한 걸음에만 집중해야 합니다. 그러다 정 힘들면 잠깐 멈추고 호흡을 가다듬습니다. 그리고 그냥 산을 느낍니다. 그러면 그 느낌이 나와 함께합니다. 그때부터는 걸음이 좀 유쾌해지기까지 합니다. 그렇게 그 순간을 받아들이며 내 호흡으로 한 걸음씩 내디디다 보면 결국에는 정상에 도달하게 됩니다. 그리고 정상에서 내가 올라온 길을 돌아보면 저 아래 출발했던 곳이 아득해지면서 상쾌해집니다. 그때 눈에 들어오는 세상은 봄, 여름, 가을, 겨울 할 것 없이 항상 시원하고 후련했습니다. 어쩌면 배우가 연기할 때, 스타니슬랍스키가 '예술의 고원', 더 나아가 '위대한 비극의 고원'이라고 표현했던 최고의 절정을 느끼는 순간이 그와 같지 않을까요. 일단 산에 발을 디뎠다면 걸음을 내디디는 그 순간의 한 걸음 한 걸음에 집중하면서 '그냥' 올라가야 하듯이, 연기를 선택했다면 그냥 무조건 준비해야 할 것을 준비하면서, 또 그때그때 했던 연기를 검토하고 단단히 다지면서 자신이 되고자 했던 배우가 되는 데까지 가는 것뿐입니다.

살아보니 인생도 그와 같았습니다. 보이지는 않지만 우리 삶을 알려주는 고원은 분명히 있었고, 한 걸음 한 걸음 올라섰습니다. 그 과정에서 힘들었던 공부도 끝나고, 표지판이 세워지듯 석사, 박사가 되고, 또 예기치 않은 사건을 겪어내면서 삶의 결정적 순간들을 맞고 갈등하고, 그렇게 결정적인 순간들 역시 표지판처럼 지나치면서 40이 되어 있고, 50이 되어 있고, 60이 되어 있었습니다. 얼추 인생이 채워지고 있습니다.

어느덧 살날보다도 살아낸 날들이 더 아득해졌습니다. 배우의 길이라고 다를까요. 인생을 배우면서 견디면서, 또 배우가 된다는 자기 인생의 목표를 위해 반드시 해야 할 것들을 하면서 하루를 채우고, 매일의 내공을 쌓아가면서 한 걸음씩 앞으로 가는 겁니다. 조금 다른 비유지만, 내가 책을 읽는 일도 그랬습니다. 마치 무수히 내려진 빛의 커튼을 하나씩 지나가는 일 같습

니다. 한 권 한 권 늘어진 책들의 그 커튼 사이로 걸어오면서, 알
지 못하는 사이에 조금씩 나와 내 삶의 이유를 알아오고 있었
습니다. 중요한 것은 계속해서 앞으로 나아가는 것입니다. 함께
한 걸음 더 내디뎌볼까요?

2장

연기한다.
그러므로 존재한다.

김종태 선생님 표현이 옛날하고 좀 달라지고 있다는 생각이 듭니다. 옛날에는 acting is doing, doing is reacting, reacting is being이라고 하셨는데, 최근에 acting is being이라고, being 먼저여야 한다고 말씀하십니다. 지금 선생님 말씀을 들으면서 든 생각이, 배우가 목적을 향해서만 가야 하는가? 아니면 목적에 집착하지 않고 다양한 선택을 해야 하는가? 그 문제를 생각할 때, 아까 '목적이 있어야 하고 또 너무 아름다우면 좀 쉬었다 갈 수 있는 것 아니냐'라고 하셨는데, 배우가 자기는 아름다운 꽃이라고 생각하고 쉬는데, 그러니까 배우 나름대로 미적으로 연극적인 선택을 한다고 한 것인데, 연출이나 상대 배우가 봤을 때 미학적으로 지극히 별로라고 생각해서 연출이 '너 뭐하고 있어? 왜 거기서 쉬냐?' 그렇게 지적하는 그 순간, 배우는 난감하고 위축되고 맙니다. 예술적 감각이나 극적 지성이 있어서 다른 선택을 할 수 있어야 하는데, 선생님의 말씀처럼 아름다운 꽃을 보고 돌아갈 수도 있는데, 결국 목적만을 향해서 가게 됩니다.

오순택 연출하는 사람이 그 순간의 선택을 알아듣지 못한다든지 자기의 감각으로는 필요가 없다고 생각하든지… 어쨌든 연출이 이해를 못 한다는 건 그건 연출의 책임이 아니라 배우한테 책임이 있다고 생각해. 길을 가다 '꽃을 발견했다'. 그런데 길을 가는 건 어떤 목적지가 있다는 거지. 산책을 하는 것이 아니라면 말이야. 꽃을 발견했을 때, 지금 가는 길을 잃어버리고 아름다운 꽃에 완전히 몰입을 해버리면, 흐름이 끊어져버려. 목적을 잊어버리지 않으면 되는 거지. 물론 너무 아름다운 꽃이 있으면 잠깐 쉬었다 갈 수 있는 거 아니겠어?

_『칼을 쥔 노배우』, 「후기를 대신하여」

내가 선택한 이 장의 제목 '연기한다. 그러므로 존재한다.'는 물론 알아챘겠지만, 연기가 배우의 존재 이유라는 것을 말하고자 데카르트의 명제를 스승께서 말씀하신 연기의 본질 'Acting is being'과 연결해 대입해본 역설적 비유입니다. 그와 같은 맥락으로 먼저 스타니슬랍스키『배우 수업』제3장「행동」첫 수업의 다음 내용을 보길 바랍니다.

"커튼이 올라가고 자네는 무대에 앉아 있다. 자네 혼자 있는 것이다. 그렇게 앉아 있고, 앉아 있고, 앉아 있고… 그러다가 마침내 다시 커튼이 내려온다. 이게 연극의 전부이다. 어때, 이보다 더 간단한 게 또 있을까?"

_ 스타니슬랍스키,『배우 수업』

그렇습니다.『배우 수업』제3장「행동」첫 수업의 핵심이 바로 'Acting is being'입니다. '그렇게 앉아 있고, 앉아 있고, 앉아 있고… 그러다가 마침내 다시 커튼이 내려온다.' 연기는 무대에서 존재하는 일이지요.

『빈 공간』의 저자이자 천재 연출가인 피터 브룩 역시 똑같은 맥락으로 다음과 같이 말합니다.

"아무것도 없는 어떤 빈 공간을 가상하고 그것을 빈 무대라 불러보기로 하자. 어떤 이가 이 빈 공간을 가로지르고 또 다른 누군가가 그것을 지켜보고 있다면 이것만으로도 하나의 연극 행위로서의 구성 요건은 충분하다."

_ 피터 브룩, 『빈 공간』

존재한다는 것, 다만 배우는 그저 존재하는 것이 아니라 연기함으로써 존재해야 하는 존재인 것이기에 '연기한다. 그러므로 존재한다.'라는 역설이 두 대가의 생각과 그리 어긋난 비유는 아닐 겁니다. 단, 스타니슬랍스키는 분명히 말합니다. "배우는 거기 앉아 있을 권리를 스스로 찾아내야 하는데 이것은 쉬운 일이 아니다."라고. 그리고 또 오순택 선생님과 영향 관계에 있는 샌포드 마이즈너 역시 같은 맥락으로 이렇게 말합니다.

"그 누구도, 심지어 극작가라 할지라도 무대 위에서 하나의 인물이 생명을 얻고 살아가는 방식을 결정할 수는 없어. 다만 이 원칙 하나는 덧붙이겠네. 배우는 극작가가 쓴 대본의 의미를 덜어내거나 없애서는 안 될 일이지."

_ 샌포드 마이즈너·데니스 롱웰, 『샌포드 마이즈너 연기 테크닉』

이 글을 읽었을 때, 나도 모르게 내가 내 두 손을 맞잡았던 것처럼, 배우 마음에도 깊이 새겨지길 바랍니다. 배우는 작가가 창조한 세계, 희곡을 연기하는 존재입니다. 배우는 배우 자신이 아닌 희곡을 신뢰할 때, 그리하여 희곡 속의 진실을 연기할 때, '나는 연기한다. 그러므로 존재한다.'라는 상태에 이르게 됩니다. 존재 상태를 연기하는 것이 아니라 연기함으로써 '배역으로' 존재하는 상태에 이르게 되는 것이지요.

그것은 스타니슬랍스키 시스템의 대명제, 무대에서 배역으로 '생활'하는 겁니다. 이 '생활'이라는 문제는 앞에서도 잠깐 언급했는데, 매우 중요한 명제라서 종종 반복될 것입니다. 어쨌든 배우는 연기하기 때문에 무대에서 존재하게 됩니다. 그럼, 이제 본래의 대화로 돌아와서, 그날 그 순간의 토론 주제와 연결해서 이어가보겠습니다.

그때 대화를 나누던 중에도 그러셨지만, 실제로 그즈음 선생님이 말을 꺼낼 때 자주 쓰셨던 표현이 "생각이 자꾸 바뀌는데…"였습니다. 당연합니다. 바뀌어야 합니다. '바뀌는 것'은 진화의 특징입니다. 그리고 자기 진화에 적응하는 것, 창조적 적응 과정입니다. 살아 있는 생명체로서 적응하고, 적응함으로써 바뀌는 것이 바로 진화입니다. 150년 전 찰스 다윈이 발견했던 "그토록 단순한 시작으로부터 너무나도 아름답고 훌륭한 무한히 많은 형태가 진화했으며 그 진화는 아직도 계속되고 있다."는 진화의 원리입니다. 적응을 말하는 이 기회에 스타니슬랍스키 배우 수업 시스템의 내적 창조 요소 여덟 번째 '적응'을 상기하고, 지금 이 순간 『배우 수업』 제11장 「적응」만이라도 읽어보는 배우가 있기를 바랍니다. 확신컨대 답을 얻을 수 있을 것입니다. 그리고 그때 바뀌신 생각이 바로 연기와 being의 문제인데, 스승의 글에도 그 이유와 답이 있습니다.

삶이 매 순간 선택이듯이 배우는 매 순간 선택을 해야 합니다. 선택의 근거는 무엇으로부터 찾아야 할까요? self-awareness, 자기 자신의 실존에 대한 감각입니다. 스스로 존재 가치를 발견해야 합니다. 배우의 감성과 지성이 연금되어 '내적 풍경'이 풍요롭고 동시에 배우의 몸이 충분히 훈련되어 신체의 조화 속에 '외적 풍경'이 일치되는 순간을 이루어, 관객이 눈을 뗄 수 없게 되면서 연기자와 더불어 순간에서 순간으로의 삶을 경험하면서 살아간다는 것의 참뜻을 깨닫게 하는 것입니다. 이렇게 무수한 생각 끝에 결론을 내렸습니다. Acting is being. 연기는 실존이라고 말입니다.

_ 오순택, 『칼을 쥔 노배우』, 「연기예술에 대한 나의 생각」

오늘, 이 순간에도 나는 내 두 손을 깍지 낍니다. 신기하게도 이 책 고치는 작업을 시작하기 전, 내가 살아온 삶과 그 선택에 대해 생각했는데(모든 선택이 지금의 나구나. 만약 다른 선택을 했다면, 나는 지금 내가 알게 된 것들을 알지 못했겠구나. 잘한 거네, 잘 산 거네.), 바로 스승의 이 글을 마주합니다.

나는 '연기는 실존'이라고 했던 스승의 깨달음이 야크 판크셉의 깨달음과 다르지 않다고 생각됩니다. 야크 판크셉은 '나는 느낀다. 그러므로 존재한다.'라고 단언합니다. 그리고 다시 "가장 밑바닥에 있는 토대는 아마 '나는 존재한다. 그러므로 나는 존재한다.'라는 말이 되어야 할 것이다."라고 했습니다. 그 말에 힘입어서 나는 스승의 결론, '연기는 실존'이라는 말, 결국 내 존재가 내 배역으로 실존하는 것, 그것이 스승이 내린 'Acting is being'의 의미라고 결론을 내립니다. 그리고 이 결론은 스타니슬랍스키의 후기 생각과 완전히 일치합니다. 다시 『배우 수업』 제3장 「행동」의 첫 수업 내용의 골자를 확인해보십시오.

> 무대에서 일어나는 일들은 무엇이든 목적이 있어야 한다. 심지어 의자에 그냥 앉아 있는 일이라고 하더라도, 관객에게 보이기 위한 일반적인 목적만이 아닌 어떤 목적, 하나의 특수한 목적이 있어야 한다. 배우는 거기 앉아 있을 권리를 스스로 찾아내야 하는데 이것은 쉬운 일이 아니다.
>
> _스타니슬랍스키, 『배우 수업』

목적 지향성은 모든 생명체의 본성입니다. 생명체의 선택에는 반드시 목적이 있습니다. 인간도 예외일 수 없습니다. 인물에게 목적을 부여하지 않은 희곡이 있을까요? 어쨌든 두 대가의 생각의 술기가 정확히 맞물리고 있습니다. 구체적으로 두 대가의 생각이 어떻게 맞물리는지를 확인하기 위해 『배우 수업』 제7장 「단위와 목표」 두 번째 수업에서 토르초프 선생이 말하는 내용을 좀 길게 인용하겠습니다.

> "어떤 선장에게 누군가가 이렇게 물었다. 어떻게 그처럼 긴 항로를 잘 알고 있고, 해안선을 따라 놓여 있는 수없이 많은 작은 굴곡, 여울, 암초 등을 어떻게 다 기억하느냐고 말이다.

그러자 그는 '나는 그런 것들은 상관 않습니다. 나는 항로에만 전념합니다.' 하고 대답했다.

배우가 가는 길도 마찬가지이다. 배우는 자질구레한 수만 가지 요소가 아니라, 표지처럼 항로를 알려주고 올바른 창조의 노선을 유지시켜주는 중요한 단위들에 의해서 앞으로 나가야 한다. 자네가 슈스토프 씨와 헤어지는 모습을 연기한다면, '무엇보다도, 내가 지금 무엇을 하고 있는가?'라는 자문부터 해야 할 것이다. 그 답은 물론 '집으로 돌아간다'가 될 텐데, 바로 이 답이 자네의 주요한 목표를 찾는 열쇠가 된다. 그러나 도중에 자네가 발길을 멈춘 곳이 있다. 자네는 어느 지점에 가만히 서서 무언가 다른 일을 했던 것이다. 그러므로 쇼윈도를 들여다보는 것은 독립된 단위가 된다. 그다음은 첫 번째 단위로 다시 돌아간 것이다.

마침내 자네는 방에 도착해서 옷을 벗었고 이것은 또 다른 단위이지. 자리에 누워서 생각에 잠겼으니, 다시 새로운 단위의 시작이다.

우리는 이처럼 200개가 넘는 전체 단위를 4개로 줄였다. 이들이 바로 자네의 항로를 표시해주는 것이다.

이들이 합쳐져서 ─집으로 돌아가기─라는 하나의 커다란 목표가 창조되는 것이다.

_스타니슬랍스키, 『배우 수업』

너무나 명확하고 실제적인 대답이 되지 않는지요? 그렇습니다. 집으로 돌아가는 코스챠가 잠시 멈췄다고 해서 집으로 돌아가는 목표가 잘못되지는 않았습니다. 스승께서 말한 대로 '아름다운 꽃을 보고' 잠깐 쉬어갈 수도 있는 것입니다. 코스챠가 '쇼윈도를 들여다보는 것' 때문에 멈추었던 것처럼 말이지요. 목표 속에 '독립된 단위'가 되는 것입니다. 실제로 바로 이 순간에도 내 글은 고쳐지는 중입니다. 오랫동안 고민하고 탐구했던 '사이'와 이어지고 있어서입니다.

생각해봅시다. '사이'가 없는 존재가 가능할까요? 가능하지 않습니다. 존재라는 것은 이미 사이를 전제로 하는 것입니다. 연기의 모든 순간에는 사이가 있습니다. 내 생각으로는, '사이'는 호흡과 긴밀한 관계에 있는, 생명체로서 생생하게 존재하면서 생겨나는 것입니다. 이는 연기가 '삶을 경험'하는 예술이기 때문입니다. 배우가 연기하고 있는 '지금, 여기'의 순간을 관객과 함께 경험해야 하는 것입니다. 그리고 그 사이에 '사이'가 생겨납니다. 스승께서도 그런 맥락으로 "관객이 눈을 뗄 수 없게 되면서 연기자와 더불어 순간에서 순간으로의 삶을 경험하면서 살아간다는 것의 참뜻을 깨닫게 하는 것"이라고 하셨으리라 생각됩니다.

배우에게 연기한다는 것은 곧 존재함이 되어야 하는 것입니다. 연기하는 그 순간 역시, 관객에게든 배우에게든 삶이 계속되는 '존재하는' 순간이기 때문입니다. 그러므로 거짓이어서는 안 되는 겁니다. 이 또한 두 대가의 생각이 일치하는 점입니다. 그런 의미로 내 관점으로 '사이'와 'being'에 대한 최상의 표현이라고 생각되는 『죽음의 수용소에서』의 주인공이며 저자인 빅터 E. 프랭클의 말을 기억해두면 좋을 것입니다.

> 자극과 반응 사이에는 공간이 있다. 그 공간에는 반응을 선택할 수 있는 자유와 힘이 있다. 우리의 반응에는 성장과 행복이 달려 있다.
>
> _ 빅터 E. 프랭클, 『죽음의 수용소에서』

나에게는 빅터 프랭클의 '반응을 선택할 수 있는 자유와 힘'이란 말이 곧 '존재한다'는 의미로 해석되었습니다. 우리가 '존재한다'는 것의 의미는 바로 그런 것입니다. 단지 자극이 들어와서 반응하는 것이 아니라 성장과 행복을 목적으로 반응을 선택하기 때문입니다. 그런 이유로 데클란 도넬란 또한 '반응을 연기하는 것'이라고 했을 겁니다. 반응을 연기한다니, 무슨 말인지 제대로 알 필요가 있습니다. 예지 그로토프스키의 말(give-take)을 따르면, 연기 행동은 행동이면서 반응(acting-reacting)입니다. 그리고 그 '사이'에는 반드시 '호흡, 시선, 생각'과 같은 '그리고'라는 공간이 있습니다. 그 공간은 역시 '사이'입니다.

연기는 내가 아닌 인물로서 존재하는 것입니다. 즉, 연기하기 때문에 내가 인물로서 존재하는 겁니다. 그런 이유로 배우는 '그는 누구인가?'라는 극적 질문에 대해 올바른 답을 찾아야 합니다. 인물의 정체성이 인물의 목적, 즉 인물의 초목표를 알려줍니다. 인물의 초목표는 인물이 행동하는 궁극적 이유입니다. 샌포드 마이즈너는 인물은 바로 그가 '무엇을 하느냐'로부터 결정된다고 했습니다. 그 말이 참으로 중요합니다. 바로 일상에서 우리가 우리의 정체성을 토대로 세우는 목표가 우리를 행동하게 하는 것과 같습니다.

정체성에 대한 말이 나왔으니, 연기와 being의 문제를 좀 더 짚고 넘어가지요. 제 개인적인 판단으로는 스승께서 being의 문제로 되돌아오신 이유가, 스승께서 늘 배우의 자세로 '자기 인식(self-awareness)'의 중요성을 강조하셨던 사실과 무관하지 않다고 생각합니다. 스승의 가르침에 따르면 '자기 인식'은 자신의 존재 가치를 아는 것입니다. 더 나아가서는 연기를 하는 배우로서의 존재 가치일 겁니다. 스승께서 선택하신 self-awareness, 실존 감각의 연기적 의미를 찾은 끝에 『EQ 감성지능』의 저자 대니얼 골먼이 '자기 인식(self-awareness)'을 '내면의 상태를 지속적으로 주목한다는 의미'로 사용한다는 것과, 미겔 니코렐리스의 책 『뇌의 미래』에서 '자아감'으로 번역된 sense of self를 발견했습니다. 미겔 니코렐리스의 말을 다음에 옮겨보지요.

전두엽과 두정엽 신경회로망의 급속한 성장으로부터 등장한 두 번째 행동학적 적응은 더욱 혁명적인 것이었다고 할 수 있음에도 불구하고 이상하게 신경과학계의 주목을 별로 받지 못했다. 이런 특성 덕분에 인간은 지구의 진화 역사상 가장 뛰어난 도구 제작자가 되었을 뿐 아니라, 자신이 만들어낸 인공물을 자신의 일부로 매끈하게 합병(incorporation)할 수 있는 능력을 갖추게 되었다. 뇌가 우리의 몸을 정교하게 시뮬레이션해 놓은 자기만의 은밀한 모델인 자아감(sense of self)의 진정한 확장이 가능해진 것이다.

_미겔 니코렐리스,『뇌의 미래』

내 경험으로도 그렇고, 배우가 스스로 '연기함으로써 존재함을 느끼는 그 순간 역시'도 이 자아감의 확장이라는 점에서 대니얼 골먼이 사용한 '자기 인식(self-awareness)'이나 미겔 니코렐리스의 '자아감(sense of self)' 역시 같은 맥락입니다. 연기 역설의 원칙에 따라 오래된 데카르트 명제를 뒤집어본다면, '지금, 여기(here and now)'와 관련해서 배우가 '연기한다. 그러므로 존재한다.(뇌신경과학의 도움을 빌려 표현해보면 'Acting is sense of being.')' 입니다.

스승께서는 '연기를 통해' 자신의 존엄성, 삶 그 자체를 위해 싸우는 사람의 전형적 자세를 갖고 계셨습니다. 삶 그 자체를 위해 싸우는 사람은 단지 그 자리에 멈추어 있지 않습니다. 매일 진화하는 사람은 자신의 생각을 고치는 것에 대해 주저하지 않습니다. 스승으로서는 자연스러운 겁니다. 고쳐야 진화하니까요. 매일 달라져야 합니다. 내가 이 책을 매일 다시 쓰는 것처럼, 의심이 든다면 바꿔야지요. 바꾸지 않는 한 성장과 발전은 없습니다. 오늘 지금, 여기에서 일어나는 일에 어떻게 반응하느냐에 내일 더 성장할 수 있느냐가 달려 있습니다.

이 책의 시작점이 된 『칼을 쥔 노배우』라는 제목을 선택한 것도 그런 맥락에서였습니다. 배우의 길에서 현재에 머무르는 것은 곧 배우로서의 죽음과도 같기 때문입니다. 배우로서도, 자기 삶에 대한 예의에도 어긋나는 일입니다. 아리스토텔레스로부터 지금 여기까지, 디드로와 스타니슬랍스키 그리고 샌포드 마이즈너, 오순택으로 이어지는 위대한 스승들의 공통점이기도 하지요. 오순택 선생님은 제자들에게도 나에게도 현재진행형으로 최고의 스승입니다. 삶 그 자체를 위해 연기하셨고 '연기를 통해' 생의 긍지를 드러내셨습니다. 삶과 연기에 대한 태도가 일치하는 그런 인생을 사셨던 겁니다. 제자들 또한 그런 배우로 살기를 원했습니다. 옆에서 보면 부러울 정도로 제자들에 대한 스승의 걱정이 대단하셨습니다. 그 점이 또한 샌포드 마이즈너와 겹칩니다.

> "연기란 두렵고도 역설적인 비즈니스야. 가장 중심에 있는 역설 가운데 하나가 바로 배우로서 성공하기 위해서는 자의식을 완전히 지워버리고 작품 속 캐릭터로 변형해야 하는 것이지. 쉽지 않지만 해낼 수 있어. 브루스, 필립, 빈센트, 그리고 수많은 다른 학생들에게 그 방법을 온전히 가르칠 수 없다는 사실이 유감스럽군."
>
> _ 샌포드 마이즈너·데니스 롱웰, 『샌포드 마이즈너 연기 테크닉』

이 글을 읽을 때, 마지막까지 제자들의 재활을 위한 워크숍을 하고 싶어 했던 스승의 걱정이 귀에 들리는 듯했습니다. AI의 확실한 등장과 함께 너무나 빠른 진화의 속도를 체감하는 21세기,

우리 모두 겪고 있듯이 인류 전체의 삶이 너무나 불확실합니다. 배우로 사는 일도 그렇습니다. 그럼에도 우린 오늘을 살아내야 합니다. 매 순간, 단 한 걸음이라도 내디디지 않으면 안 되는 것이 현실입니다. 물론 인간은 천성적으로 현재의 안정적 상태에 안주하려는 '함정'에 빠집니다. 새로운 시도, 실패를 두려워하지요. 그게 또 인류가 진화해오면서 장착한 역설적 본성이기도 합니다. 그런데 그 본성을 이겨내지 못하면 진화는 없습니다. 유영하던 어린 멍게가 성충이 되면 안정된 곳에 딱 붙박이가 되어서 타고난 자기 뇌수를 파먹고 살게 되는 것처럼 말입니다. 문제는 타고난 것을 다 파먹고 나면 그다음엔 뇌가 없는, 아무것도 아닌 것이 된다는 겁니다. 인간으로서는 끔찍한 일이지요. 살아 있는 생명체의 특징은 움직이는 겁니다. 데클란 도넬란의 말이 뇌리에 박혀 잊히지 않는 까닭입니다.

> 집에서는 안전하지 않고, 길에서만 안전하다. 그러니 집으로 가지 말지어다.

_데클란 도넬란, 『배우와 목표점』

오늘의 젊은 배우들에게 정말 딱 필요한 조언, 아니 조언 그 이상입니다. 움직이십시오. 현재에 맞서 배우로서 반응함으로써 지속적으로 성장해나가라는 것입니다. 진화는 원래 보수적이어서 있는 것에 뭔가가 더해져서 생각이 바뀌어야 새로운 방향으로 다양하게 진화한다고 합니다. 자, 그러한 맥락으로 스승의 바뀐 생각에 대해 꼼꼼히 따져봅시다. 스승께선 "Acting is doing, doing is reacting, reacting is being"에 대해 특히 많이 강조한 듯합니다. 제자들의 글을 읽어보니 그 점을 기록하지 않은 제자가 거의 없더군요. 문제를 보는 관점의 차이에 따라 달라지지만, 그럼에도 그 달라지는 것과도 관계없이 모든 경우에 옳고 또 중요합니다. 풀어보면 왜 그런지 이해될 겁니다.

우선 Acting is reacting. 잘 생각해봅시다. 관객은 상대(혹은 대상)가 나를 바꾸는 것, 즉 상대(대상)에 의해 내가 바뀌는 것에 주목하고, 놀라고, 웃고, 우는 겁니다. 이런 맥락에서는 reacting은 즉각적으로 being의 문제가 됩니다. 연기와 연기 행동 사이에는 being이 있습니다. 상대의 행동에 따라 지금, 현재 내 순간의 있음이 결정되는 겁니다. 순간의 있음에는 배역으로 준비된 생각이 있고 선택이 있습니다. 어떤 일이 일어나고 그 일로 인해서, 즉 상대의 행동으로 인해서 배우의 생각과 선택이 어떻게 바뀔 것인지가 더 흥미진진해지는 겁니다. 선생님의 제자로 가장 활발히 활동하고 있는 배우 진경과의 인터뷰에서도 거의 같은 생각을 피력하십니다.

"배우는 항상 나만의 비밀이 있어야 하는 것 같아요. 자기의 전부를 노출하지 않는 것. '눈을 뗄 수 없다'는 표현이 있잖아요. 그다음 순간에 무슨 일이 일어날 것 같으니까 눈을 못 떼는 거예요. 그런데 그런 연기는 작품의 맥락 속에서 치밀하게 계산되지 않으면 안 돼요. 그런데 계산한다고 해서 계산한 대로 연기가 되는 것도 아니에요. 상대 배우는 내 계산을 모르잖아요. 그러니까 '액팅 이즈 리액팅(Acting is reacting)'이에요. 준비를 철저히 하면 상대방을 놓치지 않아요. 꼭 지금 강의실에 앉아 있는 것 같은데(웃음), '액팅 이즈 리액팅'이 되면 상대 배우가 연기하기 쉬워져요. '액팅 이즈 두잉(Acting is doing)', 즉 자기 할 것만 밀어붙이는 배우가 많은데, 그러면 상대 배우가 힘들어지고. 준비가 되면 될수록 '액팅 이즈 리액팅'이 돼요. 그럼 관객도 참 재밌지."

그런데 존재(being)의 문제로 보면 보다 근원적인 이야기를 해야 합니다. 스승께서 존재(being)의 문제에 '왜' 다시 눈을 돌리셨는지 이해할 수 있는 열쇠는 스승께서 미완성으로 남기신 '신체시정적 접근'과 관련해서 생각해야 찾아집니다. 스승께서 쓰신 「연기예술에 대한 나의 생각」의 한 구절을 되새겨보겠습니다.

창작행위는 끊임없는 선택과 결정입니다. 인간은 어떠한 존재인지, 왜 존재하는지? 우리는 이 세상 삶에서 삶을 위하여 무엇을 하고 있는지…? 창작행위로서의 연기는 연기자의 내적 풍경(마음)과 외적 풍경(몸)이 주어진 순간에 가시적으로 공존하는 것이며, 연기자와 관객이 같은 순간에 삶을 살아간다는 참된 순간을 공유(共有)하는 것입니다. 순간순간 구체화되는 배우의 말과 움직임이 삶의 본질을 밝히고, 관객과 더불어 살아간다는 것을 드러내지 못한다면 극적 카타르시스

(catharsis)는 일어나지 않습니다.

_오순택, 『칼을 쥔 노배우』, 「연기예술에 대한 나의 생각」

스승의 생각이 다시 존재의 문제로 바뀌신 이유를 알 수 있는 구절입니다. 마음과 몸 사이에 생겨나는 공간을 풍경이라고 표현하셨습니다. 이러한 스승의 생각은 제자들과 함께 공연한 연극 〈미네티〉(2014)에서 '미네티'라는 인물을 연기할 때까지 이어지고 있습니다.

연기라는 게 뭐냐, 생각해보면… 예전 선배님들은 '주어진 여러 가지 것들을 가지고 캐릭터가 돼라', 이렇게 말씀하시곤 했어요. 틀린 말은 아니에요. 당연히 캐릭터를 구축해야 하는데… 언젠가부터 그런 생각이 들더라고요. 연기는 '존재하기이지, 캐릭터가 아니다'라는 생각…….

그러면 존재함과 캐릭터는 어떻게 다른 거냐 하면… 내가 배우가 됐는지 안 됐는지 모르겠지만(웃음). 지금 내 앞에 앉아 있는 분이 기자로서 인터뷰를 하고 있지 않나요. 이것도 역할이에요. 또 부모님 앞에서는 딸 역할을 할 거고. 일생 동안 자라면서 각 사람마다 상황에 따라 캐릭터가 다 달라요. 그런데 지금 기자라고 이마에 써 붙이고 다니는 것도 아니고 인간 대 인간으로 이야기하고 있잖아요.

스승께서 제자들의 헌정 연극 〈미네티〉에서 '미네티'라는 인물을 연기할 때 인터뷰하신 내용입니다. 인터넷을 검색해 확인할 수 있습니다. 이러한 스승의 통찰은 앞에서도 말했듯 시스템의 완성 단계였던 스타니슬랍스키 후기 생각과 일치합니다. 그뿐 아니지요. '연기'의 본질에 대한 두 대가의 생각은 세대를 뛰어넘어 영국의 연출가 피터 브룩 그리고 데클란 도넬란이 내린 결론 '나는 존재한다. 고로 연기한다(I am therefore I act).'와 같은 맥락으로 연결됩니다. 타고난 이상 살아 있는 존재로 현존하는 것이고, 이미 행동한다는 의미인 것이지요. 연기는 그 자체로 역설입니다. 그래서 '연기한다. 그러므로 존재한다.'라는 역설도 발생하는 것입니다.

> 진정 우리는 아빠나 엄마, 또는 선생님이나 친구 등 누가 됐든 간에 역할을 수행하면서 인생을 살아간다. 연기란 반응이요, 발전과 생존을 위한 메커니즘이다. 연기하고자 하는 원초적 본능이 곧 이 책에서 말하는 '연기'의 본질이다.
>
> _데클란 도넬란, 『배우와 목표점』

그래서 도넬란은 이미 현존하는 것이니, 그러므로 현존하려고 노력할 필요가 없다고 합니다. '연기하고자 하는 본능'은 '원초적'인 겁니다. 결론적으로 타고난 본능에 따라서 역설이 발생하는 겁니다. 그러니까 배우가 무대에 서는 순간, 연기 역설의 원칙에 따라 배우는 무대에서 'I act therefore I am(나는 연기한다. 그러므로 존재한다.)', 즉 '연기'함으로써 '존재'하게 되는 역설이 되는 겁니다. 결국 야크 판크셉의 단언처럼 가장 밑바닥에 있는 토대는 '나는 존재한다. 그러므로 나는 존재한다.'일 것입니다. 나는 종종 연기는 역설의 행위라는 것을 강조하기 위해서 연기가 '이율배반'의 예술이라고 말합니다. 마이즈너가 "연기란 두렵고도 역설적인 비즈니스야."라고 역설했던 것도 같은 맥락입니다.

그런 의미로 거듭 권합니다. 다시 『배우 수업』 제3장 「행동」의 첫 수업을 찬찬히 읽어보십시오. 거의 대부분의 배우가 스타니슬랍스키 시스템에 대해 정말 잘못 알고 있습니다. 왜? 21세기에도 최고 연출가로 꼽히는 데클란 도넬란이 러시아 배우들을 신뢰하고, 러시아 배우들과도 극단을 만들어서 영국과 러시아를 오가며 작업을 하는지도 설명이 됩니다. 스타니슬랍스키는 배우인 동시에 연출가로서, 그리고 오순택 선생님은 배우로서, 데클란 도넬란은 연출가로서 세 사람 모두 '연기'의 본질에 대한 통찰이 같습니다. 그런데 이처럼 너무나 자명한 사실에 대해 우리 배우들은 왜 계속 혼란스러워할까요? 흔히 '배역에 빠진다'라고 쓰는 표현 그대로, 배역으로 존재하는 노력을 하지 않고 그냥 자기감정에 빠지려고만 들기 때문입니다. 스승의 말을 다시 들어보지요.

순간순간 구체화되는 배우의 말과 움직임이 삶의 본질을 밝히고, 관객과 더불어 살아간다는 것을 드러내지 못한다면 극적 카타르시스(catharsis)는 일어나지 않습니다.

_오순택, 『칼을 쥔 노배우』, 「연기예술에 대한 나의 생각」

사람들에게 감동(감정적 카타르시스)을 주는 일은 배우가 할 수 있는 최고로 멋진 일입니다. 아리스토텔레스의 『시학』에 따르면 '궁극적'인 목적입니다. 소설이나 영화 그리고 드라마가 있는 이유입니다. 모든 이야기가 만들어내는 이 감정적인 카타르시스야말로 예술, 특히 연기 예술의 목적입니다. 비극이 탄생할 때부터의 궁극적 목적입니다. 어쩌면 비극이 탄생한 이유일 겁니다. 그리고 동시에 배우가 탄생한 이유입니다. 배우가 존경받아야 하는 존재인 이유이기도 합니다. 우타 하겐이 쓴 『산 연기』의 원제목이 'Respect for Acting'인 것도 그러한 맥락이라고 생각합니다. 그런 의미로 어쩌면 스승께서 제자들에게 말하고 싶었을 것이라는 생각이 드는 우타 하겐의 마지막 말을 들어봅시다.

> 관객에게 실패와 동경, 꿈과 욕망, 인간존재의 부정적이며 긍정적인 측면들을 드러내 주는 것 – 이것이 우리가 헌신적인 연극 예술가로서 취해야 할 목표들이다. 그때 우리는 사람들로부터 존경을 받을 것이며 우리 스스로를 존경하게 되고 또한 연기행위를 존경하게 될 것이다.
>
> _우타 하겐, 『산 연기』

극적 카타르시스(catharsis)는 비극의 목적이라는 것을 알 정도의 '극적 지성'만 있다면, 우타 하겐의 말도 그렇고 스승의 말 또한 이해되지 못할 그 어떤, 그 무엇도 없습니다. 배우라는 존재 이유로 배우는 존경받을 수 있는 겁니다. 배우의 존재 이유는 자

신의 전 존재를 통해서 삶의 본질을 밝힐 수 있도록, 그리하여 궁극적으로 극적 카타르시스를 일으킬 수 있는 순간순간으로 구체화하는 겁니다. 자칫 내 말이 더 어려워지겠습니다. 이럴 때 필요한 것은, 어쩌면 더 어려울 수도 있겠지만 바로 그렇기 때문에 아리스토텔레스의 『시학』을 공부하는 것입니다.

> 비극은 드라마적 형식을 취하고 서술적 형식을 취하지 않으며, 연민과 공포를 환기시키는 사건에 의하여 바로 이러한 감정의 카타르시스를 행한다.
>
> _ 아리스토텔레스, 『시학』, 제6장

대니얼 골먼에 따르면, 실제로 비극에서 시작된 '비극적 카타르시스' 치유 효과는 현재에도 여전히 유효합니다.

> 고통스러운 사건을 이야기할 때 뒤따르는 비탄의 심정은 치료 과정에서 중요한 역할을 한다. 즉, 비탄의 표출이 어느 정도 정신적 외상 자체를 떨쳐버리는 효과를 나타내는 것이다. 또한 영원히 과거 속의 그 순간에 붙잡혀 있지 않고 앞을 바라보기 시작하며, 심지어 희망을 갖고 정신적 외상에서 벗어나 새로운 삶을 다시 건설하기 시작할 수 있다는 의미를 지닌다.
>
> _ 대니얼 골먼, 『EQ 감성지능』

아리스토텔레스는 옳았습니다. '극적 지성'은 무조건 아리스토텔레스의 『시학』으로 배워야 합니다. 극적 카타르시스는 또한 연기 행동의 초목표이기도 합니다. 제자의 다음 질문으로 되돌아가봅니다.

배우가 목적을 향해서만 가야 하는가? 아니면 목적에 집착하지 않고 다양한 선택을 해야 하는가?

제자의 질문을 잘 해석해야 합니다. 질문하고 있는 상황이 '연습 과정에서인가? 아니면 배역으로서 연기를 하는 과정에서인가?' 그 점이 확실하지 않다는 것 때문입니다. 다시 말해서 배우의 목적인지, 인물의 목적인지 구분이 명확하지 않습니다. 구분만 명확하게 해도 헷갈릴 리가 없습니다. 우리는 일단, '인물의 목적'으로 명확히 정하고 이야기를 해봅시다. 배우가 연기하는 인물 및 인물의 목적과 관련해서 배우는 '그는 누구인가?' 그리고 더 구체적으로 '그가 어디에서 왔고 어디로 가는가?'라는 질문에 대답할 수 있어야 합니다. 『시학』의 스토리텔링의 원칙에서 비롯되어 스타니슬랍스키 시스템에서 인물 탐구를 위한 연기술로 진화된 질문입니다. 따라서 '그는 누구인가?'라는 극적 질문으로 바꾸면, '그는 여기 오기 전 어디에 있었고, 어떤 상황으로 이곳으로 오게 된 것인가? 그리고 이제 어디로 가야 하는가?'일 것입니다.

잠깐, 이 지점에서 다시 한번 '사이'에 대해 생각해봅시다. 생각을 위해 멈추든, 갈 곳을 정하기 위해 멈추든 멈춰야 하는 것은 분명합니다. 그리고 멈춰 있는 그곳에서 '그(그녀)'는 분명 현재의 상황에 놓여 있고, 현재의 상황에 존재해야 합니다. 존재한다는 것은 행동한다는 것이겠지요. 그것이 doing이거나 reacting이거나 분명 acting을 하고 있어야 하는 것이고요. 연기를 하는 것이 곧 존재하는 것이 되는 겁니다. 행동은 그전 상황에 의해서 변하는 것이고, 목적을 위한 행동을 결정하기까지의 '사이'는 극적 반전에 꼭 필요합니다. 배우의 연기 능력에 따라 그 '사이'의 연기, 즉 '그 순간에 어떻게 존재할 것인가?'에 대한 답을 찾는 것이 달라질 겁니다. 그래서 스승께서 "배우에게 책임이 있다."고 하셨던 것이지요. 스승의 대답이 이해되었을까요?

비유는 때때로 이해를 어렵게 합니다. 이해합니다. 특히 나처럼 '난독' 증세라도 있으면 질문조차 이해하기 어려울 것입니다. 그런 말이 있습니다. "질문을 한 자는 한순간 바보가 되고 말지만, 질문을 하지 않는 자는 평생 바보로 남는다." 우문현답, 못 배우고 가난한 부모를 만나 한글을 전혀 모르는 채 초등학교에 입학했던 내 경우가 그렇습니다. 부모 탓을 하려는 의도는 전혀 없습니다. 다만 도서관을 만난 것이 행운이었다는 말을 하고 싶습니다. 책이 너무 읽고 싶어서 한글 받침을 스스로 익혔습니다. 이후에도 늘 부딪혔던 난독의 상황에서, 오히려 읽고 또 읽으면서 역설적으로 답을 찾는 데 도움이 됐던 경우가 많았습니다.

제자의 의도가 좀 어렵지만, 나의 경험과 비교하면서 생각을 거듭해보니 이해가 되더군요. 그런 관점으로 제자의 질문 의도를 좀 더 세세히 파악해보겠습니다.

> *아까 '목적이 있어야 하고 또 너무 아름다우면 좀 쉬었다 갈 수 있는 것 아니냐'라고 하셨는데, 배우가 자기는 아름다운 꽃이라고 생각하고 쉬는데, 그러니까 배우 나름대로 미적으로 연극적인 선택을 한다고 한 것인데, 연출이나 상대 배우가 봤을 때 미학적으로 지극히 별로라고 생각해서, 연출이 '너 뭐 하고 있어? 왜 거기서 쉬냐?' 그렇게 지적하는 그 순간, 배우는 난감하고 위축되고 맙니다.*

앞에서도 충분히 설명했지만, 인물로서의 목적이 분명하다면 목적을 향해 가는 길에 멈출 수도 있고, 쉬어갈 수도 있습니다. 다만 생각은 해볼 필요가 있습니다. 배우 스스로 제대로 준비한 상황에서 자신의 직관에 의한 행동이었는지 그렇지 않은지 말입니다. 연출의 지적이 배우의 직관을 대신하지 못하는 경우도 있을 것이고 혹은 그 반대의 상황일 수도 있습니다. 다시 말해서 '밑그림'을 잘 그렸는지를 생각해보라는 겁니다. 아니, 배우들에게는 어쩌면 스타니슬랍스키 시스템에서 비롯했고 샌포드 마이즈너가 역설한 '준비'라는 말이 더 적절할지 모르겠습니다.

배역을 연기할 준비가 되어 있다면 위축될 필요가 없습니다. 배우는 당연히 충분히, 그러면서도 '사적이고 은밀한' 준비를 해야 하고, 준비가 충분하다면 연출가에게 그 대답을 해줄 수 있을 겁니다. 그때 연출은 배우의 생각을 받아들이지 않을 수 없게 되는 겁니다. 연출 역시 목적은 같을 테니까요. 스승이 다음과 같이 대답한 이유를 짐작할 수 있습니다.

> *연출하는 사람이 그 순간의 선택을 알아듣지 못한다든지, 자기의 감각으로는 필요가 없다고 생각하든지… 어쨌든 연출이 이해를 못 한다는 건 그건 연출의 책임이 아니라 배우한테 책임이 있다고 생각해.*

연출가였던 내 입장으로 반가운 말이기는 하지만, 연출가 역시 배우에게 책임을 완전히 떠넘길 수는 없습니다. 연출가 또한 연습하는 동안에는 배우의 선택을 알아듣고 존중해야 합니다. 다만 내가 하고 싶은 말은, 결국 무대에서 연기하고 관객과 호흡해야 하는 주체는 배우 자신이라는 것입니다. 성공이든 실패든 그 결과는 결국 배우 몫입니다. 그러므로 배우 스스로 자주적이어야 자기 배역을 제대로 드러낼 수 있습니다. 배우가 자주적이어야 'Know why'의 문제를 해결할 수 있는 겁니다. 좀 더 격조 있게 말하면 '연기에의 존경' 자세를 갖는 거죠. 스승이 말한 '배우에의 존경'은 연출가에게도 꼭 필요한 자세일 겁니다. 그것이 모든 문제를 해결할 수 있는 길입니다. 그리고 제자 또한 답을 알고 있습니다.

예술적 감각이나 극적 지성이 있어서 다른 선택을 할 수 있어야 하는데, 선생님의 말씀처럼 아름다운 꽃을 보고 돌아갈 수도 있는데, 결국 목적만을 향해서 가게 됩니다.

한편으로는 옳은 대답입니다. 그러니 다른 한 편을 동시에 이해해야 합니다. 예술적 감각과 극적 지성을 키워서 연출가가 "너 뭐 하고 있어? 왜 거기서 쉬냐?" 그렇게 지적하기 전에 배우가 먼저 Know why! 왜 그래야 하는지 알고 다른 선택을 하십시오. 만일 모른다면 적어도 왜 그래야 하는지 물어보는 당당함이라도 있어야 합니다. 그에 대해 올바르게 대답해주는 것은 연출가의 의무니까요. 사실 이 문제에 대해 연출가로서의 내 대답은 단호합니다.

배역의 처음 – 중간 – 끝을 알면 됩니다. 아리스토텔레스의 『시학』에 있는 답입니다. 그렇습니다. 스토리텔링 기술입니다. 반드시 익혀야 하는 극적 지성입니다. 자신이 연기해야 할 '그'는 어디서 왔으며, 지금 어디에 있고, 어디로 가는지를 아는 겁니다. 배역의 현재를 알기 위해서는 과거를 알아야 하고, 과거를 알면 그가 미래에 어디로 가야 하는지도 알게 됩니다. 아리스토텔레스가 요약한 『오디세이아』 전체 개요는 다음과 같습니다.

어떤 사람이 오랫동안 고향을 떠나 타지를 전전한다. 포세이돈이 엄격하게 감시하고 있어 그 사람은 늘 홀로 지낸다. 한편 고향에서는 아내의 구혼자들이 그 사람의 재산을 낭비하면서, 아들을 죽이려는 음모를 꾸민다. 그는 온갖 역경을 헤치고 마침내 고향에 돌아와서 몇 사람에게만 정체를 밝히고는, 원수를 모조리 해치우고 살아남는다.

_아리스토텔레스, 『시학』

작가는 이렇게 전체 개요를 작성한 뒤 등장인물에게 이름을 붙이고, 에피소드를 채워 넣습니다. 현대에도 그렇게 희곡이 탄생합니다. 시나리오 작가도 마찬가지입니다. 내가 배우들에게 작가적 상상력을 키워야 한다고 말하는 이유입니다. 그 말인즉, 배우 역시 스토리텔링 기술을 익혀야 한다는 겁니다. 희곡의 전체 개요를 어떻게 뽑아낼 것인가? 그 답 역시 아리스토텔레스가 이미 알려주고 있습니다. 등장인물의 이름을 빼고 에피소드를 빼면 전체 개요를 작성할 수 있게 됩니다. 전체 개요를 제대로 작성하면, 마이클 티어노가 그의 책 『스토리텔링의 비밀』에서 역설한 바로 그 'action idea'가 나옵니다.

아리스토텔레스는 『시학』에서 극적인 이야기 구조의 근본 요소를 아주 면밀하게 탐구했는데, 아직도 많은 할리우드 제작자들은 이 책을 '시나리오를 쓰기 위한 바이블'로 여긴다.

_마이클 티어노, 『스토리텔링의 비밀』

그리고 『시학』은 연기를 위한 바이블이기도 합니다. 그래서 나 또한 오랫동안 『시학』을 연기술로 아주 세세히 탐구했습니다. 박사 논문을 쓰면서 시작된 것이고, 학위를 딴 것이 2005년이니 정확히 20년이 넘습니다. 마무리 중이어서 이 책 다음으로 출간할 예정입니다.

어쨌든 우리 대화로 다시 돌아와서, 연극은 기본적으로 희곡을 무대화하는 것입니다. 희곡은 '처음－중간－끝'으로 끝납니다. 인물의 행동도 '처음－중간－끝'으로 끝납니다. 연습 중에 연극 전체의 목적을 찾고 플롯 행동을 찾습니다. 각 인물의 목적을 찾고, 그 목적에 부합하는 행동을 찾습니다. 그리고 그 행동에 부합하는 대사의 '처음－중간－끝'과 감정의 '처음－중간－끝'을 조화시킵니다.

한 배우가 목적을 잊는다고 해서 연극이 목적지로 가는 것을 멈추지는 못합니다. 다른 배우의 행동이 목적을 잊은 배우를 끌고 갈 것입니다. 약간 삐끗할 수는 있으나 대체로 어찌어찌 지나갑니다. 훗날 두고두고 배우들끼리 웃으며 회상하게 되는 그 순간의 에피소드를 남기기도 하면서 말이지요. 만약 그 순간 배우들이 화합이 잘되어서 상호 배려한다면 '사이'의 즉흥이 일어날 수도 있습니다. 아, 이 '사이'의 즉흥이 어떻게 일어나는지 짐작이라도 해볼 수 있는 책이 최근에 번역되어 얼마나 반가웠던지, 이틀을 꼬박 읽었습니다. 스승의 스승이었을 수도 있다고 생각한 샌포드 마이즈너의 책 『샌포드 마이즈너 연기 테크닉』입니다. 덕분에 이 책도 좀 더 풍부해졌습니다.

특히 '반복' 훈련은 그의 연기 테크닉의 핵심을 이루는데, 그 훈련에서 생겨날 수 있는, 생겨날 수밖에 없는 '사이'의 즉흥을 상상하는 것은 매우 흥미로웠습니다. 아무튼 다시 극적 카타르시스가 연기 행동의 목적이라는 사실을 상기합시다. 연출가가 그 연극 전체가 도달해야 하는 극적 카타르시스를 잘 알고 있다면, 그리고 카타르시스를 이루기 위한 플롯 행동들, 연기 행동들을 잘 연출한다면 연극이 목적으로 하는 극적 카타르시스에 도달하겠지요. '목적'과 관련해서 스승의 답을 마저 풀어보겠습니다.

길을 가다 '꽃을 발견했다'. 그런데 길을 가는 건 어떤 목적지가 있다는 거지. 산책을 하는 것이 아니라면 말이야. 꽃을 발견했을 때, 지금 가는 길을 잃어버리고 아름다운 꽃에 완전히 몰입을 해버리면, 흐름이 끊어져버려. 목적을 잊어버리지 않으면 되는 거지. 물론 너무 아름다운 꽃이 있으면 잠깐 쉬었다 갈 수 있는 거 아니겠어?

이제 망설임 없이 수긍해주기를 바랍니다. 더 확실히 해서 이해하고 싶다면 스타니슬랍스키 『배우 수업』, 특히 제13장 「끊어지지 않는 선」부터 제15장 「초목표」까지 깊이 탐구해볼 것을 조언합니다. 거기 스타니슬랍스키가 알기 쉽게 그려놓은 도식도 있습니다. 어쨌든 연기 목적은 극적 초목표로 흡수, 끊어지지 않는 선으로 관통해야 합니다. 그것이 희곡을 구성하는 플롯 원칙이기도 합니다. 바로 제자가 말하는 극적 지성입니다.

"실생활에서 우리는 질서 있게 또는 들쭉날쭉하게, 우리의 주의집중 대상을 바꾸면서 살아간다. 이렇게 대상이 바뀌어도 그 속에는 하나의 끊어지지 않는 사실이 있다는 것을 이 시범은 보여주는 것이다. 연극이 공연되는 동안 일어나는 일도 이와 마찬가지이다. 중요한 것은 여러분이 초점을 두고 있는 대상들을 연결하는 하나의 튼튼한 선을 구축하는 일이다."

_스타니슬랍스키, 『배우 수업』

스승이 비유적으로 설명하고 있는 내용과 거의 같습니다. 실제로 앞의 대화에서 화자인 제자가 쓴 전문사 논문 역시 스타니슬랍스키 연기술을 토대로 했습니다. 스타니슬랍스키가 『배우 수업』 시스템을 구축하는 데 있어서 스타니슬랍스키 자신의 자아를 '스승과 제자', 그렇게 둘로 나누어서 '가르치고 배우는' 과정으로 활용해서 쓴 것을, 앞의 제자는 오순택 선생님이 제자들에게 늘 강조했던 '이견지견'의 관점과 같은 맥락으로 논문을 썼습니다.

그의 글은 어쩌면 실리지 않을 수도 있었습니다. 스승께서 아끼시던 제자들과 『칼을 쥔 노배우』를 기획할 때, 공저자가 된 바로 그 제자에게서 전화가 걸려 왔습니다. 전화기 너머에서 스승을 많이 닮은 겸손함이 느껴지는 목소리가 들렸습니다. 참 조심스럽게 "선생님, 제가 쓴 논문을 메일로 보내겠습니다. 읽어보시고 함께 실어도 괜찮을지 생각해봐주세요."라고 조언을 구했습니다. 읽어보고 나서, 그 제자가 보내준 글의 제목에 깊은 인상을 받았습니다. 글의 제목은 「연기예술원정대 – 끝없는 모색의 길」입니다. 그리고 논문 형식을 좀 빼고 조금만 정리하면 될 것 같으니 꼭 제출해달라고 부탁했습니다. 이 글을 쓰면서도 왠지 짠하게 어떤 풍경으로 다가오는 제목입니다. '끝없는 모색'이라는 표현 때문이었을 겁니다.

나도 잠깐 쉬어가자는 의미로 요즘 스스로를 위로하며 외우고 있는, 노자의 『도덕경』을 시적으로 해석한 파멜라 메츠의 글 한 구절을 옮깁니다.

네가 아무것도 모른다는 사실을 받아들일 수 있는가? 스스로 안다고 생각할 때, 너는 더 이상 묻지 않게 된다. 치유와 성장은 모르는 것에 자신을 열어놓는 데서 온다.

_파멜라 메츠, 『농사의 도』

스승의 자세가 그러했습니다. 도제의 삶의 방향도 어째 같아지고 있습니다. 끝까지 '스스로 안다'고 생각지 않으려고 합니다. 그 제자를 응원하는 마음으로, 또 힘든 길에 들어선 걸음마 배우들에게도 들려주고 싶은 말입니다. 연기의 도에 이르는 비결도 마찬가지일 것입니다. 모르는 것에 자신을 열어놓고 앎에 적극적이고 능동적인 그 농부와 같은 마음으로 배우로서의 인생을 경작해가면, 분명 인생의 가을엔 풍성한 열매를 거둘 수 있습니다. 이 책을 쓰고 있는 지금의 내가 그렇습니다. 스승께서 그러했던 것처럼 포기해야 한다는 것은 곧 다른 것이 얻어졌다는 것이지요. 지우고 있는 내용이 많습니다. 이런, 제자의 논문 애기를 하다 잠깐 옆길로 샜습니다. 되돌아가겠습니다.

『칼을 쥔 노배우』에 실린 그의 글을 읽어보면 알겠지만, 디드로와 스타니슬랍스키를 잇는 독특한 형식입니다. 제자는 자기 작업에서의 경험과 함께 '관찰자적 자아'와 '행위자로서의 자아'로 나누어 글을 진행합니다. 다양성을 기준으로, 독특하지만 사실 자연스러운 겁니다. 그리고 어쩌면 당연한 귀결입니다. 그리고 매우 귀한 씨앗입니다. 잘 꽃피운다면 좋은 열매가 열릴 것입니다. 그런 의미에서 그 제자에게 스타니슬랍스키의 『배우 수업』을 다시 반복해서 깊이 읽어볼 것을 권합니다. 최근 TV 드라마에서 활발히 활동하는 그 제자가 연기하는 것을 볼 기회가 있었는데, 문득 그가 조금 힘들어했던 시기에 그와 진지하게 나눈 대화가 풍경처럼 떠오르는 겁니다. 인생도 그렇고 연기도 그렇고, 참 쉽지 않습니다. 그가 배우로서의 삶과 연기에 대한 '끝없는 모색'을 멈추지 않기를 응원합니다.

본 대화로 돌아와서, 아리스토텔레스가 이성 역시 인간의 본성이라고 한 바에 따르면, 연기는 이성과 감성의 조화로 간결함을 추구해야 합니다. 스승께서는 '연금'이라는 표현을 쓰셨습니다. '감성과 이성'을 함께 소유한 인간의 본성상 당연한 겁니다. 연기 자체가 역설이며, 또 '이견지견'이 될 수밖에 없기 때문입니다. 그래서 디드로가 그의 책 『배우에 관한 역설』에 두 자아를 등장시켰던 것이고, 스타니슬랍스키 역시 스승과 제자라는 두 자아를 등장시킨 것이지요. 그리고 데클란 도넬란의『배우와 목표점』의 핵심인 배우와 목표점도 사실은 '주체/객체'를 분리시킨 개념으로 볼 수 있습니다. 실제로 데클란 도넬란의 책 한 부분에 두 자아에 대한 내용이 나옵니다.

> 즉 항상 목표점이 있고, 그 목표점은 외부에 존재한다는 법칙으로 돌아가 보자. 그렇다면 내가 스스로에게 말을 걸 때 무슨 일이 생기는가? 그럴 경우 나 자신이 목표점이 되어야 한다. 예를 들어, 샤워기가 작동하지 않아 스스로에게 소리칠 때 내가 소리쳐대고 있는 '나(me)'는 배관공에게 전화하는 것을 잊은 또 다른 멍청이 '나(me)'이다. 비난하는 '나(I)'와 가책을 느끼는 '나(me)' 사이에는 차이가 있다. '나(I)'와 '나(me)' 사이에는 일정한 거리가 있다.
>
> _데클란 도넬란,『배우와 목표점』

데클란 도넬란의 두 자아 개념은 구체적으로는 주체인 나와 객체인 나로 생각하면 쉽게 이해가 됩니다. 내가 대본 분석을 위해 제안한 '문장//쪼개기' 기술과 관련해서, '주체//객체'로 나누는 것은 가장 기본적인 것이었습니다. 달리 어디로 가겠습니까? 연극이 역설의 예술인 것을요. 어쨌든 제자가 '관찰자/행위자'의 관점으로 글을 쓸 수 있었던 것은 인간 행동의 동기가 되는 인간 행동의 2가지 사고 체계(시스템 1, 시스템 2) 때문에 당연한 귀결인 것입니다.

행동의 2가지 사고 체계에 대해서는 500쪽이 넘는 분량의 책 『생각에 관한 생각』이 나왔을 정도입니다. 저자 대니얼 카너먼은 심리학자인데 최초로 노벨 경제학상을 받았습니다. 다만 연기가 역설의 예술인 이유도 우리 인간 행동의 2가지 사고 체계로 인한 것이므로 좀 더 깊이 알고 싶다면 그 책이 도움이 될 것입니다.

결론은, 우리가 인생에서 목적지를 향해서 곧바로 직진할 수 없는 것처럼, 배우 또한 목적지만을 향해서 직선으로 갈 수가 없다는 것입니다. 작가가 그렇게 쓰지도 않습니다. 연극이 필요한 이유가 바로 인간의 삶이 자기 뜻대로 되지 않는다는 것을 보여줌으로써 인생의 진실을 드러내 카타르시스를 일으키는 것이기 때문이지요. 우리의 삶에서처럼 매 순간 상대가 다르고, 주어진 상황이 다르고, 대사가 다릅니다. 이쯤으로 마무리를 짓겠습니다. 오순택 선생님이 시적으로 표현한 비유가 이해되었을 줄 압니다. 잠깐 쉬었다 가자고 했던 나의 의도 역시 이해해주리라 믿겠습니다.

그리고 사실, 작가도 아름다운 꽃으로 잠시 쉬었다 가도록 지도 곳곳에 심어놓았습니다. 샘물도 표시해두었습니다. 아니면 재미가 없지요. 그러니까 너무 걱정하지 않아도 됩니다. 배우가 지도에 충실하면 어쨌든 목적지에 도착하게 되어 있습니다. 각 작품의 지도는 오직 하나고, 도착해야 하는 목적지도 오직 한 곳입니다. 다만 가는 길에 어떤 고난 혹은 어떤 꽃이 심겨 있는가가 다르지요. 풍경이 다르다고나 할까요?

데클란 도넬란은 이렇게 말합니다.

만일 극복해야 할 장애물이 없다면 추구할 것도 없을 것이
다. 추구할 게 없다는 건 곧 죽음이다. 모든 살아 있는 순간
은 추구라는 요소를 가지고 있다.

_데클란 도넬란, 『배우와 목표점』

　자신으로 존재하는 것이 삶의 초목표라면 배역과 함께 존재하
는 것은 배우로 살기 위한 초목표일 것입니다. 배우에게는 '배역
으로서 어떻게 그 순간에 연기로 존재할 것인가?'의 문제인 것이
지요. 그리고 한 작품에서 만났을 때는 연출가에게도 배우에게
도 목적지는 한 곳입니다. 함께 항해해야 하는 것입니다. 연출가
와 배우가 함께 협력해서 올바르게 찾아진 연기의 순간들이 흐
름(flow, 미하일 칙센트미하이는 '몰입'이란 단어를 씁니다.)을 만들기 시작하
면 작가가 터놓은 물길을 따라 때로는 굽이쳐서, 때로는 바위를
치면서 빠르게 혹은 천천히 전체 작품의 초목표로 흘러가는 겁
니다. 샌포드 마이즈너는 이를 강 위에 떠서 흘러가는 카누에 비
유했습니다.

　"이 카누는 감정이라는 강 위에 떠 있지. 대사는 강물의 흐름
을 따라 흘러가기에, 물살이 사납게 날뛸 때는 대사 역시 사
나운 강 위의 보트처럼 튀어 오르지. 감정이라는 강의 흐름
에 모든 것이 좌우된다네. 대사는 감정의 특질을 띠고 있어.

오늘 우리가 할 연습도 그렇다네. 강 위에 떠다니는 대사에 속박받지 않고 감정이 자유롭게 흘러가도록 하는 방법을 배우는 것이지."

_ 샌포드 마이즈너·데니스 롱웰, 『샌포드 마이즈너 연기 테크닉』

어떻게? 좀 풀렸는지 모르겠습니다. 조금이라도 풀렸기를 바라며, 다음 장에서는 다른 제자가 제기하는, 언뜻 달라 보이지만 같은 문제를 다른 관점으로 풀어보겠습니다. 다양성을 기준으로, 사람마다 보는 각도가 다 다르니, 다른 각도로 풀어가 보려고 합니다.

3장

캐릭터의 문제

이종무 이야기를 듣자니, 배우가 인물의 행동을 찾아가는(이해하는) 과정, 인물의 행동을 찾고, 수행하고 acting, reacting 하는 과정 속에서 찾아지는 캐릭터다운 모습들이 내 삶하고 만나는 지점 속에서 being이 나타나는 것이라고 생각하는데, 얘기를 들어보면 인물은 사라지고 배우인 나의 존재만 남는 건 아닌가? 그런 의아심이 가요.

_『칼을 쥔 노배우』, 「후기를 대신하여」

같은데 다른 문제, 여기서 우리가 집중적으로 풀어내야 하는 실제적 문제는 '인물은 사라지고 배우인 나의 존재만 남는 건 아닌가?'라는 제자의 의아심인데, 그 의아심만 풀어내기에도 긴 이야기가 될 것이기에 먼저 필요한 부분을 떼어보겠습니다.

이야기를 듣자니, 배우가 인물의 행동을 찾아가는(이해하는) 과정, 인물의 행동을 찾고, 수행하고 acting, reacting 하는 과정 속에서 찾아지는 캐릭터다운 모습들이 내 삶하고 만나는 지점 속에서 //

너무나 중요한 문제입니다. 마이즈너는 "캐릭터는 그가 무엇을 하느냐로 결정되지."라고 간단히 말합니다. 그렇습니다. 배우가 과정에서 찾아야 할 것은 배역의 행동, 즉 '그가 무엇을 하느냐'입니다. 그 답은 어디에 있을까요? 당연히 희곡에 있겠지요. 문제는 여전히 희곡 읽기의 어려움일 것입니다. 마이즈너는 배우의 '가장 강력한 적'이 대본이라고 했습니다. 희곡 읽기의 중요함 그리고 어려움에 대해 이렇게 적절한 표현은 없을 것입니다. 그 말인즉, 희곡 읽기가 중요한 능력이라는 뜻입니다. 희곡 읽기가 왜 그렇게 중요한지, 먼저 『배우 수업』 제1장 「첫 시험」에서 오셀로를 연기했던 코스챠의 연기를 확인해봅시다.

실패였다. 이제는 어쩔 수 없다는 무력감에 빠지자, 불현듯 나는 부아가 치밀었다. 잠시 주변의 모든 것들이 완전히 자취를 감추었다. 그리고 나의 입은 '피다, 이아고, 피다!'라는 유명한 대사를 토해냈다. 오셀로에 대한 레오의 해석이 갑자기 떠오르면서 내 정서를 불러일으켰던 것이다. 아울러 일순간 청중이 앞으로 빨려오면서, 웅성거리는 소리가 퍼져가는 것 같았다.

_스타니슬랍스키,『배우 수업』

내용의 앞뒤를 읽어보는 것은 배우의 몫입니다. 그리고 다음 장에 선생인 토르초프가 그 발표에 대해 평가하는 내용을 확인해보는 것도 배우의 몫입니다. 간단하게 이 순간 필요한 내용만 옮겨 적습니다.

주목할 만한 가치가 있는 순간은 둘밖에 없었다. 하나는 마리아가 굴러떨어지듯이 계단을 내려오면서 '아이구, 살려주세요'라고 절망적으로 비명을 지르던 장면이고, 다른 하나는 시간은 좀 더 길었지만 코스챠 나즈바노프가 '피다, 이아고, 피다!'라고 외치던 장면이다. 두 경우 모두 연기를 하던 배우들이나 보고 있던 우리들이나 무대 속으로 완벽히 빨려 들어갔다. 이런 성공적인 순간들을 따로 떼어놓고 그 자체만으로 본다면, 우리는 이들을 배역을 생활하는 예술에 속한다고 볼 수 있다.

_스타니슬랍스키,『배우 수업』

코스챠가 무대에서 '배역을 생활'했던 순간은 어떻게 일어날 수 있었던 것일까요? '오셀로에 대한 레오의 해석'입니다. 오셀로가 처했던 상황에 대한 레오의 해석에 흥미를 가졌기 때문입니다. '피다, 이아고, 피다!'라고 외쳤던 그 단 한 순간에 코스챠는 '주어진 상상의 상황'에 존재했던 것입니다. 그 상황 속에 살았던 것이지요. 그렇게 진심으로 연기하는 지점에서 '연기한다. 고로 존재한다(Sense is Being).'로 들어서는 것입니다.

캐릭터다운 모습들이 내 삶하고 만나는 지점 속에서 being이 나타나는 것이라고 생각하는데,

앞 장의 내용 중에 '있다, 있다, 있다… 고로 존재한다.'라고 했던 것을 상기해봅시다. 연기 역설의 법칙을 이해하면 풀립니다. 나에게는 없는 캐릭터다운 모습을 나에게서 찾으면 안 됩니다. 거꾸로 내가, 그러니까 배우 자신의 정체성이 배역의 주어진 상황 속에서 살게 되는 순간, 나에게 비축된 '인간 영혼에 상응하는 위대한 내적 자원'에 의해서 배역의 being이 시작되는 것입니다. 배우라면 간절히 원하고, 원해야 하는 일입니다. 바로 이 지점에서 우리가 실제로 풀어야 할 문제, 대화 내용의 마지막 부분도 해결됩니다.

얘기를 들어보면 인물은 사라지고 배우인 나의 존재만 남는 건 아닌가? 그런 의아심이 가요.

그렇지 않습니다. 스타니슬랍스키의 관점으로 배역의 삶을 배우가 생활한다고 했을 때, 생명체인 배우가 배역의 삶을 연기해주는 것입니다. 생명체인 배우가 '살아진 신체'로서, 배역의 삶을 새롭게 경험하고 무대에서 생활해주는 일입니다. 배우가 배역을 생활해주는 그 순간, 관객들은 배우와 함께 또 동시에 배역에 감정이입을 합니다. 그리고 사실 배역의 성격이 배우 자신의 본래 성격과 일치하는 경우는 있을 수 없습니다. 우리가 살아가는 동안에도 자신과 성격이 일치하는 사람을 찾는 것은 불가능합니다. 그러니 창조라는 표현이 붙는 겁니다. 당연히 작가에 의해서 이미 창조된 인물이 사라지는 일도 결코 일어나지 않습니다. 배역은 작품 안에 존재하니까요. 이해를 돕기 위해 샌포드 마이즈너가 학생들을 훈련시키는 과정에서 들려준 생각을 다시 옮겨보겠습니다.

"캐릭터의 내적 요소(internal part)는 우리가 무엇에 대해 어떤 감정을 품느냐에 따라 정의할 수 있어."

_ 샌포드 마이즈너·데니스 롱웰, 『샌포드 마이즈너 연기 테크닉』

그리고 그가 훈련 끝에 내려주는 결론은 "감정이 드러나는 행동 양상들이 근본적인 요소에 속하며, 이것들이 캐릭터의 근원을 이룬다네."입니다. '우리가 무엇에 대해 어떤 감정을 품느냐'라는 마이즈너의 말에 주목하십시오. 그리고 코스챠가 '피다, 이아고, 피다!'라고 외치던 순간이 어떻게 일어났는지를 복기해보십시오. 감정으로 인해서 드러나는 행동이 캐릭터의 근원입니다. 그러한 맥락으로 "어떤 성격을 원한다면 이미 그런 성격을 가지고 있는 사람처럼 행동하라."는 윌리엄 제임스의 말은 실로 연기에 관한 역설입니다.

윌리엄 제임스는 19~20세기 철학자이자 심리학자로서 근대 심리학의 창시자로 일컬어지며, 그가 12년에 걸쳐서 쓴 『심리학 원리』는 심리학의 고전으로 1980년대부터 새롭게 재조명되고 있습니다. 그의 이론을 잇는 21세기 행동심리학의 '가정 원칙'에 따르면, 인간 개개인도 행동을 바꿈으로써 성격을 바꿀 수 있습니다. 예, 그런 이유로 배우는 오히려 자신이 사라져버리는 일을 걱정해야 합니다. 인물에 너무 깊이 몰입해서 그 영향으로 새로운 삶을 경험하는 것을 넘어서 자신의 성격이 바뀌는 것 말입니다. 심하게는 배우 자신의 성격이 바뀔 수 있다는 겁니다. 실제로 신경과학자 안토니오 다마지오는 전문 배우 작업과 관련해서 이렇게 말합니다.

리 스트라스버그 – 엘리아 카잔이 예증한 또 하나의 기법인 '메소드' 연기는 감정을 모방하기보다는 실제를 창조하고 감정을 만들어내는 배우에 의존한다. 메소드 연기는 좀 더 확실하고 보증적이지만, 실제의 감정이 발산하는 자동적 과정을 제어해야 하는 특수한 재능과 원숙함을 요구한다.

_안토니오 다마지오, 『데카르트의 오류』

예, 매우 중요한 문제입니다. 배우가 인물의 성격을 드러내는 행동을 너무 잘 찾고, 또 배우 자신이 그 행동에 너무 잘 적응해서 실제로 감정까지 완전히 '연기한다. 그러므로 존재한다.'가 되었을 때조차, 긍정적이든 부정적이든 배우 자신에게 미칠 영향은 꽤 심각합니다. 그래서 샌포드 마이즈너의 역설은 기억해둘 만합니다.

"배우가 되려고 하지 말게. 주어진 상상의 상황에 존재하고 진실되게 살아가는 한 인간이 되어야 해. 상황을 연기하려고 하지 말고, 그 상황 속에서 살아가게."

_샌포드 마이즈너·데니스 롱웰,『샌포드 마이즈너 연기 테크닉』

스타니슬랍스키가 배역을 생활하라고 했던 맥락을 계승한 것입니다. 내가 그를 진정한 계승자 중 한 사람으로 꼽는 이유입니다. 연극이 끝나면, 즉 상황이 끝나면 배역으로 생활하는 것도 끝나야 합니다. 그렇기에 배우는 자기의 이전 배역에 몰입했을 때의 영향을 지우기 위한 대책도 꼭 가지고 있어야 하는 겁니다. 지혜로운 배우들은 모두 한 가지씩은 가지고 있더군요. 여행을 한다는 배우도 있고, 반갑게도 시를 읽는다는 배우도 있더군요. 오순택 선생님은 "악역을 하고 나서는 반드시 발레를 했다."고 하셨습니다. 신경과학자 안토니오 다마지오가 말하는 '실제의 감정이 발산하는 자동적 과정을 제어해야 하는 특수한 재능과 원숙함을 갖추기 위해서' 꼭 필요한 일입니다.

흔히 혼용해서 말하는 역 창조와 성격 창조(나는 이 표현을 '성격 부여'로 바꾼 것입니다.)를 명확히 구분해서 이해하는 것이 좋습니다. 성격을 어떻게 규정짓느냐에 따라서 달라지기는 하겠지만, 잘 생각해보십시오. 나조차도 한 가지 성격으로 살지 않습니다. 어떻게 사느냐에 따라서 변하기도 합니다. 인물이 곧 성격은 아닙니다. 미하일 체홉은 '전체로서의 인물'과 인물의 작은 '특이성'으로 구별했습니다. 미하일 체홉 자신의 탁월함이기도 합니다. 여기서 특이성은 '그 인물만 갖고 있는 것'입니다. 오순택 선생님이 강조했던 '상세 감각'과 연결됩니다. 예, 성격은 인물의 특이한 한 부분입니다. 인물 안에 포함된 그 인물만의 특이성인 것입니다. 인간이 성격을 타고나지 않는다는 맥락과 연결됩니다. 한 개인의 성격은 가정과 사회환경에 의해서도 형성되고 자기 삶의 태도에 의해서도 형성됩니다. 그 사람이 타고난 그 자체가 아닌 것입니다. 다양한 성격은 인류 역사에 걸쳐 복합적이고 다양한 상황에 의해 형성되는 것이지 창조된 것도 구축된 것도 아닙니다. 그러므로 '성격 구축'이라는 표현도 그다지 바람직한 것 같지는 않습니다. 용어 사용을 잘해야 합니다. 우리는 너무 쉽게 용어에 갇히기 때문입니다.

역 창조는 작품 안에서 유기적으로 존재하는 배역으로, 일단은 작가의 영역입니다. 배우 역시 같은 맥락으로 '배역을 내 것으로' 만들어 배역으로 살아 있을 수 있으면 되는 것입니다. 다시 말해서 다양한 성격의 사람들이 있어왔고, 작가는 자신이 창조하는 스토리텔링에 적합한 인물, 즉 그 이야기와 주인공에 적합한 성격을 부여하는 것입니다. 재창조라고 할 수 있는 것이지요. 배우의 일은 작가가 창조한 인물이 할 법한 행동을 찾고 성격을 부여하는 것입니다. 성격은 인물의 행동으로 드러납니다. 그가 누구인지 알기 위해서 배우는 계속 질문해야 합니다. 그가 '왜' 그런 행동을 했을까? 왜 그런 일이 일어났지? 그것은 상황 때문이기도 하고, 그의 '특이성' 때문이기도 합니다. 다시 말해서 그 인물의 특이성, 상황에 따른 행동을 올바르게 찾는다면 그에 적합한 성격을 제대로 부여할 수 있겠지요.

우리의 문제로 돌아가서, 우선 인물이 사라지고 배우 자신만 남는 연기라는 것은 어떤 상태일까요? 혹시 완전히 감정에 빠진 상태를 말하는 것일까요? 그럴 수 있습니다. TV 드라마를 통해서 종종 목격하지요. TV 드라마라는 매체의 특성상 이미 준비된 배우, 배역에 걸맞은 배우를 선택하니까요. 자기 배역의 대사와 감정에만 충실해도 됩니다. 그러니까 그냥 대체로 자신으로 있는 상태, 그냥 자기로서 대사를 외워서 익숙한 상태, 단순하게 감정이입 된 상태로 자기감정으로 자연스럽게 생활 연기를 하면 되는 것입니다.

TV 드라마는 대체로 '대본 읽기' 한 번 하고, 짧게 컷으로 나누어서 찍으므로 암기력과 순발력 그리고 자연스럽게 대사에 맞는 감정을 찾아 연기하면 됩니다. 무엇보다도 애초에 인물에 부합하는 캐스팅을 합니다. 일단은 그렇습니다. 드라마의 본래 의미대로 스토리텔링만 좋으면 흘러갑니다. 따라서 풍부한 감정은 최고의 무기입니다. 그러나 그 또한 연기력이 받쳐주지 않으면 결코 오래가지 못합니다. 경험으로 익숙해질 때까지 봐주는 일은 결코 없습니다. 예, 그저 사용됩니다. 자본이라는 엄밀한 잣대로 재니까요. 그래서 역설적으로 영화나 TV 드라마에서 연기력으로 인정받는 일이 더 힘들 수도 있는 겁니다.

배우로서의 성공이 아니라 연기 자체를 목표로 하십시오. 다른 삶을 적극적으로 경험해봐야 합니다. 연극, 즉 무대는 인물을 경험해볼 수 있는 가장 탁월한 장입니다. 인물은 사라지고 배우 자신만 남는다면 아직 배역으로 연기되지 않은 겁니다. 연기는 역설의 예술입니다. 배우에 관한 역설, 배역으로 연기된다고 해도 배우가 사라지는 일은 없습니다. 생명체이기 때문입니다. 상황이 바뀌는 대로, 그 상황에 적응하는 과정에서 계속 바뀝니다. 다만 배역으로 바뀌는 것은 보다 적극적이고 합목적적이라는 차이가 있습니다. 희곡에 주어진 상황대로 찾아낸 인물의 행동으로 연기하다 보면 분명 배우 자신은 변합니다. 이제 스승의 긴 대답을 통해서 하나하나 확인해보겠습니다.

오순택 캐릭터가 사라진다는 것은 있을 수가 없는 얘기고. 첫째로는 작가가 작품을 쓸 때에 인물을 설정하잖아. 이렇게 생각할 수도 있어. '나라는 사람이 작가가 설정한 캐릭터의 세계로 들어간다.' 그러니까 캐릭터가 돼라. 그건 마술사가 아닌 이상 불가능하고, 배우가 천부의 재능이 있으면 문제가 없어. 그 사람들은 연기 공부를 해도 연기를 하고 또 안 해도 연기를 해. 내가 고민하고 있는 것은 being의 문제야. 어느 정도의 그릇인가에 따라서 역할을 발견해서 창조를 할 때도, 이를테면 나무를 조각하는 분들이 있잖아. 그 사람의 능력에 따라서 나무에서 조각이 어떻게 나오느냐가 결정되는 것이거든. 그러니까 배우로서 자기의 being(존재)이 풍요로우면 인물을 창조할 때 풍요로운 것이지. 우리가 오해하는 부분이 있는데, 작가는 인물의 세계를 만들어놓은 것이지 배우의 세계를 만들어놓은 것이 아니거든. 내가 요즘 being에 대해 신경을 쓰는 이유는 사람마다 색깔이 다르다는 것 때문이야. 화가가 색깔을 쓸 때 원색만 쓰는 게 아니잖아. 원색이 캐릭터라고 생각하면 거기에 작가가 다른 색을 써서 창조를 하잖아. 지금 생각은 배우가 가지고 있는 색깔이 보다 더 뚜렷이 나타나야 인물이 살아나지 않을까 하는 생각이야. 그런데 작가가 작품을 쓸 때 인물을 설정하고 우리한테 상황을 주잖아. 상황을 분명히 파악하고 흡수를 하면 우리를 잃지 않고도 캐릭터가 첨가되는 거 같아. 종태가 하는 햄릿, 민우가 하는 햄릿, 내가 하는 햄릿이 다 다르잖아. 각자가 '나'라는 존재가 있기 때문이지. 생각에 생각이 더해져 자꾸 생각이 바뀌는데, 같이 작업하는 사람들이 혼동될지 모르지만, 배우가 작가가 그려놓은 인물의 세계로 들어간다는 것이 옳다고 생각해. 종무라는 배우가 가정에서는 아버지, 남편의 역할을 하잖아, 가르칠 때는 선생님 역할을 하고. 그 모든 역할을 종무가 하는 거지 종무가 없어지는 건 아니잖아. 배우가 없어지는 게 아니라 인물의 세계로 들어가는 거지. 그래서 연기라는 게 재미있는 것 아냐?

_『칼을 쥔 노배우』,「후기를 대신하여」

그렇습니다. 캐릭터가 사라진다는 것은 있을 수 없습니다. 우선 이미 작가가 부여한 성격이 있습니다. 배우는 희곡 전체를 관통하는 그 성격을 말과 행동으로 연기하는 것이고요. 그래서 나는 '부여'라는 표현을 씁니다. 작가 역시 희곡 작품 전체를 창조하기 위해 성격을 부여합니다. 성격은 이미 인간의 삶 속에서 창조되는 것입니다. 유사 이래 인간 삶을 관통하는 정말 많은 성격이 있어왔지요. 더구나 배우 자신의 성격은 자기 삶의 태도에 의해서 오랜 세월 동안 굳어져온 것이라 쉽게 바뀔 수 있는 것이 아닙니다. 연기할 때마다 쉽게 성격이 바뀔 수 있다면 거의 '다중인격'이어야 합니다. 정상이 아닌 것입니다. 그러니 스승의 생각이 전적으로 옳습니다. 캐릭터가 된다는 것은 말이 안 되는 말입니다.

재차 인물과 성격을 동일시하지 말기를 충고합니다. 배우가 말하는 '내 삶과 만나는 지점'은 배우 자신의 삶을 통해 체화된 경험 전체에 연결될 때를 말하는 것이겠지요. 연기는 경험의 예술이니까요. 연기를 하려면 그것이 배역에 주어진 감정이든 상황이든 배우 자신의 경험과 연결되지 않는다면 '이입'이 어려우니까요. 자명하지요. 특히 위대한 비극의 경험과 연결되는 것은 더더욱 쉽지 않은 일이지요. 실로 인물의 경험을 이해하는 일은 쉽지 않습니다. 그리고 배우 자신으로 남는다는 것은 배우 자신의 경험 한계에 의해서 인물의 경험을 수용하는 길이 차단되었다는 의미가 됩니다.

이 기회에 희곡 읽기 능력이 왜 훈련되어야 하는지도 새롭게, 깊이 생각해보십시오. 성격도, 행동도 희곡에 주어진 모든 대사와 상황에서 나옵니다. 희곡을 계속해서 읽는 것이 유일한 답입니다. 즉, '그가 누구인가?'는 오직 계속해서 읽는 과정에서만 뚜렷해지기 때문입니다. 희곡 읽기 능력을 키우십시오. 대사 사이를 채울 수 있는 경험을 채우기 위해서 '무엇을' 준비해야 하는지를 부단히 모색하십시오. 그런 다음에야 그 상황과 행동에 진심이 되는 적응으로 나아갈 수 있습니다. 물론 그 최종 결과가 '역창조'인 것입니다.

배우가 '배역을 내 것으로 만들기' 위해서 절대적으로 필요한 것이 '희곡 읽기' 능력입니다. '그가 누구인가', 즉 인물의 정체성을 아는 것입니다. 내가 안톤 체호프의 〈갈매기〉를 연출하면서 모든 인물을 주인공으로 해서 '줄거리' 정리를 한 이유입니다(『오순한의 「갈매기」 연출 노트』). 각 인물의 정체성이 해결되면 자연스럽게 인물의 성격을 형성해나갈 수 있기 때문입니다. 구축이라는 표현을 써도 마찬가지겠지만 굳이 '부여'라는 표현을 쓰는 이유입니다. 내 성격이 내 삶이 부여해준 것이듯 배역의 성격은 배역의 삶이 부여해준 것이기 때문이지요. 그리고 인물의 정체성에 맞는 행동, 말투를 포함해서 궁극적으로는 성격까지 내 가능성으로 부여해가는 겁니다. 그래서 '나는 누구인가'라는 내 정체성이 기반이 되는 것이고 '자기 인식'이 중요한 겁니다.

그러나 물론 연기하고 있거나 아니거나 존재하는 것은 분명 배우 자신입니다. 인물은 애초에 형태가 없습니다. 그러니까 없었던 형체가 사라진다는 것부터 말이 안 되는 일입니다. 인물은 작가의 상상입니다. 그리고 인간 세상에 있었고, 또 있을 법한 사람들입니다. 배우에게는 처음부터 끝까지 오직 배우인 '나'뿐입니다. 배우에게는 오직 인물로서 행해야 하는 행동 창조만 있을 뿐입니다. 그렇지요, 행동 창조. 내가 나로서 하는 행동이 아니라 작가가 부여해준 인물의 성격에 적합한 행동을 창조하는 것이 배우의 작업입니다. 인물의 성격을 나에게 부여하고, 인물로서 해야 할 행동을 하는 것으로 그 배역의 성격이 부여되는 것이지요. 연기가 끝나면 인물은 사라지는 것입니다. 반드시 사라져야 하고요. 이에 대해 제대로 이해하려면 앞에서 말한 올바른 '극적 지성'이 필요합니다.

> 그리고 비극은 행동의 모방이고 행동은 행동자에 의하여 행해지는 바 행동자는 필연적으로 성격과 사상에 있어서 일정한 성질을 가지게 마련이다.
>
> _ 아리스토텔레스, 『시학』, 제6장

인용된 바 그대로가 연기술입니다. 나는 『시학』을 연기술로 풀기 시작한 뒤로 성격 창조라는 표현을 쓰지 못하게 되었습니다. 조심스럽게, 소극적으로 '성격 부여'라는 말을 씁니다. 그래서 오히려 좀 편해졌습니다.

성격은 이 세상에 태어나는 모든 사람에게 저마다 유전적 이유와 주어진 환경에 의해서 형성된 것이지요. 성격은 이 세상 사람 수만큼이나 존재합니다. 작가는 그중 한 사람의 특별한 이야기를 창조합니다. 한 사람의 특별한 이야기 창조가 작가의 목적입니다. 이야기와 주인공은 찐빵과 팥소처럼 떼려야 뗄 수 없는 관계죠. 주인공은 특별해야 합니다. 작가는 세상에 존재했던, 존재할 사람 수만큼 많은 성격 요소 가운데 극적일 수 있는 요소를 찾아서 이야기와 맞게 주인공의 성격을 부여하는 것이고요.

그리고 배우는 작가가 인물에게 부여한 성격을 파악해야 하고, 파악한 것을 토대로 해서 성격을 부여하고, 성격을 드러내는 행동으로 성격을 연기해야 하는 것입니다. 행동을 통해서 인간의 성격을 파악할 수 있듯이 인물의 성격 부여는 오직 행동으로만 됩니다. 물론 『시학』에서 '조사', 즉 '화술'도 포함시키고 있는데, 화술도 배우의 행동으로 봐야 하기 때문에 '오직 행동'이란 표현이 과한 것은 아닙니다. 성격은 오직 행동으로 드러납니다. 이러한 극적 지성을 토대로 제자의 고민을 풀어내야 합니다.

스승과 연기에 관해 대화를 나눌 때면 정말 의기투합이 완벽히 이루어졌지요. 특히 셰익스피어와 안톤 체호프의 작품에 관해 대화를 나눌 때 가장 신이 났습니다. 스승께서는 유난히 셰익스피어 작품을 좋아하셨습니다. 그리고 셰익스피어 작품의 주인공도 많이 연기해본 터라 연기 수업에도 셰익스피어 작품을 단골로 선택하셨지요. 그 이유를 정확히 압니다. '위대한 비극의 고원'에 이르는 순간의 경험이 '배우에의 존경' 자세를 갖게 해주기 때문이지요.

　나는 셰익스피어가 희곡으로는 열두 살 이른 나이에 처음 접한 작가였고, 그래서 연극을 시작하면서는 자연스럽게 더 좋아하게 됐습니다. 실제로 연출가로 데뷔한 작품도 셰익스피어의 『햄릿』을 실험극으로 재구성한 〈데포르마시옹 햄릿〉이었습니다. 또 박사학위를 받고 돌아와서는 배우협회 배우들과 셰익스피어 『겨울 이야기』를 연출하기도 했습니다. 그리고 안톤 체호프 작품은 연극을 시작하고서, 특히 러시아에서 연출 공부를 하면서 무대에 올려진 체호프 작품들을 보며 안톤 체호프의 관객으로서 '위대한 비극의 고원'을 경험해본 터라 자연스럽게 빠져들었습니다.

　스승께선 뒤늦게 안톤 체호프의 작품에 관심이 많아지셨다고 합니다. 스승과 내가 동시에, 가장 좋아하는 작품이 『갈매기』였습니다. 특히 『갈매기』에서 '뜨리고린' 역에 대해 많이 궁금해하시고 연기해보고 싶어 하셨지요. 그러면서 늘 내가 연출하는 〈갈매기〉에서 뜨리고린 역을 연기해보고 싶다고 하셨는데, 이루어드리지는 못했습니다. 스승이 가시고 시간이 좀 지나서 스승의 제자들과 함께 연극으로 올렸습니다. 특히 스승이 아꼈던 제자가 뜨리고린 역을 잘 연기했습니다. 우리 삶에서 '다음에'나 '나중에'는 없다는 것을 생각하게 된 또 다른 계기입니다. 음, 원래 주제로 되돌리겠습니다.

'나라는 사람이 작가가 설정한 캐릭터의 세계로 들어간다.' 그러

니까 캐릭터가 돼라. 그건 마술사가 아닌 이상 불가능하고,

처음부터 끝까지 배우가 존재할 뿐입니다. 인물은 처음부터 그 실체가 없었습니다. 언제나 실체는 배우 자신입니다. 배우 앞에 놓인 것은 작가의 상상에 의해 창조된 인물의 성격과 행동의 정보가 있었을 뿐이지요. 창조 과정의 처음부터 끝까지 존재하는 것은 배우 자신이지요. 작가가 쓴 대사를 연기(play)하는 것은 분명 배우인 나지만, 나는 내 말을 하는 것이 아니라 작가가 창조한 인물의 말을 연기하는 것입니다. 연기하기 때문에 나는 이야기 속에 존재하는 겁니다. 그래서 '나는 연기한다. 그러므로 존재한다.'가 되는 겁니다.

스승께서는 들어간다는 표현을 쓰셨지만 '감정이입'과 '감정수입'의 차이입니다. 작가가 창조한 성격이 사라질 수 없듯 살아 있는 배우의 성격 역시 사라질 수는 없는 겁니다. 그러니 '인물이 사라지고 배우만 남는가?'라는 문제에 답은 명확해집니다. 이야기는 인물에 의해서 생생하게 입체적 시연이 되며, 인물은 이야기의 중심이니 이야기가 있는 한 인물이 사라질 수 없는 것이지요. 거의 최근에서야, 그러니까 아리스토텔레스의 『시학』, 드니 디드로의 『배우에 관한 역설』, 스타니슬랍스키의 『배우 수업』 탐구를 계속하는 중에 확실히 결론을 내렸습니다. 스승의 생각이 옳습니다. 캐릭터가 된다는 것은 불가능합니다. 연기로 드러내주는 겁니다. 그러니까 스승의 말인즉슨 천재들, '연기 공부를 해도 연기를 하고, 안 해도 연기를 하는' 사람들 애기는 할 필요가 없는 것이지요. 라 클레롱이나 미하일 체홉과 같은 천재는 나도 직접 만나본 적이 없어서 뭐라고 말할 수가 없습니다.

　오순택 선생님과 부합하는 가장 적절한 말은 천재보다는 '초절정 고수'입니다.『축적의 길』의 저자 이정동 교수가 한 방송 강연에서 한 말입니다. '초절정 고수'는 시행착오 경험과 실패로 인한 고통의 상처가 온몸에 가득한 사람이라고 합니다. 그리고 혁신은 그런 고수들이 득시글한 곳에서만 일어난다고 합니다. 그러면서 그는 현재의 정체 상태에서 대한민국에 꼭 필요한 존재가 '몸에 흉터가 가득한 초절정 고수'라고 했습니다. 오래전 피렌체가 그러했고, 러시아에서는 스타니슬랍스키라는 초절정 고수의 등장으로 연기 혁신이 일어났습니다. 우리에게도 그런 '초절정 고수'의 등장이 절실한 때입니다. 그래서 전광석화로 우리 곁을 스쳐 가신 스승의 존재가 더욱 간절해집니다.

　　"젊은 친구들 중에서 할리우드를 주름잡는 배우가 나왔으면 좋겠어요. 먼저 연기를 했던 사람으로서 할 일은 가능성을 가르치고, 재능을 발견해주는 일이라 생각해요. 한국의 젊은 친구들은 신체 조건이나 역량에서 조금도 손색이 없죠."

　스승의 인터뷰에서 옮겼습니다. 그런 마음으로 13년 동안 한국에서 배우들을 가르치셨던 겁니다. 그 결과가 2013년『칼을 쥔 노배우』로 가시화된 것이고요. 그리고 첫 제자 이후 20년이 더 지난 2020년, 아카데미 4관왕의 성취로 영화계가 들떴고, 또 그다음 해에는 우리의 다른 노배우가 여우조연상을 타서 우리를 놀라게 했고, 2022년에는 한국의 중견 배우가 에미상 남우주연상으로 세계를 놀라게 했습니다.

그리고 급기야 2025년에 우리 작가의 작품이 미국 토니상 6관왕의 위업까지 이뤄냈습니다. 스승의 바람이 예언처럼 이루어지는 이때, 정작 세계적인 배우를 키워내려고 그렇게 애쓰셨던 스승의 등불은 너무 빠르게 희미해지고 있습니다. 몇몇 제자가 활발히 활동하고 있지만, 스승이 수년간 가르친 학교에서조차 연기 교육의 저변은 여전히 체계 없이 뒤죽박죽으로 엉킨 실타래인 듯합니다. 내가 스승의 가르침을 좀 더 구체적으로 가시화하기 위해 이 책을 배우들의 입문서로 쓰는 이유입니다.

"배우는 실력도 필요하지만 운도 따라야 한다고 생각해요. 돌이켜 보면 저는 참 운이 좋았어요. 고비마다 저를 후원하는 은인들을 만났죠. 할리우드에서 배우로 성공하기 위해서는 백인, 블론드(금발), 블루아이(파란 눈동자)가 필수 요소인데 저는 아무것도 갖지 않고 살아남았거든요."

마찬가지로 스승의 인터뷰에서 옮겨 온 내용입니다. 그렇습니다. 운도 분명 필요합니다. 그러나 그 운을 만드는 것 역시 배우 자신입니다. 20대에 유학을 가서 미국에서 배우로 산다는 것, 상상만 해봐도 어땠을지 짐작할 수 있습니다. 때때로 들려주시는 말씀에도 드러납니다. 배우 오순택은 몸에 흉터가 가득한 진정한 초절정 연기 고수였습니다. 그런 모든 악조건 속에서 살아남았으니, 그 상처가 온몸에 흉터로 남았던 겁니다. 인종차별의 나라 미국에서 동양인으로 성공할 수 있는 한계까지 온몸으로 밀고 나갔지만, 결국은 거기까지였던 것입니다. 그것이 억울해서 우리 배우들에게 자신의 노하우를 전하기 위해 다시 한국으로 돌아왔을 때, 한국에서 배우로 사는 것 역시 어려워졌던 것은 40년을 미국에서 배우 생활을 하며 우리말이 서툴러지신 때문이었습니다. 스승은 그런 자신의 상황을 'B 플러스의 비극'이라고 한스러워했습니다.

그런데 이제 해볼 만하지 않을까요? 스승이 미국으로 건너갈 때는 한국전쟁 이후였습니다. 눈을 크게 뜨십시오. 세계를 보십시오. 지난 80년 동안 빠르게 성장한 한국은 이제 문화 선진국에 들어섰습니다. 영화에 투자되는 자본의 규모도 점점 더 커지고 있고, 기술력 역시 할리우드 영화 기술과 거의 대등합니다. 좋은 영화를 만들 수 있는 토대가 충분합니다. 한국의 문화는 세계의 중심이 되는 중입니다.

이제 남은 것은 배우, 연기의 초절정 고수가 더 많아지는 것입니다. 그것이 스승의 뜻이었습니다. 스승이 인생 황혼기를 충분히 안정적으로 보내실 수 있음에도 한국으로 돌아오신 까닭입니다. 이제 동양인 배우로서 B급을 넘어서는, 다시 말해 스승의 한계까지도 넘어서 끝까지 가보려는 배우가 있어야 합니다. 그렇기 때문에 더더욱 40년의 경험 축적으로 완전 초절정 연기 고수가 된 배우, 오순택의 무형의 연기 학교는 계속되어야 합니다. 어떻게 그런 초절정 고수가 될 수 있었는지 그 과정을 모조리 흡수해서 배워야 합니다. 21세기도 어느새 사반세기가 지나고 있는 이때, '함정'에 빠진 대한민국의 경제적·문화적 정체 상태처럼 현재 우리 배우가 빠진 '함정'에서 벗어날 방법은 최고의 노하우를 배워서 다시 스테일업하는 것뿐입니다.

스승은 말합니다. 문제는 being이라고. "캐릭터가 되는 것은 불가능하다"고. 스승이 말하는 being의 문제는, 앞에서도 말했듯이, '나는 연기한다. 고로 존재한다.'라는 의미입니다. 배우로서 '어떻게 존재하는가'의 문제이기도 하고, 또 무대에서 '무엇으로 존재하는가'의 문제이기도 합니다. 결국은 가장 밑바닥에 있는 토대는 '나는 존재한다. 그러므로 나는 존재한다.'입니다. 그래서 다시 배우 자신의 정체성 문제와 함께 'Know why'가 대두됩니다.

> 내가 고민하고 있는 것은 *being*의 문제야. 어느 정도의 그릇인가에 따라서 역할을 발견해서 창조를 할 때도, 이를테면 나무를 조각하는 분들이 있잖아. 그 사람의 능력에 따라서 나무에서 조각이 어떻게 나오느냐가 결정되는 것이거든. 그러니까 배우로서 자기의 *being*(존재)이 풍요로우면 인물을 창조할 때 풍요로운 것이지.

스승의 말에 완전히 동의합니다. 오랜 경험과 관찰에서 얻어진 결과입니다. 정말 흥미롭게도 사는 태도가 아주 찌질한 사람이 사는 태도 그대로 찌질한 배역 연기를 정말 잘하는 사람이 된다는 겁니다. 사는 것이 아주 이기적인 배우가 이기적인 역을 할 때 또한 연기를 잘합니다. '많이 할수록 더 많은 것을 할 수 있다.'는 원리의 부정적 측면입니다. 많이 할수록 더 많이 하게 되는 겁니다. 문제는 점점 시간이 지나고 보면 그런 배우들은 그들의 삶의 태도가 완전히 배역과 일치되면서 다른 선한 배역은 못하기도 하거니와 선한 배역으로는 선택되지도 않는다는 겁니다. 결국에는 그 자신의 정체성으로 굳어지게 됩니다. 연기가 아니기 때문입니다.

오해는 하지 말기를 바랍니다. 연기는 연기입니다. 배우의 삶 자체가 아닙니다. 무대의 진실과 일상의 진실은 분명 다릅니다. 달라야 하고요. 그러나 스승의 말처럼 '자기의 being(존재)이 풍요로우면 인물을 창조할 때 풍요로운 것'입니다. '잘 사는 것이 연기를 잘하는 길'입니다. 스승께서 늘 강조했던 배우의 '그릇' 문제입니다. 스승께서 말하는 being, 배우로서의 그릇은 바로 그의 삶의 태도에 있는 것입니다. 내가 스승 옆에서 가장 크게 배운 것이 바로 연기의 길과 삶의 길이 일치하는 삶이었습니다. 배우의 정체성은 배우의 '태도'와 불가분합니다. 스타니슬랍스키의 『배우 수업』 제1장 「첫 시험」의 러시아어 원제목 뜻이 바로 '태도'입니다.

Play is play. 연기는 연기입니다. 사는 태도가 바르게 잡힌 사람은 찌질한 배역을 할 때조차도 연기이기 때문에 그대로 역설로서 '연기'로서 감탄스럽고, 우리에게 다양한 삶의 비밀을 엿보게 해줍니다. 스승이 말하는 배우의 '그릇'은 지극히 현실적인 의미입니다. 배우의 '그릇'은 배우의 영향력을 생각하면 정말, 아주 중요한 문제입니다. 특히 온 국민에게 노출되는 TV 드라마에서의 연기는 일반 국민에게 미치는 영향의 파급력이 엄청나서 더 그렇습니다. '그릇'이 크고 삶을 올바르게 살면서 순수하게 연기로 배역을 드러내는 배우는 그 삶의 격이 곧 연기의 격이 됩니다. 당연히 주변 배우들에게 끼치는 영향력도 다릅니다. 그런 배우들이 많아질 때, 거기서 '혁신'이 일어나는 것입니다.

제자들은 '배우가 인물의 행동을 찾고, 수행하고 acting, reacting 하는 과정 속에서 찾아지는 캐릭터다운 모습들이 내 삶하고 만나는 지점에서 being이 나타나는 것'이라는 스승의 생각을 어떻게 받아들이고 있는 걸까요? 캐릭터는 배우의 연기 (action)로 드러나는 것입니다. 행동으로 드러나는 것이지요. 뒤에 다시 말하겠지만, 캐릭터는 마치 가면을 쓰는 것과 같습니다. 비단 얼굴만을 의미하는 것이 아닙니다. 신체 역시 가면의 옷을 입습니다. 스승께서 강조하셨던 '신체화'는 바로 그런 의미입니다.

그런 까닭에 스승께서도 몸의 균형을 잃지 않기 위한 루틴을 멈추신 적이 없었습니다. 제가 스승과 함께했던 시간은 스승의 나이 여든 앞뒤 5년의 기간인데, 선생님 방에는 요가 매트와 몸을 바로 잡는 볼이 있었습니다. 언제 연기를 다시 하게 될지 모르는 일이라면서 늘 아침 체조를 한다고 하셨습니다. 실제로 연극 〈미네티〉에서 제자들과 함께 주인공으로 연기를 하셨습니다. 운 좋게도 스승의 마지막 연기를 볼 수 있었습니다.

『칼을 쥔 노배우』 공동 저자인 제자들의 기록 곳곳에 다양한 각도로 올바른 '신체화 과정을 통해서 역할을 자기화하는 방법'이 있습니다. '신체화'의 문제는 '무대 위에서의 진정한 존재를 허용하는 기술'입니다. 평생 해야 합니다. 나는 스승이 말한 연기 행동의 '신체시정적' 순간이, 자끄 르꼭의 표현 '몸으로 쓰는 시'와도 연결되는 '신체화의 정수'를 의미하는 것이라고 생각합니다. 연기의 뷰포인트가 되는 지점이기도 하지요. 그래서 배우가 '시'를 많이 읽고 또 경험하는 일을 권합니다. 실제로 오랫동안 '시'로 연기와 화술을 가르쳤습니다.

다시 우리의 주제로 돌아와서, 결론은 배역으로 존재하는 것이 내가 사라지는 일은 아니라는 겁니다. 앞에서 말했듯이 인물을 연기하는 주체가 배우니까요. 연기하는 배우가 배역의 생명입니다. 배우의 삶과 배역으로 존재하는 것 사이의 역설, 디드로가 그토록 강조하는 연기 원칙, '배우에 관한 역설'입니다. 스승께서 이견지견(離見知見)과 함께 '자기 인식(self-awareness)', 즉 자신의 존재가치를 아는 것을 역설하신 이유입니다. 이 문제에 대해서는 정말 많은 대화가 필요하므로 뒤로 미루겠습니다. 아무튼 작가가 이미 창조해놓은 캐릭터가 사라진다는 것은 있을 수 없습니다.

우리가 오해하는 부분이 있는데, 작가는 인물의 세계를 만들

어놓은 것이지 배우의 세계를 만들어놓은 것이 아니거든.

물론입니다. 작가는 스토리, 즉 '인물의 세계'를 만들어놓았습니다. 배우의 세계는 작품과도, 인물과도 무관한 것이지요. 우리는 다시 '지도 보는 법'의 문제, 즉 희곡을 '보는 법'으로 돌아온 것 같습니다. 스승께서 예로 들었던 '지도'라는 표현을 써서 말한다면, 나란 존재만 남는다는 것은 지도도 없이 심지어 나침반도 없이 헤매고 헤매다가 제자리로 돌아온다는 의미인데, 희곡이라는 지도를 제대로 탐구하지 않았다는 말과 같습니다. 그리고 나침반이 되는 '본연의 자신'을 전혀 모른 채 연기를 하고 있다는 겁니다. 보는 법을 안다는 것은 스승의 말씀대로 미학과 철학의 '내공' 문제인 것 같습니다. 어떻게, 어떤 연기를 하느냐의 문제는 결국 인문학적 '내공'에 달린 것 아닐까요? 오순택 선생님은 특히 소설 읽기를 강조하셨습니다.

자신이라는 나침반을 제대로 갖추지 않는다면 시작부터 한 걸음을 잘못 내디디는 것입니다. 스승께서는 뒤에 한국에서 연극이 시작되는 시기에 첫 단추를 잘못 끼웠다고 하시지만, 그래도 한국의 연기 전통이 100년이고 반백 년 전부터는 정말 많은 연기 방법이 수입되고 있고, 연기에 관한 책은 또 얼마나 많은가요? 그 많은 책 중 자기에게 맞는 방법이 없을 리 없습니다. 분명히 있습니다. 다만 '본연의 자신'을 아는 것, 자신에게 최적인 연기술을 찾는 데 반드시 필요한 나침반입니다. 지금 걸음마를 내디디는 여러분은 지도와 나침반을 장착하는 일부터 시작하십시오. 소설을 통해 다양한 인물을 만나고, 다양한 인물에 대한 이해 능력과 상상력을 축적하십시오.

> 내가 요즘 *being*에 대해 신경을 쓰는 이유는 사람마다 색깔이 다르다는 것 때문이야. 화가가 색깔을 쓸 때 원색만 쓰는 게 아니잖아. 원색이 캐릭터라고 생각하면 거기에 작가가 다른 색을 써서 창조를 하잖아. 지금 생각은 배우가 가지고 있는 색깔이 보다 더 뚜렷이 나타나야 인물이 살아나지 않을까 하는 생각이야. 그런데 작가가 작품을 쓸 때 인물을 설정하고 우리한테 상황을 주잖아. 상황을 분명히 파악하고 흡수를 하면 우리를 잃지 않고도 캐릭터가 첨가되는 것 같아. 종태가 하는 햄릿, 민우가 하는 햄릿, 내가 하는 햄릿이 다 다르잖아. 각자가 '나'라는 존재가 있기 때문이지.

표현은 다르지만 지난 세기에서 우리 시대에 이르기까지 최고의 연출가로 인정받는 데클란 도넬란 역시 스승과 같은 생각을 피력합니다.

> 보다 중요한 것은, 이리나가 관객은 줄리엣을 보러 오지 않았다는 점을 깨달아야 한다는 사실이다. 관객은 이리나를 보러 온 것이다. 좀 더 정확하게 말하자면, 관객은 이리나가 보는 것을 보려고 온 것이다.
>
> _데클란 도넬란, 『배우와 목표점』

이리나는 배우입니다. 관객은 줄리엣을 모릅니다. 가상의 존재인 줄리엣을 볼 수 없습니다. 줄리엣 역을 연기하는 이리나라는 배우가 연기하는 줄리엣을 보는 것입니다. 어쨌든 인물이란, 데클란 도넬란의 표현에 따르면(그는 자신의 책 『배우와 목표점』을 '지도'라고 표현했습니다.), 그것이 어떤 지도이든 배우가 집어든 '지도'를 보고 그 가상의 세계로 가서 인물을 데리고 나와야 비로소 실체로 존재하는(being) 존재지요. 그때 중요한 것은 인물에의 '감응'입니다. 연극 연출 경험으로도 그렇다는 확신을 하고 있지만, 스승이 시범으로 보여준 『햄릿』의 그 유명한 독백 '사느냐 죽느냐'를 들으면서도 확실히 느꼈습니다. 그리고 더 중요한 점은 인물에의 '감응'이라는 현상이 일어날 수 있는 조건이 있더라는 겁니다. 정신적으로, 정서적으로 인물과 감응할 수 있는 인물과 닮은 요소가 있어야 합니다. 스승의 다음 말과 함께 주의 깊게 숙고하십시오.

지금 생각은 배우가 가지고 있는 색깔이 보다 더 뚜렷이 나타나야 인물이 살아나지 않을까 하는 생각이야.

놀랍게도 10년 전 그때 그 당시에 하셨던 스승의 그 생각이 21세기인 지금 더 중요해지고 있습니다. 지금은 색깔 있는 배우, 매력 있는 배우들이 우선적으로 선택되고 있습니다. 다시 말해서 배우에게 이미 캐릭터가 보여야 우선적으로 선택받는다는 말이지요. 영화와 TV 드라마의 확대라고 볼 수 있는 OTT(Over The Top: 온라인 동영상 서비스. 인터넷으로 드라마나 영화 등 다양한 미디어 콘텐츠를 전송하던 기존의 방송 서비스와 달리 OTT는 불특정 다수의 접근이 용이한 범용 인터넷으로 콘텐츠를 전송하므로 이용 시간이 자유롭고 스마트폰과 태블릿 PC 등 다양한 기기에서 원하는 프로그램을 볼 수 있다.)의 빠른 성장으로 한국 영화와 드라마가 우리 배우들의 연기력으로 세계적 인정을 받기 시작했습니다. 더 늦기 전에 진지하게 숙고해야 합니다. 나의 색깔을 찾고 그 색깔과 맞는 꽃을 그려낼 수 있어야 합니다. 나를 알고 나를 제대로 표현할 수 있는 연기를 해낼 수 있어야 한다는 것입니다. 신기하게도 샌포드 마이즈너 역시 같은 맥락으로 말합니다.

> "배우인 여러분을 가르치는 과정에서 나의 가장 큰 일은 본연의 자기 자신을 찾도록 하는 거야. 독창적인 연기의 근원은 바로 거기 있다네."
>
> _ 샌포드 마이즈너·데니스 롱웰,『샌포드 마이즈너 연기 테크닉』

나는 그가 말하는 '본연의 자기 자신'은 야크 판크셉이 가장 밑바닥에 있는 토대라고 단언했던 '나는 존재한다. 그러므로 나는 존재한다.'라는 맥락이라고 생각합니다. 이쯤이면 배우의 의구심이 깨끗이 사라지지 않을까요? 대가들이 이구동성으로 배우에게 알려주고 있습니다. 본연의 자기 자신을 아는 것, 자기 색깔을 뚜렷이 하는 것이 독창적 연기로 이어질 것이라는 확신을 갖고 배우의 길을 가도 되지 않을까요? 실제로 자신으로 살아 있다는 것이 존재이며, 존재하니까 연기하는 것입니다. 즉, 본연의 자신으로 연기하는 것이 독창적 연기입니다.

이리나는 줄리엣이 스스로를 보고 있을 때 줄리엣이 보는 것을 볼 수 있다. 이리나는 스스로를 탈바꿈하여 줄리엣이 될 수는 없지만 줄리엣이 보는 서로 다른 줄리엣들을 볼 수 있다.

_ 데클란 도넬란, 『배우와 목표점』

노련한 연출가의 결론, 연기 역설로 배우가 무대에서 연기하는 순간, 즉 연기하는 순간에 존재한다는 결론이 스승이 말하고자 했던 스승의 바뀐 생각, '이견의 견'과 정확히 맞아떨어지고 있습니다. 스승이 마지막으로 도달했던 결론, 배우의 행동, 말을 그 순간 경험하고 있는가. 연기하는 순간, 배역이 하는 말을 경험하고 있는가. 그대로 느끼고 있는가. 그것이 바로 스승이 바뀌었다고 말하는 being의 의미인 것입니다. 나는 배역을 연기한다. 연기하는 순간 배역으로 존재한다. 그것입니다. 존재(being)와 관련해서 제자들은 각자 보는 각도에 따라 다른 질문을 하지만, 스승은 계속해서 그렇게 한 가지 생각으로 확고해지고 있었습니다.

생각에 생각이 더해져 자꾸 생각이 바뀌는데, 같이 작업하는 사람들이 혼동될지 모르지만, 배우가 작가가 그려놓은 인물의 세계로 들어간다는 것이 옳다고 생각해. 종무라는 배우가 가정에서는 아버지, 남편의 역할을 하잖아, 가르칠 때는 선생님 역할을 하고. 그 모든 역할을 종무가 하는 거지 종무가 없어지는

건 아니잖아. 배우가 없어지는 게 아니라 인물의 세계로 들어가는 거지. 그래서 연기라는 게 재미있는 것 아냐?

"자꾸 생각이 바뀌는데". 예, 『칼을 쥔 노배우』를 엮어낼 즈음에는 더 빈번히 쓰시던 표현이었습니다. 계속 진화하고 계셨던 겁니다. 스승의 생각이 바뀌시기 전에 배운 제자의 기록을 찾아보았습니다. 스승께 배운 순서대로 편집한 것이 다행이었습니다.

> 다음은 무대 등장 시 배우가 해야 할 기능에 대한 기록이다.
> * 배우의 몸이 어떠한 캐릭터가 되어 있어야 한다.
> * 무대에 있는 모든 것과 컨택할 수 있어야 한다. ─ 무대의 모든 것을 흡수.
> * 연극의 경우 관객과 컨택, 영화는 카메라와 컨택.
> 선생님은 위 세 가지가 모두 동시에 이루어져 있도록 당부하셨다.
>
> _ 김여진, 『칼을 쥔 노배우』

오순택 선생님의 생각은 *로 표시된 부분입니다. 여기서 우리가 주목해야 할 점이 있습니다. 먼저 제자가 배울 당시 스승의 생각입니다. 그리고 우리가 책을 출판하기 전 대화를 나눌 때는 첫 번째 '배우의 몸이 어떠한 캐릭터가 되어 있어야 한다.'라는 부분이 확고하게 '인물이 될 수는 없다.'는 쪽으로 바뀌셨던 겁니다. 그런데 이 내용을 좀 더 깊이 생각해보면 배우의 몸이 인물이 되어 있어야 한다는 스승의 생각은 옳습니다. 그 안에는 배우가 인물이 될 수는 없다는 생각이 이미 내재해 있는 것입니다. 답은 '몸'에 있었습니다. '변신(變身)', 캐릭터가 되는 것이 아니라 몸이 바뀌어야 한다는 것이지요. 마스크를 쓰듯 그 캐릭터의 옷을 입듯 그렇게 행동이 바뀌고 몸이 바뀌어야 하는 것입니다. 배우 자신은 바뀌지 않는 것입니다. 분명 마스크 안쪽에서, 옷의 안쪽에서 세상을 보고 있는 겁니다. 이 생각이 불현듯 떠오른 것은 아마도 『배우 수업』을 풀어쓰는 과정에서 줄곧 데클란 도넬란의 책을 반복해서 읽었기 때문이라는 생각이 듭니다.

> 만약 줄리엣이 의상을 입고 있다면 그것이 가면처럼 작용할 것이다. 만약 줄리엣이 분장을 했다면 그것도 가면처럼 작용할 수 있다. 근본적으로 배우가 취하는 어떠한 구체적인 도구도 배우가 연기할 때 지니는 이상 가면이 될 수 있다. 가령 이리나가 특별한 구두를 신고 있다면 이것이 몸무게를 재분산시켜 줄리엣의 움직임을 발견하는 데 도움을 줄 수 있다. 만약 줄리엣이 리허설 후에도 같은 구두를 계속 신고 있다면 구두는 단지 액세서리나 소품으로 전락할 것이다. 이리나가 줄리엣처럼 보고 움직이고자 노력할 때만 그 구두를 신는다면 그 구두는 가면으로 기능을 발휘하기 시작한다.

_데클란 도넬란, 『배우와 목표점』

가면 대신에 캐릭터를 대입해보시기 바랍니다. 가면 속에서 배우가 세상을 보듯 캐릭터 속에서 배우가 세상을 보는 것입니다. 캐릭터는 투명한 가면 같은 겁니다. 벌거벗은 임금님이 자신이 옷을 입었다고 믿는 것처럼 캐릭터라는 옷을 입은 것과 같은 그런 것이지요. 캐릭터는 이미 작가에 의해서 주어져 있습니다. 작가에 의해 창조된 인물이니까요. 그러니까 인물이 되는 것이 아니라 인물을 연기하는 것이 맞습니다. 연기는 acting과 play가 동시에 함께 이루어져야 합니다. 그리고 스타니슬랍스키가 '배역의 생활화'라고 했을 때, 진짜 의미는 '배우의 작업'을 통해 그 인물이 했을 행동을 찾고, 그 행동에 적응하는 것입니다. 그로토프스키는 '만남'이라고 표현했습니다. 어떻게 말하든 연기를 한다는 것은 연기하는 순간 캐릭터와 배우가 몸으로 행동과 생각을 공유하는 것입니다. 내가 인물과 공존한다고 해야 할까요? 그러니까 인물이 되는 법이 아니라 인물과 효율적으로 잘 공존하는 방법을 배워야 하는 겁니다.

희곡 속 캐릭터는 이미 작가에 의해 창조된 상태입니다. 배우는 올바른 해석에 따라 자신의 몸과 마음으로 받아들이는 데 전심전력을 다하기만 하면 됩니다. 그런 능력은 모두에게 있습니다. 창조라는 어려운 말에 붙들리지만 않는다면 인물과의 '만남' 혹은 공존이란 생각을 하면 의외로 쉽게 풀립니다. 마치 작가에게 인물이 찾아오는 것처럼 그 인물이 찾아오도록 열어주기만 하면 됩니다. 희곡을 읽고 또 읽다 보면 배역의 목소리가 공명으로 들립니다. 배역이 전하는 소리에 온몸으로 귀 기울이면 분명

히 들립니다. 잘 듣고 모방하고 반복해서 그 공명을 실현해내면
됩니다.

박사과정에서 시작해 지금까지 공부 중인 미하일 체홉의 말에 따르면, 배역이 배우를 점령하도록 몸과 마음을 비워주면 배역이 배우를 움직여줍니다. 그때 오순택 선생님이 강조하는 '이견지견'의 태도로 잠시 뒤로 물러서면 배역이 앞으로 나섭니다. 그때 비로소 배우는 조화롭게 배역과 공존하는 겁니다. 완전히 다른 차원의 존재가 되는 것이지요. 이러한 공존에 이르는 방법에 대해 스타니슬랍스키는 『배우 수업』 제10장 「교감」에서 자신이 연기했던 '파무소프' 배역을 실연해 보이며 이렇게 가르쳐줍니다.

"자네는 이때까지 자신의 정서적인 촉수를 뻗어서 다른 사람의 영혼을 더듬어본 적이 없다는 말인가? 나를 주의 깊게 보면서 나의 내적 기분을 이해하고 감지해보도록 해라."

_스타니슬랍스키, 『배우 수업』

그리고 그러한 공존의 순간을 일러 "자네는 하나의 새로운 존재와 접촉했던 것이다."라고 말합니다. 배우가 배역과 공존하는 그러한 순간을 연기할 때 관객은 바로 새로운 존재와 접촉하는 겁니다. 스타니슬랍스키의 이 '접촉'에 대한 가르침은 특히 그로토프스키에게서 심화되었습니다. 확인해보십시오. 만일 그 대가

들의 생각에 동의한다면, 오순택 선생님이 달리 표현했던 '내적 풍경과 외적 풍경의 일치'에 대해서도 쉽게 이해할 수 있을 겁니다. 장자의 "나를 내려놓으면 또 다른 내가 된다."라는 말은 배우와 배역 사이에도 완벽히 적중하는 역설입니다. 만일 그러한 순간을 창조하고 싶다면 자신을 내려놓고 배역을 만나야 합니다. 생각해보십시오, 얼마나 우리가 그런 배우들에게 완전히 붙들린 상태가 되는지를. 배역과 하나가 된 배우는 관객의 마음과 몸을 사로잡고, 관객은 배우가 하는 말과 행동에 일희일비하고 분노하고 가슴을 졸이면서 온몸으로 그 인물과 접촉합니다. 그리고 그 여운은 길게, 참으로 길게 우리 삶에 남습니다.

그리고 간과하지 말아야 할 사실은 자신에게도 이미 삶을 통해 형성된 자기 본연의 캐릭터가 있다는 겁니다. 그러니 공존이 맞습니다. 배우의 캐릭터가 '이야기'를 극적으로 만들어줄 만큼 최적이라면, 특히 매력적이라면 분명 선택될 확률이 높지요. 영화나 드라마와 같은 매체에서는 '배우의 작업'을 위해 허용해줄 시간이 없습니다. 그래서 배우를 선택할 때는 이야기에 맞는 캐릭터를 가진 배우를 선택합니다. 그리고 또 배우들 역시 저마다 남들보다 더 잘하는 배역이 있습니다. 그런 이유로 매체에서는 자신의 캐릭터를 인물에 적합하게 적응시키는 쪽을 선택하는 것이 더 수월할 수 있습니다.

그럼에도 연기를 제대로 배우려면 특히 인간과 인간 삶의 본질을 품고 있는 위대한 고전을 탐구하고 특별한 배역에 도전해봐야 합니다. 위대한 고전 작품을 '분석'하는 작업은 정말 어렵습니다. 하지만 어지간한 내공을 갖추기 위해서는 반드시 경험해봐야 합니다. 배우가 '가상의 세계'='희곡'으로 들어가는 법(지도 보는 법)을 알게 됩니다. 진정한 배우를 목표로 한다면 그 어려운 과정에 반드시 도전해야 합니다. 긴 여정입니다. 스승과 이런 대화를 했던 때가 내 나이 50, 스승의 나이 꼭 80세였습니다. 스승께서는 그 나이에도 그렇게 치열하게 고민하고 진화하려고 노력하셨습니다. 연기는 평생의 일입니다. 연기의 길에는 지름길이 없습니다. 다만 올바른 길을 선택할 수는 있습니다. 그리고 그 선택의 나침반은 배우 자신의 정체성입니다. 샌포드 마이즈너가 말했던 '본연의 자기 자신', 좀 더 깊이 생각하면 야크 판크셉의 '나는 존재한다. 그러므로 나는 존재한다.'입니다.

4장

감정 & 이성:
인간의 두 본성

이민우 그런 면에서 보면 일반적으로 오해가 많은 거 같아요. 일반적으로 연기를 한다 하면 배우의 존재가 인물과 만난다는 생각을 하기보다는 인물에 쑥 빠져서 배우가 자기 자신을 잃고 인물화되는 거를 생각하잖아요.

오순택 그러니까 내가 근래에 무슨 생각을 하는가 하면, 한국은 연기의 첫 단추를 잘못 끼웠다는 거예요. 애초에 일본에서 공부하고 온 사람들, 이를테면 그분들이 그러니까 대단한 일들을 하셨지만, 일본에서 공부를 하실 때 연기 공부를 직접 하신 게 아니거든. 그분들이 실제로 연기 공부를 하셨다면 이해가 되는데, 그분들은 스타니슬랍스키 시스템을 하나의 학문으로 배워 온 것이지 배우로서 배워 온 것이 아니었어. 그리고 한국에 와서는 연출을 하셨지, 연기 수업을 하신 게 아니었다는 거야. 물론 그분들이 능력이 없다거나 잘못을 한 건 아니지만, 배우로서 자기의 역할을 소화해서 수행하는 것하고, 연출하는 사람이 자기의 그림을 그리기 위해서 배우를 지도하는 건 다른 일이라고 생각해. 우리의 사실주의 연기의 첫 단추가 그렇게 잘못 끼워졌어요.

_『칼을 쥔 노배우』, 「후기를 대신하여」

139 그렇습니다. 너무 오래 첫 단추가 잘못 끼워져 있었습니다. 이제 알았으니 첫 단추부터 다시 끼워가야 합니다. 나는 시작했습니다. 『배우 수업』을, 오류를 고쳐가며 풀어내는 중입니다. 먼저 다양성의 관점을 전제로 한 가지 부탁을 하겠습니다. 아마도 처음 연기를 배운 것이 연기 관련학과라면, 연기 이론서로 처음 접한 책이 거의 개론서일 겁니다. 같은 경험을 했던 나는 바로 그 점 때문에 크게 시행착오를 겪었습니다. 그래서 그런 개론적인 연기 교육에 대해 분개합니다. 연기를 개론서로 가르친다는 것 자체가 잘못입니다. 그리고 그 때문에 29세 늦은 나이였지만, 연출가로서의 성공 여부와는 상관없이, 러시아로 간 것을 정말 잘한 일로 여깁니다.

아무튼 개론서를 처음 배우거나 읽으면서 연기 접근 방향의 대표적인 방법 두 가지를 배웠을 것입니다. 그 두 가지는 바로 이성으로 접근하느냐, 감정으로 접근하느냐입니다. 시스템 수용 과정에서 가장 대표적으로 잘못 끼워진 첫 단추입니다. 그것도 세계적인 현상으로 말이지요. 그러니 부탁건대 이 장의 주제를 그 오래된 논쟁인 '감정에서 시작하느냐, 이성에서 접근하느냐'와는 관련짓지 말기 바랍니다. 때가 되면 이 문제로 돌아올 것이니, 지금은 우선 우리의 주제인 감정과 이성은 우리 뇌와도 관련 있는, 우리 인간에게 내재된 두 가지 본성이라는 것부터 아는 게 중요합니다.

자연은 두뇌를 쪼갤 때 우리에게 이분법을 주었다. 하지만 그 의미를 알아낸다는 것이 곧 이분법을 행하라는 뜻은 아니다. 이분법은 어떤 조사결과를 데카르트적으로 엄격하게 해석하는 사람들에게서만 행해진다.

_ 이언 맥길크리스트, 『주인과 심부름꾼』

연기는 경험의 예술입니다. 과학, 철학, 인문학을 포함해서 모든 분야가 다 그렇겠지만, 경험으로서의 시 혹은 예술이 되어야 하는 연기는 특히나 데카르트적 이분법으로 해결되지 않습니다. 우리는 연극과 연기에 대한 최고의 원전, 이분법적 사고 이전에 발생한 비극을 기록한, 연극의 뿌리이자 비극의 원리인 아리스토텔레스의 『시학』으로 되돌아가야 합니다. 가장 기본적인 연기 방법이 『시학』에 있습니다. 그리고 물론 지금 우리 주제와 관련해서도 『시학』에 근원적인 답이 있습니다. 비극의 가장 중요한 목표, 바로 공포와 연민을 통한 카타르시스, '감정 정화'라는 답입니다. 그 목표를 이루기 위해 배우가 구체적으로 어떻게 연기해야 하는지에 대한 『시학』의 답은 다음과 같습니다.

또 시인은 자기 작품에 나오는 사건을 직접 연기해보아야 한다. 그렇게 해서 자기가 묘사한 인물의 감정을 직접 느껴보아야 작품의 설득력이 가장 커진다. 실제로 분노를 경험해보아야 분노한 사람을 가장 실감나게 표현해낼 수 있다.

_ 아리스토텔레스, 『시학』

가장 최근의 번역본인 박문재 번역의 『아리스토텔레스 시학』에서 옮겨왔습니다. 시인이란 작가와 배우가 분리되지 않았을 때 지칭했던 말이기 때문에 작가와 배우 모두를 의미합니다. 여기서 핵심은 두 가지, '사건'과 '감정'입니다.

첫 번째, '사건을 직접 연기해봐야 한다.'는 말에 주목하십시오. 연기는 경험의 예술입니다. 그런 맥락으로 우뇌의 산물입니다. 사건을 직접 연기해봐야 한다는 말은 곧 사건을 경험해봐야 한다는 말과 같습니다. 경험은 가장 기본적인 연기 접근 방법입니다. 모방을 통해서든 상상력을 통해서든 사건을 경험해봐야 합니다. 모방과 상상력은 분명 특별한 재능입니다. 그러나 모방도 상상력도 경험을 토대로 합니다. 모방은 반복 경험입니다. 상상력도 결국 경험으로 풍부해집니다. 그리고 상상력을 대체할 수 있는 '대체' 능력은 더 많은 경험과 노력이 필요합니다. 내 경우입니다. 나는 연출을 할 때 배우들의 행동과 감정을 끌어내는 '대체'에 매우 뛰어납니다. 물론 시스템을 배웠기 때문이기도 하고, 특히 타고난 것이 적어 궁리를 많이 합니다. 나와 같은 사람이 배우가 되고자 할 때 매우 유용한 접근 방법입니다. 아메리칸 삼인방 중 스텔라 애들러는 스타니슬랍스키의 내적 창조 요소 중 상상력을 자신의 정체성에 적응시켰고, 샌포드 마이즈너는 '대체'에 더 주력했습니다. 물론 두 방법은 결국 통합되는 쪽으로 가게 됩니다. 그리고 반드시 그렇게 가야 하는 것이 정답입니다.

두 번째로, 그렇게 해서 상상력으로든 모방으로든 아니면 '대체'를 통해서든 사건을 경험하고, 그 사건에 상응하는 '인물의 감정을 직접 느껴보아야' 합니다. 인물의 감정 역시 경험이 되어야 연기할 수 있는 것입니다. 다시 스타니슬랍스키 시스템으로 이어짐을 알 수 있습니다. '심적 체험', 즉 배역을 '생활'해야 하는 것입니다.

첫 번째, 두 번째 모두 스타니슬랍스키 시스템으로 이어집니다. 시스템 교육의 기본 토대인 '에뜌드' 창작의 핵심이 '사건', 즉 '나에게 무슨 일이 일어날 수 있는가?'이고, 연기할 때 자신의 행동과 감정에 대해 '심적 체험'을 하고 있느냐를 기본으로 보기 때문입니다.

이해를 돕기 위해 내가 배운 이야기를 해야겠습니다. 나는 실제로 러시아 국립연극학교(GITIS)에서 1학년부터 박사학위 이후까지 '에뜌드' 창작 과정을 세 번 반복하면서 익혔습니다. 박사논문을 쓰면서 시스템의 근원이 『시학』이라는 것도 알았습니다. 스타니슬랍스키가 시스템을 통해 도달하고자 했던 초－초목표가 바로 '비극의 고원'이었습니다. 『시학』이 배우에게 연기술의 출발이 되어야 하는 이유로 충분하지 않나요? 『시학』은 작시 기술입니다. 시가 희곡이라는 형태를 가질 때는 극작가의 기술이겠지만, 연기라는 형태를 가지면 배우의 연기술입니다. 글로 표현하느냐, 연기로 표현하느냐의 차이입니다. 『시학』을 연기 기술로 읽었을 때, 우리가 간과해온 연기술들이 무수히 드러납니다. 연기술의 근원입니다. 연기술의 바이블인 스타니슬랍스키 시스템 역시 『시학』의 스토리텔링 기술을 잇고 있습니다. 사건이 핵심인 에뜌드 창작의 기본은 그저 한 가지 예에 불과합니다.

다시 한번 말하지만, 두 가지 접근 방법의 차이는 배우 정체성과 긴밀하게 관계됩니다. 그런데 놀랍게도 그 두 가지 접근 방법의 기원이 완전히 다른 맥락으로 『시학』 제17장에 있습니다.

> 그렇기 때문에 천부적인 재능이 있거나 신들린 자만 시인이 될 수 있다. 전자는 어떤 등장인물에든 쉽게 빠져들어서 연기해낼 수 있고, 후자는 자기 자신에게서 쉽게 벗어날 수 있기 때문이다.
>
> _ 아리스토텔레스, 『시학』

전자는 아마도 상상력이나 모방의 재능을 타고난 경우가 될 테고, 후자는 노력이 더 필요한 '대체'로 접근하는 쪽이 되겠지요. 사실 앞에서 말한 바대로 이는 기술의 문제 이전에 배우의 정체성과 더 밀접하게 상관이 있습니다. 이 이야기는 너무 중요한 문제라서 매우 길어질 것이므로 따로 기회를 만들겠습니다. 일단 원저자 아리스토텔레스에 따르면 '천부적인 재능'이 있는 사람은 '어떤 등장인물에든 쉽게 빠져들어서 연기해낼 수 있고', '신들린 자'는 '자기 자신에게서 쉽게 벗어날 수 있기 때문'에 배우가 될 수 있다는 것입니다. 천부적인 재능은 결국 사건을 연기할 때 '감정이입'까지 탁월한 사람입니다.

신들린 자는 자기 자신에게서 쉽게 벗어날 수 있는, 즉 '이견지견'에 능한 사람이지요. 연기에 미쳐서 연기를 위해 해야 할 준비를 모두 하는 그런 사람인 겁니다. 스타니슬랍스키와 같은 사람입니다. 그렇기에 『배우 수업』을 쓸 수 있었던 겁니다. 『배우 수업』은 배우로서 연기에 필요한 모든 '준비'를 위한 시스템 과정의 압축입니다. '신들린 자'가 되는 '도(道)'입니다. 참고로 시스템을 장착하기 위한 내적 원동력은 감정과 지성 그리고 의지, 이 세 가지입니다. 연기의 내적 원동력이기도 합니다. 『배우 수업』 제12장의 주제이자 제목입니다. '신들린 자'가 되려면, 반드시 그 세 가지를 모두 통합할 수 있어야 합니다.

그러나 이 세 요소 중 어느 하나가 다른 두 요소들을 말살하여 균형과 조화가 깨지지 않도록 하는 게 필요하다. 우리의 배우 예술은 이 세 가지 유형을 인정하고 있으며, 이 세 개의 힘은 배우의 창조 작업에서 모두 주역을 맡고 있다. 너무 차갑고 이론적이라고 해서 우리가 배척하는 유일한 유형은 철저한 계산에서 나온 유형이다.

_스타니슬랍스키, 『배우 수업』, 제12장 「내적 원동력」

그렇습니다. 배우들을 가르치면서 늘 느낍니다. 극단적으로 이성적인 사람, 그러니까 극단적으로 좌반구적인 인간은 연기와는 맞지 않습니다. 연기는 의심의 여지 없는 경험의 예술, 우반구적인 예술이니까요. 실제로 모든 러시아 연기 학교에서는 『배우 수업』에 압축된 그대로의 과정을 에뜌드를 통해 훈련합니다. 나 역시, 물론 배우가 아닌 연출을 목적으로 시스템을 익혔습니다만, 연출 전공자 또한 1~2학년 과정에서는 연출 방법 이전에 에뜌드를 통해 연기부터 배웁니다. 연출과에서의 에뜌드 창작은 연출 마스터와 연기 마스터가 함께 가르칩니다. 미래의 연출가들에게, 자기의 그림을 그리기 위해 배우를 도구로만 생각하도록 가르치지 않습니다. 자연스럽게 배우들과 함께하는 법부터 배웁니다. 그러면서 동시에 배우에게 필요한 수업과 연출로서 필요한 수업이 별개로 이루어집니다.

그러니 스타니슬랍스키 시스템과 관련해서 개론서에 등장하는 연기에 대해 감정과 이성의 접근으로 논해진 것은 잊으십시오. 결코 그리 간단하게 이분법으로 말해질 수 없습니다. 그리고 오순택 선생님은 이분법을 거부하는 '이견지견' 쪽에 있는 배우입니다. 앞에서 언급한 정체성과 연결해서 감히 스승의 정체성을 말한다면, '신들린 배우'입니다. '미쳐야 미친다'는 말이 있지요. 예, '신들린 자'란 뭔가에 미친 사람입니다. 스승은 그러니까, 연기에 미친, 신들린 배우였습니다. 그런 맥락에서 자신이 어떤 배우일 수 있는지 깊이 생각해봐야 할 것입니다.

우리 대화의 주제로 돌아와서, 이미 짐작이 되겠지만 그럼에도 앞에서 예로 들고 있는 제자와 스승 사이의 대화 맥락이 좀 적합하지 않다는 생각이 들 수도 있겠어서 주제에 적합하도록, 스승께서 꼭 집어 말씀하신 스타니슬랍스키 시스템을 수입하는 과정에서 발생한 오류를 고쳐야겠습니다. 일단 사실주의 연기와 스타니슬랍스키의 연결과 관련해서 스타니슬랍스키 시스템을 단지 사실주의 연기 방법으로 한정하는 것 자체가 오류입니다. 시스템이 특히 사실주의 연기에 매우 적합해졌다고 하는 것이 맞습니다. 가장 큰 수혜가 미국이었다는 것도 한몫합니다. 거기에 더해서, 스승께서 말씀하신 연기의 첫 단추가 잘못 끼워진 오류는 특히 연극이 수입되는 과정에서 우리 한국의 역사적 상황 때문에 일어났습니다.

그런 맥락에서 제자가 한 말(일반적으로 연기를 한다 하면 배우의 존재가 인물과 만난다는 생각을 하기보다는 인물에 쑥 빠져서 배우가 자기 자신을 잃고 인물화되는 것)과 관련해서, 흔히 '인물에 쑥 빠져서 배우가 자기 자신을 잃고 인물화되는' 그런 연기에 대해 최근 '메소드연기'라고 부추기는 경향이 있습니다. 하지만 그 또한 메소드연기의 창시자라고 하는 미국의 리 스트라스버그가 스타니슬랍스키 시스템을 '정서 기억' 중심으로, 특히 감정적 측면으로 치우쳐 받아들인 것입니다.

구체적으로는 미국 순회공연 뒤 미국에 남아버린 스타니슬랍스키 제자들, 마리아 우스펜스카야와 리차드 볼레슬랍스키로부터 아직은 시스템으로 완성되지 않은 상태의 '정서 기억' 방법을 전수받은 리 스트라스버그가 '만약'을 더해 감정 중심의 '메소드연기'로 고정시켜버린 데서 비롯된 것입니다. 감정이 정서의 한 부분이라는 것을 생각하면 리 스트라스버그의 메소드연기는 오히려 편향적으로 축소된 것이라 볼 수 있습니다. 이후 '만약'을 더한 감정 중심의 메소드연기에 의심을 품은 스텔라 애들러나 샌포드 마이즈너의 노력으로 리 스트라스버그의 연기 방법이 편향된 방향이었다는 것이 확인되었지만, 그럼에도 불구하고 어쨌거나 그로 인해 발생한 많은 오류가 이미 너무 넓게 우리 배우들에게까지 확산되었던 것입니다.

오류를 피하는 가장 올바른 길은 원전을 읽는 것입니다. 여기서 원전은 '기준이 되는 본디의 책'을 말합니다. 『배우 수업』제4장을 읽어보십시오. 스타니슬랍스키는 감정을 억지로 쥐어짜는 것에 대해 배우 자신이 '연기가 미흡한 것처럼' 생각될 때 '실제 감정보다 더 많은 무엇을 해 보이고 싶어서'라고 합니다. 사실입니다. 희곡(대본)이라는 주어진 상황과 그 상황에 상응하는 경험을 토대로 하지 않고 감정으로만 연기하는 배우들을 잘 관찰해보십시오. 연기 폭이 대단히 좁습니다.

자신의 일상생활을 생각해봐도 알 수 있습니다. 그 누구도 감정으로만 생활하지 않습니다. 배역으로서의 생활도 마찬가지입니다. 감정만으로 살게 되면 오히려 인물이 사라지고 배우 자신만 남게 됩니다. 그리고 『배우 수업』제8장에서 특히 '감정의 의외성'과 '되풀이된 감정'을 어떻게 설명하고 있는지 확인만 해봐도 제자의 고민은 깨끗이 해결될 것입니다. 예, 그런 의미에서는 스승의 말 그대로 우리에게도 첫 단추가 잘못 끼워졌어요. 지금이라도 되돌릴 수 있다면 좋겠는데, 배우들이 내가 밝혀주는 말에 귀를 기울여주기만 바랄 뿐입니다. 그런 의미에서 먼저 스타니슬랍스키의 '군중 속의 고독'에 대한 샌포드 마이즈너의 올바른 이해를 들어보지요.

"자신의 방에서 홀로, 아무도 자신을 보고 있지 않을 때, 거울 앞에 서서 머리를 빗는 것 같은 행동이 가져다주는 온전한 편안함과 완전함을 '군중 속의 고독'이라고 했어. 무대 위 '군중 속의 고독'이야말로 바로 우리가 원하는 것이지. 연기에서 진정한 자아가 있는 그 영역으로 가기 위해 버려야 할 단 한 가지 요소가 있다면 그건 바로 자기 안의 집중이야."

_샌포드 마이즈너·데니스 롱웰,『샌포드 마이즈너 연기 테크닉』

이해가 되었기를 바랍니다. 그가 말하는 '자기 안의 집중'이 바로 우리가 흔히 배역에 푹 빠졌다고 말할 때의 그 상태입니다. 배우가 버려야 할 단 한 가지 요소는 자기 안의 집중, 즉 자기감정에 빠지는 것입니다. 스타니슬랍스키가 말하는 '군중 속의 고독'은 관객이 있는 상태에서의 이완을 말합니다. 샌포드 마이즈너는 리 스트라스버그 생전에 그에게 "자네는 이미 내향적인 사람을 또 한 번 내향성으로 만들었어. 모든 배우는 다른 예술가들과 마찬가지로 자신의 직관에 따라서 살아가기 때문에 내향적 성향이 짙지. 그걸 의식화시키게 되면 배우들은 혼란에 빠질 수 있어."라고 충고했다고 합니다.

사실 나 자신도 경험했던 일입니다. 러시아 유학 전에 리 스트라스버그 메소드연기를 가르치는 선생님께 배우면서 겪었습니다. 마이즈너의 말대로 실제로 내성적이고 예민한 성향을 지닌 배우들이 과거 트라우마에 자극받아 극도로 예민해지면서 너무 감정적인 상태가 되는 것을 많이 목격했습니다. 그리고 그 때문에 연기를 그만둔 학생들이 꽤 많습니다. 그때 그 경험은 스타니슬랍스키 시스템에 대해 알지 못했던 상태에서 한동안 나를 혼란스럽게 했고, 연기를 하는 것에 소극적이 되게 했습니다. 그리고 후에 러시아로 유학해서 시스템을 제대로 경험한 뒤에야 바로잡을 수 있었습니다. 나 같은 사람이 지금 이 책을 읽고 있다면 곧장 바로잡을 수 있기를 바랍니다. 스타니슬랍스키 시스템에서 감정은 '극에 생명을 불어넣는' 연기의 내적 원동력입니다. 시스템은 결코 그 감정을 배우의 트라우마를 자극해서 불러내는 메소드가 아닙니다. 오히려 정체성에 맞게 적응하는, 연기에 대한 '준비' 시스템입니다.

> 우리의 실제 경험에서 끌어내어 배역으로 옮겨지는 감정이야말로 극에 생명을 불어넣는 것이다.
>
> _스타니슬랍스키, 『배우 수업』, 제12장 「내적 원동력」

당연합니다. 연기는 경험의 예술입니다. 다만 모든 '감정'은 우리가 살면서 경험한 축적된 본성이며, 우리에게 실재하는 것입니다. 내가 배운 바로는 우리 인간의 감정은 경험으로 축적된 삶의 정수이기 때문에 동시에 연기의 정수라는 겁니다. 다만 어떻게 배역으로 옮길 것인가의 문제는 그렇게 간단하지 않습니다. 한 가지 분명한 것은 '지성'에 의해서 배역에 상응하는 감정이 맞게 찾아질 때에 한해서 감정은 연기의 생명력이 됩니다. 그래서 '대체'라는 방법이 가능한 것입니다. 해석의 힘이 중요한 이유입니다.

앞에서 아리스토텔레스가 말했던 '사건'을 상기하십시오. 희곡을 이해하는 능력, 지성 또한 연기의 내적 원동력인 겁니다. 스타니슬랍스키의 제자 미하일 체홉 역시 본인이 천부적 재능을 지닌 배우이면서 연기의 내적 원동력(감정, 지성, 의지)에 대해 같은 생각을 지니고 있었습니다. 부디 지성을 이성과 동일하게 생각하지 말기 바랍니다. 스타니슬랍스키 시스템에 대한 오해는 물론이고, 자칫 오순택 선생님이 제자들에게 가르쳤던 것들과 함께 샌포드 마이즈너의 연기 테크닉까지 오해될 수 있습니다. 샌포드 마이즈너의 생각은 다음과 같습니다.

"위대한 연기 또는 음악이나 조각 같은 예술은 인간의 진실된 감정에 뿌리를 내리고 있어야 해."

_샌포드 마이즈너·데니스 롱웰,『샌포드 마이즈너 연기 테크닉』

스타니슬랍스키의 생각과 같습니다. 그럴 수밖에요. 스타니슬랍스키 시스템을 자신의 정체성을 토대로 해서 올바로 계승한 몇 안 되는 사람이니까요. 그는 '우리 안의 진정성'이 배우 연기의 뿌리라고 말합니다. 진심으로 부탁하는데, 배우 자신을 위해서라도 정체불명의 메소드연기와 스타니슬랍스키 시스템을 묶지 마십시오. 원전, '기준이 되는 본디의 책'인『배우 수업』을 제대로 읽고 올바르게 자신만의 연기 방법을 모색하십시오.

한 번 더 강조합니다. 스타니슬랍스키 시스템에 대한 세계적 오류 가운데 가장 큰 오류가 감정에서 접근하는 것과 이성에서 접근하는 것으로 단순히 이분법으로 구분하면서 스타니슬랍스키 시스템을 감정에서 접근하는 범주로 제한해버리는 것입니다. 틀렸습니다. 그것이 옳다고 하면 시스템일 수가 없습니다. 스타니슬랍스키는 연기의 내적 원동력인 감정, 지성, 의지를 균형과 조화가 깨지지 않게 하는 것이 중요하다고 했습니다. 다만 스타니슬랍스키가 연기와 배우 정체성과 관련해서 세 가지 기둥이라고 할 수 있는 내적 원동력(감정, 지성, 의지) 중 감정을 좀 더 강조하게 된 것은 연기 방법을 탐색하던 초기에 그가 살았던 동시대에 마주친 연기 경향을 우선적으로 극복하고자 했기 때문입니다.

그리고 오순택 선생님이 감정보다는 지성에 무게 추를 더 놓는 이유는, 배우로서 스승 스스로의 정체성과도 관련이 있고, 또 이미 극복을 향해 변화되고 있는 21세기 연기 방향과도 관련이 있습니다. 다시 말해서 지금 우리 시대가 오히려 역설적으로 지나치게 감정에 빠져버리는 쪽으로 치우쳐 있는 것도 역시 관련이 있습니다.

그러므로 연기에 대한 탐구는 중립이어야 합니다. 인간 본성에 대한 모든 문제가 그렇듯이 『배우 수업』에 등장하는 학생들의 정체성이 모두 다르므로, 비록 스타니슬랍스키가 감정에 더 무게를 실었음에도 불구하고 우리는 스타니슬랍스키 시스템을 이해하는 데도 중립이어야 합니다. 다양성이 표준이어야 하기 때문입니다. 실제로 스타니슬랍스키 역시 조화와 균형을 중요하게 가르쳤습니다. 그리고 스승께서도 배우들을 가르치실 때는 중립을 강조하셨습니다. 스승의 '신체시정적 접근' 방법에서 가장 중요한 '이견지견'을 생각해보면 수긍할 수 있을 겁니다. 연기가 인간의 진실된 감정에 뿌리를 내리고 있어야 한다고 강조했던 샌포드 마이즈너 역시 중립을 역설했습니다.

> "여러분의 대사 속 대사들을 인생에 대한 감정적 진실만으로 채우기 위해서는, 가장 먼저 아무 감정적 표현 없이 오로지 중립적으로 대해야만 해."
>
> _샌포드 마이즈너·데니스 롱웰,『샌포드 마이즈너 연기 테크닉』

이 또한 오순택 선생님과의 접점이군요. 중립이어야 하는 더 분명한 과학적 이유가 있습니다. 현대의 뇌신경학적 발견으로 지성은 정서 없이는 기능할 수 없다는 사실이 증명되었습니다. 21세기 과학자들은 이중적이면서도 하나인 뇌에서 그 답을 찾고 있습니다. 그중 다수의 동의를 얻고 있는 견해는 인간의 감정과 이성 모두 지금도 진화를 거치고 있는 인간의 타고난 본성이라는 겁니다. 스타니슬랍스키 연기 시스템을 풀어내기 위해 뇌신경과학 분야를 깊이 공부하다 보니 21세기 과학의 관점은 다시 인간의 감정과 이성을 모두 본성으로 보았던, 대단히 오래된 아리스토텔레스의 고전적 견해로 돌아간 듯 보입니다. 그래서 나는 자신 있게 감정과 이성에 대해 시대를 관통하는 아리스토텔레스의 고전적 견해, 감정과 이성이 모두 본성이라는 관점으로 대화를 풀고 있는 것입니다. 그런데 이건 조금만 생각해봐도 매우 자명한 사실입니다.

인간의 뇌는 태어날 때부터 대칭으로 좌반구와 우반구가 나뉜 상태로 태어나고, 몸과 관련돼 하는 일도 상호 크로스되면서 대칭적이니까요. 다만 어떻게 타고났느냐, 그리고 각자가 어떻게 통제하는가에 달린 문제입니다. 감정, 이성과 관련해서 연기에 대한 모든 문제에 '맞다/틀리다'라는 논쟁은 시간 낭비입니다만, 어쨌든 배우가 인물에 쑥 빠진다는 표현에는 문제가 있습니다. 인간의 뇌에 대한 연구가 활발한 오늘의 관점으로는 식상할 정도입니다. 오순택 선생님이 '인물이 될 수 없다'고 하신 것도 연기의 관점으로, 중립의 관점으로 볼 필요가 있습니다. 이 대화에서 인물에 쑥 빠진다는 제자의 말을 잘 구별해야 합니다.

한국 배우들이 인물에 쑥 빠진 경험을 말할 때 대부분이 배우 자신의 감정에 빠져서 연기를 했을 때라는 겁니다. 제자가 말한 '인물에 쑥 빠져서 인물화되는 것'은 대개가 바로 그 인물의 것이라고 배우 본인이 생각하는 감정에 빠지는 현상을 말합니다. '인물에 쑥 빠져서 인물화되는 것'은 사실 있을 수 없는 일이기 때문입니다. 인물화는 결국 주어진 상황과 사건에 반응하는 배우의 행동으로 드러나는 것입니다. 앞서 말했듯이 오늘날 주류가 되어버린 감정이 과도해지는 연기는 리 스트라스버그에게서 시작된, 이른바 잘못된 메소드연기에서 비롯된 것입니다. 우리의 사실주의 연기는 첫 단추가 잘못 끼워진 채로 계속해서 거듭 잘못 끼워진 경향이 있습니다. 그리고 문제는 여전히 잘못 끼워진 단추를 그냥 둔 채 너도나도 최신 방법들만 찾는다는 것입니다. 그전에 자기 자신부터 알아야 합니다. 그런 맥락에서 역시나 시스템을 잘못 해석한 또 한 가지 오류, '나로부터 시작한다'의 의미도 제대로 알아야 합니다.

그 어느 때보다 늦었다고 생각하는 지금, 스스로를 깨끗한 백지상태로 돌리고 원전에서부터 다시 시작하는 것이 중요합니다. 스스로 최신 방법에 붙들려 있다는 의심이 조금이라도 들면 가급적 빨리 '기준이 되는 본디의 책', 즉 원전으로 돌아가십시오. 나는 현재 뇌신경과학에 기반해서 스타니슬랍스키가 분명 옳았다는 것을 말해줄 수 있습니다. 그런 맥락에서 우리의 주제를 올바르게 정리하기 위해 다시 끼워야 하는 단추는 스승이 역설하신 '이견지견'의 관점입니다. 드니 디드로의 『배우에 관한 역설』을 권합니다. 감히 말합니다. 그 책이 이견지견에 대해 정확히 말해주는 원전입니다.

연극 역사는 참으로 흥미롭습니다. 문화의 암흑시대 중세를 거치면서도 비극, 즉 드라마의 맥은 끊기지 않았고, 급기야 가장 오래된 원전인 아리스토텔레스 『시학』이 발견된 이후 르네상스의 흐름과 함께 찬란하게 드라마가 다시 시작되었습니다. 그리고 점점 드라마의 목표를 달성하고자 하는 경향에 따라 배우의 연기가 감정에 치우치게 되면서 온전히 배우에 관해, 연기에 관해 배우의 관점으로 중립이 될 수 있도록 방향을 돌려준 『배우에 관한 역설』이 나온 것입니다. 연기의 흐름을 바꾸어놓은 것입니다. 감정이 밀려나게 된 것입니다. 생각할수록 흥미진진합니다. 오순택 선생님이 찾아내신 이견지견과 같은 배우의 태도가 다시 중요해진 것입니다.

그리고 또 시간이 흐르면 밀려난 감정, 연기 본래의 목표를 되

찾는 반작용이 일어날 수밖에 없었습니다. 그리고 그 중심에 스타니슬랍스키가 있습니다. 드디어 20세기를 관통해 지금에 이르고 있는 글로벌한 연기술, 스타니슬랍스키 시스템이 나옵니다. 『배우 수업』을 바이블이라고 하는 데는 분명 이유가 있습니다. 스타니슬랍스키 시스템이 최종적인 진화의 종착지, 연기 방법의 유전자 풀이기 때문입니다. 오순택 선생님의 '신체시정적 접근' 방법을 제대로 수용하기 위해서도 연기 방법에 대한 올바른 탐구는 반드시 필요합니다. 스타니슬랍스키 시스템은 배우의 다양한 정체성과 맞게 준비하고 적응할 수 있는 체계, 시스템입니다.

지금, 21세기 우리 배우들의 연기 또한 감정이 과다해지는 추세에서 어쩌면 본능으로서의 감정과 극적 지성의 조화와 균형이 더더욱 필요합니다. 스승께서 중립을 강조하신 것도 같은 맥락입니다. 그리고 연기는 그 자체로 이미 이성을 포함합니다. 그렇지만, 아니 그 때문에 조화와 균형을 전제로 해서 나는 배우에게 특히 자기감정에 빠지지 않기 위해서, 대체를 통해서든 실제 경험을 통해서든 '감정 수업'이 필요하다고 주장합니다.

그리고 역설이지만, 오해의 여지를 남기지 않기 위해 말합니다. 스타니슬랍스키의 내적 창조 요소 중 '정서 기억'은 그런 이유로 매우 중요합니다. 감정이 연기의 무기인 까닭입니다. 감정은 우리 삶의 정수(精髓)입니다. 당연히 감정은 삶의 본질을 드러내야 하는 연기의 정수입니다. 배우에게 감정 경험은 필수인데, 살면서 경험하는 삶이 다르듯 감정의 경험도 사람마다 모두 다릅니다. 극히 적은 감정만 경험하는 삶도 있고, 폭넓게 감정을 경

험하는 삶도 있습니다. 어떤 감정의 경험이든 배우에게는 다양
성이 관건입니다. 내가 배우에게 '감정 수업'이 필요하다고 하는
이유입니다.

> 우리는 감정을 표현할 수 없다. 앞으로도 영원히 할 수 없을
> 것이다. 감정은 싫든 좋든 간에 우리 내부에서 스스로 표출
> 된다. 우리는 감정을 '행할' 수 없다. 우리는 감정을 '만들' 수
> 없다. 우리는 감정을 '보여줄' 수 없다. 감정은 행동을 통해서
> 만 표현된다.
>
> _데클란 도넬란, 『배우와 목표점』

그래서 우타 하겐이나 샌포드 마이즈너가 스타니슬랍스키 '정
서 기억'의 방법을 '대체'라는 방법으로 바꿔낸 것이지요. 자연스
러운 과정입니다. 연기(action)에서 어떤 방식, 어떤 형태로든 '감
정'은 중요합니다. 다만 오직 행동, 배역의 행동을 통해서 감정
이 표현되어야 한다는 것이지요. 감정을 올바르게 행동으로 옮
길 때 감정이 배우의 무기가 되는 겁니다. 그러자면 당연히 감정
을 올바르게 알아야 합니다. 스타니슬랍스키가 연기의 '내적 원
동력' 중에서 감정을 제일로 다뤘던 것, 그리고 샌포드 마이즈너
가 감정에 따른 행동, 행동의 리얼리티를 역설한 것도 결국 배우
가 연기하는 배역의 진실된 감정, 배역의 진정성 때문인 겁니다.
　스타니슬랍스키 시스템의 정수라고 할 수 있는 『배우 수업』
제1장 「첫 시험」에서 코스챠가 '배역을 생활한' 순간은 오로지

배역의 상황, 즉 희곡의 한순간을 이해했을 때뿐이었습니다. 아마 제자가 표현한 바에 따르면 인물을 만나는 순간이 되겠지요. 연기의 역설이 발생하는 지점입니다. 희곡을 이해하는 과정은 이성이지만, 인물의 상황에 몰입하게 되는 순간이 발생한 것은 코스챠의 '감정이입' 능력입니다. 극에 생명을 불어넣는 것은 분명 감정입니다. 다만 배우의 '감정이입'은 반드시 희곡의 정확한 이해를 토대로 해야 합니다. 그런 맥락에서 특히 배우 오순택 연기의 내적 원동력은 의지와 지성이 더 강하게 작동된 듯합니다. 그리고 항상 소설 읽기를 강조하신 것에 대해 꽤 많은 시간 옆에서 지켜보고 대화해본 내 관점으로 짐작해본다면 스승께서는 후천적으로 소설을 통해 감정과 상상력을 장착하셨을 겁니다.

이 지점에서 연기를 위해 꼭 필요한 거울뉴런에 대해 언급해야겠습니다. 1990년대에 발견된 거울뉴런은 우리 삶에서 일어나는 모든 공명현상과 관련된 신경세포로서 정상이라면 모든 사람이 타고납니다. 연극을 비롯해 모든 예술의 기원인 모방과 공감, 즉 감정이입이 대표적인 공명현상입니다.

> 거울신경세포로 인한 공명현상이란, 다른 사람의 행동 의도, 감정이나 느낌을 스스로 감지함으로써 다른 사람을 직감적으로 이해하는 것을 의미한다.
>
> _요하임 바우어, 『공감의 심리학』

다만 앞에서도 말했듯이 다양성의 표준에 따라서, 누구나 타고나지만 어떻게 타고나는지는 모두 다르고, 특히 각자가 처한 환경에 따라서 달라지는 것은 물론이며 타고난 능력을 어떻게 통제하는가의 문제도 있습니다. 그리고 특히 통제와 관련해 공명하는 능력만큼 중요한 것은 공명에 저항할 수 있는 능력인데, 이는 그렇게 하는 것을 배웠을 때만 가능하다는 겁니다. 즉, 감정에 빠지는 것은 타고나지만, 감정을 통제하는 것은 배워야만 가능하다는 겁니다. 감정 수업이 필요한 이유지요. 이를테면 배역의 감정에 빠진 상태에서 나 자신으로 되돌아가는 균형과 조화의 능력은 스스로 훈련해야 하는 겁니다. 스승께서 강조하셨던 이견지견이 어려운 이유입니다.

이 정도로 하고 다시 대화로 돌아가 질문하는 제자의 말을 '쪼개서' 명확히 생각해봅시다. 우선 '인물화'는 배우가 배역(행동, 감정)으로 이입하는 과정을 말합니다. 배우의 과제이자 목표일 겁니다. 그런데 '자기를 잃고' 인물화된다는 것은 어떤 상태이겠습니까? 나는 모르겠습니다. 나로서는 상상이 어려운 상태입니다. 드니 디드로의 『배우에 관한 역설』에서 비슷한 사례를 읽은 적은 있어도 실제로 본 적은 없으니까요. '자기를 잃고'// '인물화되는 거'라고 말해서 문제가 발생하는 겁니다. '자기를 잃고'의 상황과 '인물화되는 거'는 완전히 다른 말입니다. 서로 맞지 않는 말을 이어 붙인 꼴이지요. 그래서도 안 되지만, 사실 자기를 잃고서는 결코 인물화될 수가 없습니다. 인물은 실재하는 존재가 아닙니다. 실재하는 것은 오직 배우 자신입니다. 스승께서 늘 강조하신 연기 태도로서의 이견지견에 반하는 일이기도 합니다. 그리고 샌포드 마이즈너도 오히려 "대사를 읽을 때 가장 먼저 할 일은 자기 자신을 발견하는 거야."라고 가르칩니다. 노파심에서 당부하는데, 자기를 잃는 것과 니체가 『비극의 탄생』에서 말한 '자기 포기'를 혼동하면 안 됩니다. 니체가 말하는 '자기 포기'는 오히려 '이견지견'입니다.

『배우 수업』의 첫 장 「첫 시험」의 단계에서 코스챠가 오셀로를 이해했던 유일한 순간은 바로 올바른 배역의 이해에서 비롯되었습니다. 그러니 일단 배우로서 해야 할 일을 하세요. 주어진 상황, 즉 작품 세계를 이해하는 일, 인물을 이해하는 일, 인물 세계의 밑그림을 그리는 일을 해나가는 것이지요. 그다음, 대사를 철저히 이해하고 경험하는 일을 해나가는 겁니다. 그러려면 그전에 기본에 충실해야 합니다. 그 모든 일을 해나갈 수 있는 토대를 쌓고 준비해야 합니다. 물론 이는 결국 배우의 '정체' 혹은 '그릇'으로 포함되어야 할 사항입니다. 그리고 사실은 모든 연기 기술의 흡수, 진화 역시 배우 자신의 '정체'에 달려 있습니다.

다시 감정과 이성으로 돌아와서, 현대 심리학자들의 연구에 따르면 일상의 삶에서도 감정에 빠지는 것은 거의 병에 가깝습니다. 그래서 정신 건강을 위한 치유의 방법 역시 감정을 적절하게 잘 조절할(regulate) 수 있는 길을 알려주는 것입니다. 그중에서도 심리학자 수전 데이비드가 권하는 '감정의 민첩성'을 갖는 것이 배우에게 유용합니다.

'감정의 민첩성'이란 긴장을 풀고 보다 분명하고 강력한 목적의식을 가지고 생활하는 것을 뜻한다. 그리고 자신의 신체 내부에 있는 감정 체계에 어떻게 반응할 것인지를 선택하는 문제이다.

_수전 데이비드, 『감정이라는 무기』

'강력한 목적의식을 가지고 생활하는 것'을 연기에도 적용해 보십시오. '인물과 공존'하기는 스타니슬랍스키가 말하는 배역의 '생활화'입니다. 스타니슬랍스키가 자신의 시스템을 '의식적인 심리기술'이라고 명명한 이유가 바로 내 생활이 아닌 배역을 생활한다는 '강력한 목적의식을 가지고 생활하는 것'이기 때문입니다. 배역을 '생활'하는 것은 다시 말해서 인물과 공존하는 것입니다. 그리고 인물과 공존하는 방법은 균형과 조절이 관건입니다. 우리의 지성이 하는 역할이지요. 인물로서 드러내야 하는 감정만큼만 조화롭게 드러내려면 배우의 자아가 이성을 동원해야 하는 것입니다. 그런 맥락에서 21세기 뇌신경과학자들 중 특히 감정과 관련해서 리사 펠드먼 배럿의 '구성된 감정 이론'은 배우에게도 유용할 것입니다.

감정은 촉발되는 것이 아니다. 다시 말해 우리가 감정을 만들어낸다. 감정은 당신의 신체 특성, 환경과 긴밀한 관계를 맺으며 발달하는 유연한 뇌, 이 환경에 대행하는 당신의 문화와 양육 조건의 조합을 통해 출현한다. 감정은 실재하지만, 분자나 뉴런이 실재하는 것과 같은 객관적 의미에서 실재하지는 않는다. 오히려 감정은 화폐가 실재하는 것과 같은 의미에서 실재한다. 다시 말해 감정은 착각은 아니지만, 사람들 사이의 합의의 산물이다.

_리사 펠드먼 배럿, 『감정은 어떻게 만들어지는가?』

그렇습니다. '사람들 사이의 합의의 산물'이라는 것이 '구성된 감정 이론'의 핵심입니다. 내가 '구성된 감정 이론'을 적극적으로 수용하게 된 계기는 스타니슬랍스키 시스템을 수용하는 데 있어서 '정서 기억'과 관련된 오류들을 해결할 수 있는 근거가 될 수 있었기 때문입니다. 리사 펠드먼 배럿의 '구성된 감정 이론'에 따를 때 배우가 자신이면서 동시에 인물일 수 있는 이유가 되고 배우와 관객의 연결, 즉 연극이 존재할 수 있는 이유가 설명됩니다.

이제 내가 독배를 마셔야 하는 순간입니다. 폴 에크먼은 '최초의 얼굴 지도'를 그린 것으로 유명하죠. 40년 넘게 표정에 초점을 맞추어서 감정을 연구했고, 최근에는 감정의 생리학을 중점적으로 다루고 있습니다. 그의 『얼굴의 심리학』은 사실 스타니슬랍스키 시스템의 완전함을 뒷받침하는 발견들이 있어서 읽기 시작했습니다. 일단 다음 말을 주의 깊게 생각해봅시다.

감정은 아주 순식간에 시작되곤 한다. 얼마나 순식간인지 어떤 감정이 시작될 때 우리는 그 감정을 의식하지 못하며, 심지어 무엇이 그 감정을 야기했는지도 알지 못한다.

_ 폴 에크먼, 『얼굴의 심리학』

폴 에크먼에 따르면 감정이 본성이며, 무의식의 영역이라는 것입니다. 그의 말을 사실로 받아들이면 연기할 때 감정에 빠진다는 것이 어떤 의미인지, 연기와 관련해서 어떻게 감정에 접근해야 할지 알아낼 수 있습니다. 폴 에크먼의 말을 좀 더 보겠습니다.

> 감정은 하나의 과정으로 개개인의 성장 과정과 경험, 그러니까 우리의 안녕에 중요한 어떤 일이 발생할 때면 느끼던 것에 영향을 받아 형성된 습관적이며 자동적인 어떤 판단이 일련의 생리적 변화와 감정적 행동과 짝을 이루어 그 상황에 대처하는 것이다.

_ 폴 에크먼, 『얼굴의 심리학』

감정이 그 상황에 대처하는 과정이라고 요약됩니다. 스타니슬랍스키가 반드시 이야기 창조 과정에서 '만일'과 '주어진 상황'이 한 쌍이어야 한다고 주장한 사실에 대한 근거가 될 수 있다고 생각했습니다. 그러나 특히 드니 디드로의 연기 역설의 관점으로 볼 때, 그리고 스타니슬랍스키 시스템을 더 깊이 들어가다 보니 그 말 자체로만 볼 때 그렇다는 것을 알게 되었습니다. 관객에게 카타르시스를 주는 연기는 완전한 자기 포기를 요구합니다. 자의식을 버려야 합니다. '인간적인 너무나 인간적인' 자신을 드러내 보일 수 있을 때 진짜 연기를 할 수 있습니다. 그런 연기에 관객들은 매혹됩니다. 그러한 연기는 완전한 자기 포기 없이는 불가능합니다. 내가 쓰디쓴 독배를 마셔야 하는 이유입니다.

우선 자의식과 관련된 나의 정체성을 정직하게 고백해야겠습니다. 사실 처음부터 연출을 목표로 해서 연극을 시작했는데, 이상하게 만나는 마스터마다 계속해서 내 재능을 두고 연출이 아니라 연기 쪽이라고, 연기를 하라고 충고했습니다. 하지만 마스터라고 해도 내가 아는 나를 그들은 모르지요. 내가 아는 나는 연기 재능이 있다고 생각할 수도 없었지만, 사실은 바로 자의식을 버리지 못한다는 것입니다. 완전하게 자기 포기를 할 수 없다는 것을 너무나 잘 알고 있습니다. 이야기의 요점은 스승께서 도달하셨던 경지, 그러니까 연기에 미쳐서 신들릴 때, 다시 말해서 완전하게 자기 포기를 할 수 있는 이견지견의 경지에 이를 때 비로소 배우가 연기에 대해 자유로워질 수 있는 것인데, 나는 그럴 수 없었던 것입니다. 연극에 관해서도 나의 정체성은 관객, 즉 소설에 빠졌을 때와 같은 독자였던 겁니다. 내가 연극에 빠진 것도 그 정체성 때문이었습니다. 소설은 가상이지만 연극은 거의 실제였기 때문입니다.

흔히 메소드연기에서 비롯된 내면연기, 즉 자기감정에 빠져서 상대 배우와 관객을 전혀 의식하지 못하는 그런 상태에 자신을 내맡기지 말기 바랍니다. 치명적인 독이 됩니다. 연습 시작 때 감정에 빠질 준비부터 하는 것은 정말 우매한 짓이라는 겁니다. 감정은 상황에 대한 적응으로 나타나는 결과이니 뒤로 미루세요. 그러니까 앞에서 말했듯이 미친 듯이 배우로서 해야 할 일을 하세요. 연기는 연기입니다. 연기에 미치십시오. 그리고 그전에 미친다는 의미를 명확하게 아십시오.

개인의 감정을 각 개인의 인생과 목표, 그리고 처한 상황의 맥락에서 이해해야 하듯 배역의 감정 역시 그렇습니다. 그러니 먼저 '그가 누구인가?'를 탐구하고 주어진 상황, 즉 텍스트에서 인물의 태도, 자세, 철학을 알고 그에 적합한 감정을 구성하세요. 감정을 드러낼 수 있는 표현과 행동을 찾으세요. 주어진 모든 상황에 대한 반응을 구성하세요. 그리고 그 행동을 닮으려고 노력하면 되는 겁니다. 진심으로 그 인물의 행동을 모방하는 것이지요. 그것이 진짜 '인물화' 과정입니다. 그리고 '감정이입'의 과정입니다. 연습 과정에서 인물화 그리고 감정이입의 과정이 제대로 축적된다면 무대에서는 인물에 푹 빠져서, 인물의 감정에 푹 빠져서 연기할 수 있겠지요. 그렇다고 걱정할 이유도 없지요. 사실 무대가 끝나면 적은 노력으로도 자신으로 돌아가게 돼 있어요. 왜냐하면 주어진 상황이 끝나니까요.

물론 너무 오래 그 인물의 감정에 이입되어 있을 때 너무 깊이 물들어서 힘든 경우도 있습니다. 배우에게는 무대의 삶만 있는 것이 아니거든요. 일상의 삶도 있으니까요. 아무리 길어도 몇 달일진대 그 몇 달이 일상의 삶을 살아온 내공에 비하겠습니까? 그래도 혹 악역에 너무 깊이 심취했다면, 스승께서 말씀하셨듯 말끔히 정화할 수 있는 자신만의 노하우는 있어야겠지요.

앞 장에서도 말했지요. 스승께서는 악역을 하고 나면 발레를 하셨다고 합니다. 연기를 예술로서 승화해갈 수 있는 치료 방법이지요. 그렇다고 발레를 배우라는 얘기는 아닙니다. 시도 좋고, 미술 감상도 좋고, 그 외에 자신이 좋아하는 예술 활동을 하면 됩니다. 개인적으로, 스승의 신체시정의 순간을 경험할 수 있는 시를 추천합니다.

어쨌든 나는 배우의 정체성, 다양성의 관점을 전제로 한다면, 그리고 배우 스스로 이견지견의 균형감각을 전제로 한다면 배역의 '감정에 쑥 빠져서' 연기하는 것도 올바르고, '인물에 쑥 빠져서' 연기하는 것도 틀리지 않다고 생각합니다. 앞 장에서 예로 든 뇌신경과학자 안토니오 다마지오의 말마따나 빠져나올 수만 있다면 '좀 더 확실하고 보증적'인데요, 그 인물에 빠지는 것이 왜 틀린 건가요? 사실 많은 배우가 내심 진짜 원하는 것이지요. '어떻게 해야 인물에 쑥 빠져서 연기할 수 있을까?'를 고민하지 않나요?

생각해봅시다. 어찌 생각하면 '인물에 쑥 빠져서' 연기하는 것은 정말 대단한 것이지요. 평범한 배우들은 너무나 힘든 연기, 인물의 생각과 감정으로 말하고 행동하는 것이지요. 배역에 감정이입(感情移入)이 잘된 거지요. 틀린 것이 아닙니다. 그래서 리 스트라스버그와 엘리아 카잔의 메소드연기가 전 세계적으로 확산된 거지요. 그러나 문제는 배역과 같은 경험이 공유되지 않으면 배역 전체에 감정이입 되는 일은 결코 쉽지 않다는 데 있습니다. 늘 비슷한 배역으로 연기를 하게 될 겁니다. 배우 자신과는 전혀 다른 배역을 연기할 수 있을까요? 안토니오 다마지오의 말대로 '실제의 감정이 발산하는 자동적 과정을 제어해야 하는 특수한 재능과 원숙함'을 갖추기 위해 노력하지 않으면 재능도 소용없어질 수 있습니다. 배우 자신으로서 매번 다른 삶을 살려면 『배우 수업』의 원제목이기도 한 '배우의 자신에 대한 작업'이 잘되어 있어야 합니다. 스타니슬랍스키가 평생을 모색해서 완성한 시스템입니다. 그래서 천재는 잊으라는 겁니다.

잊지 마세요. 연기는 배우 자신으로서 매번 다른 삶을 사는 일입니다. 인물의 상황, 인물의 감정을 완전히 이해하게 된다면 관객과 합의된 그 인물로서의 감정을 구성할 수 있게 되고, 구성된 그 감정에 이입해서 그 감정으로 존재하는 것, 그것이 배우의 초-초목표가 되어야 하는 것입니다. 제자들이나 내가 스승께 푹 빠져 있었던 것이 틀린 건가요? 푹 빠져서 스승을 닮고자 하지 않나요? 그 태도도 닮고, 자세도 닮고, 철학도 배우고 그러는 거지요. 그렇다고 내가 오순택 선생님이 되는 것은 아니지요. 마찬가지입니다. 인물에 푹 빠져서 그 인물을 연기하는 것이지, 그런다고 그 인물이 되는 것은 아니지요. 스승께서 앞에서 '연기 공부를 해도 연기를 하고, 안 해도 연기를 하는' 천부적 재능이라고 하셨는데, 바로 인물에 푹 빠지는 것을 의미합니다. 인물을 이해하는 힘든 노력 없이는 불가능합니다. 이때 필요한 것이 오랜 노력으로 축적되는 '지성'입니다. 데클란 도넬란이 말하는, 배우가 무대에서 현존하지 않을 수 없는 이유와 같습니다.

배우는 현존하고자 노력해야 하는가? 정답은 아니요이다. 우리는 이미 현존하고 있기 때문에 현존하고자 노력할 수가 없다.

_데클란 도넬란, 『배우와 목표점』

배우 자신은 이미 현존합니다. 그런 맥락으로도 스타니슬랍스키가 옳았던 겁니다. 스타니슬랍스키 시스템이 오히려 21세기 연기술로 재발견되어야 하는 이유입니다. 연기는 인간의 본성이 토대가 되는 예술 행위입니다. 스타니슬랍스키는 '감정, 지성, 의지'를 연기 행동의 원동력이라고 했습니다. '감정, 지성, 의지' 그 세 개의 원동력이 마치 세 개의 톱니바퀴가 맞물려 돌아가듯 조화를 이룰 때 최상의 연기를 할 수 있게 됩니다. 나 자신이 스타니슬랍스키의 나라에서 그의 계승자들인 나의 마스터들께 『배우 수업』 시스템을 5년 동안 배우고, 연출가로서 5년을 실험하고, 그 실험 결과를 토대로 다시 러시아로 돌아가 박사 논문을 썼고, 그 뒤 우리 배우들을 가르치면서 『배우 수업』을 20년 가까이 풀면서 명확히 알게 된 사실입니다.

감정과 이성에 대한 올바른 이해는 정말 중요합니다. 연기가 나에게 적합한가를 판단하는 데도 그렇지만, 무엇보다도 배우가 자신에게 최적인 연기술을 선택하는 '나침반'이라는 것을 상기해야 합니다. 그런 이유로 스타니슬랍스키 시스템을, '정서 기억법'에 대한 오해 때문일 수도 있는, 감정으로 접근하는 연기 방법이라고 생각하는 오해를 바로잡아야겠습니다.

스타니슬랍스키가 몇 번이고 반복해서 강조했던 정확한 명칭을 쓰겠습니다. 그의 시스템은 '의식적인 심리기술'입니다. 그리고 의식적인 심리기술의 핵심은 '신체행동법'입니다. 배우를 준비하는 데 있어서 감정과 이성이 통합되도록 시스템으로 구체화한 것은 분명 스타니슬랍스키의 위대한 업적입니다. 구체적인 내용을 세세하게 알려면 『배우 수업』 전체를 공부해야 하는 문제이니 그것은 각자의 선택에 맡깁니다. 여기서는 스타니슬랍스키 『배우 수업』 제12장 「내적 원동력」에 근거해서 감정과 이성 통합의 필연성을 간단히 설명하겠습니다.

결론적으로 우리는 우리의 정신적인 삶을 몰고 가는 세 가지 추진체, 즉 우리의 영혼이라는 악기를 연주하는 세 분의 대가를 가지고 있는 것이다.

_스타니슬랍스키, 『배우 수업』

세 가지 추진체는 감정, 지성, 의지입니다. 지성과 의지가 이성을 기반으로 한다는 것을 알 것입니다. 그러니까 본성으로서 감정과 이성은 우리의 '정신적인 삶을 몰고 가는' 원동력입니다. 그런 맥락에서 21세기 배우들의 이해를 돕기 위해 스타니슬랍스키 내적 원동력을 과학적으로 뒷받침하는 세계적인 심리학자 대니얼 골먼이 주장한 '감성지능'과 '사회지능'에 대해 알 필요가 있습니다. 자세한 것은 그의 책 『EQ 감성지능』, 『SQ 사회지능』을 읽어보길 바라고, 감정과 이성의 문제와 관련해서 대니얼 골먼의 주장을 빌려 내가 하고 싶은 말은 다음 사실입니다.

> 로 로드는 감정으로 얼룩져 있어 '질펀하게' 여겨진다. 반면에 하이 로드는 뒤끝이 없고 이성적이어서 질펀함이 없다. 로 로드를 통해서는 가공되지 않은 감정이 오고 가고 하이 로드를 통해서는 일어나고 있는 일에 대한 꼼꼼한 이해가 오고 간다. 로 로드는 다른 사람의 감정을 곧바로 느끼게 해주고 하이 로드는 우리가 느끼는 감정에 대해 생각하게 해준다. 보통 로 로드와 하이 로드는 솔기 없이 서로 맞물려 있다. 사회적 삶은 이 두 가지 통로의 상호작용에 의해 지배를 받는다.
>
> _ 대니얼 골먼, 『SQ 사회지능』

이것이 감정과 이성과 관련해서 우리 뇌가 하는 일에 대한 비유입니다. 연기 역시 경험, 즉 사회적 삶을 토대로 합니다. 감정과 이성이라는 본성이 작용하는 로 로드와 하이 로드가 '솔기 없이 서로 맞물려 있다'는 사실을 아는 것이 중요합니다. 그리고 더 중요한 것은 훈련을 통해 발전시킬 수 있다는 겁니다. 그리고 사실 '솔기 없이 서로 맞물려 있다'는 것은 기본적으로 배우가 인물에 빠지지 않을 수 있다는 것입니다. 빠지지 않아야 하고요. 빠지는 것은 오히려 비정상적 상태인 것입니다. '거리'를 두지 못하는, 즉 자신과 인물 사이의 거리를 인식하지 못하는 상황입니다. 배우의 현존과 관련해서 데클란 도넬란이 재차 확인해줍니다.

> 배우는 현존하고자 노력해야 하는가? 정답은 아니요이다. 우리는 이미 현존하고 있기 때문에 현존하고자 노력할 수가 없다. 그렇다면 무엇을 할 수 있는가? 이중 부정으로 작업할 수 있을까? 가령 스스로를 부재(不在)하지 않도록 노력해 볼 수 있을까? 어려움인즉, '노력(trying)'은 배우를 집중하게 만드는 경향이 있고, 집중은 관심의 흐름을 경직시키고 목표점을 차단시킨다는 것이다.
>
> _데클란 도넬란, 『배우와 목표점』

이 또한 자명한 진실입니다. 무대에서 자신이 아닐 수 있을까요? 스스로 부재(不在)하지 않을 수 있을까요? 그럴 수 없습니다. 살아 있는 한 결코 현존하지 않을 수는 없으니까요. 현존한다는 인식을 놓치는 것뿐입니다. 나 역시 학생들을 가르치면서 배우의 존재와 인물 사이의 모순에서 혼란스러워하는 경우를 많이 보았습니다. 스스로 모순인 줄도 모르고 '감정에 빠진다, 배역에 빠진다, 그리고 배역으로 산다, 배역이 된다'는 말을 무심하게 씁니다. 그런 말들이 모두 배우를 참 안심시키고, 그래서 더 지극히 혹하게 되는 말이지요. 배우들은 자꾸 그렇게 믿고 싶어 합니다. 그러나 진심으로 연기에 미치려면 가급적 '빠진다, 된다, 산다'와 같은 말을 쓰지 않는 것이 좋습니다. 그런 말은 꽤 그럴듯하지만 배우를 바보로 만듭니다. '빠져야 연기를 잘하는 것'이라는 오류와 착각을 줍니다.

왜 그런 착각을 버리지 않을까요? 앞에서도 언급한 것처럼 나르시시즘이 너무 강한 것은 아닌지 생각해볼 필요가 있습니다. 그리고 걸음마 배우들은 처음부터 제대로 된 나침반을 장착하고 올바른 한 걸음을 내디디길 바랍니다. 그런 의미에서 대니얼 골먼의 다른 말도 들어두는 것이 좋겠습니다.

> 뇌의 각 부분은 어지러울 정도로 복잡하게 연결되어 있기 때문에 '사회적 뇌'와 같은 용어들은 사실 도움이 되기는 하지만 허구에 불과하다.
>
> _ 대니얼 골먼, 『SQ 사회지능』

내가 감정과 이성에 대해 설명하기 위해 『시학』의 저자 아리스토텔레스의 고전적 견해를 선택한 이유입니다. 연기는 연기입니다. 대니얼 골먼이 도움이 되기는 하지만, 감정과 이성 역시 연기를 중심으로 풀어야 합니다. 이를테면 그냥 감정에 잘 빠져 있다는 것은 연기의 본질과는 동떨어진 개념입니다. 감정을 잘 연기한다는 것이 올바른 표현입니다. 연기를 잘하면 되는 것입니다. 연기하기 때문에 배우는 존재합니다. 감정에 잘 빠지는 것을 연기를 잘하는 것으로 착각하면 연기의 본질마저 바뀝니다. 감정에 잘 빠지면 연기를 잘할 수가 없어요.

빠져 있는데 어떻게 '사건'을 연기할 수 있을까요? 앞에서 스승께서 being과 관련지어 하신 얘기를 단순하게 정리해도 '나'는 사라질 수 없다는 얘기거든요. 그렇잖아요. '나'라는 색깔이 있기 때문에 햄릿을 연기하는 '나'를 보러, '내'가 만드는 햄릿을 보러 극장에 온다는 말이잖아요. 자, 스승의 말을 기억에 새기고, '인물에 쑥 빠져서, 배우가 자신을 잃고, 인물화되는' 그 문제를 갖고 제대로 싸우고 조정하고, 스스로 또 함께 해결해나가기를 바랍니다.

스승은 『칼을 쥔 노배우』가 출간되던 즈음에 제자들을 생각하면서 참 답답해하셨습니다. 제자처럼 생각하는 다른 제자들을 너무 많이 보셨던 거지요. 어디서부터 이런 오류가 발생하는지 많이 생각하셨던 것 같습니다. 그러고는 처음부터 잘못이라고 결론을 내리신 거지요.

스타니슬랍스키 시스템을 하나의 학문으로 배워 온 것이지 배우로서 배워 온 것이 아니었어. 그리고 한국에 와서는 연출을 하셨지, 연기 수업을 하신 게 아니었다는 거야.

그가 누구였든, 요점은 스타니슬랍스키 시스템은 학문이 아닙니다. 배우 스스로, 그가 누구든 자신의 정체성에 적합하게 연기할 수 있는 체계를 만들어주는 매우 유연한 시스템입니다. 사실 지난 100년의 시간을 되돌릴 수는 없습니다. 그들을 탓한다고 해서 지금 우리의 알리바이가 먹히지도 않습니다. 배우로서의 생존을 담보해주지도 않습니다. 현재에 적용하십시오. 여러분 스스로 시간을 극복해야 합니다. 다시 노력의 시대인 것이지요. 다만 올바른 노력으로 극복해야 합니다. 쇼펜하우어의 의지, 즉 생존의 의지가 필요한 겁니다. 스타니슬랍스키는 배우의 의지에 대해 이렇게 말했습니다.

> 배우는 지적인 것뿐만이 아니라, 신체적으로도 진정한 행동을 해보고 싶은 도전 의식을 느껴야 한다.
>
> _스타니슬랍스키, 『배우 수업』, 제4장 「상상력」

연기 방법에도 차이가 있는 것처럼 배우들도 사람마다 차이가 있습니다. 천재는 잊으라고 했지만, 어쨌거나 존재는 하니까 예는 들어야겠습니다. 가급적 '빠져서'라는 표현을 쓰지 않는 것이 좋다고 했지만, 예외는 있으니 쓰겠습니다. 미하일 체홉과 같이 감정이입에 천재적인 배우들이 그렇게 '인물에 쏙 빠져서' 연기합니다. 그렇다고 해서 미하일 체홉의 연기를 틀렸다고 하지는 않지요. 다만 다를 뿐입니다. 그리고 미하일 체홉 역시 노력하지 않고 빠진 것이 아닙니다. 그는 어마어마한 의지로 주어진 상황, 즉 '사건'을 이해하고 인물을 먼저 상상하고 상상이 되면 그 인물로 '신체화'합니다. 그리고 완벽하게 신체화한 배역으로 생활합니다. 미하일 체홉의 연기 방법을 흡수할 수 있는 정체성을 가진 배우는 매우 희귀할 겁니다.

아, 참고로 미하일 체홉 역시 신경이 예민했습니다. 스승인 스타니슬랍스키의 권고로 정신병 치료도 받았지요. 그리고 미하일 체홉은 결국 어마어마한 의지로 착각이라는 정신병적 함정에 빠지지 않는 자신의 연기 방법을 찾아냈습니다. 천재이면서 연기에 대한 의지도 어마어마하게 강했습니다. 그래서 다시 강조하는데, 어쨌든 '인물에 쑥 빠지는 거', 그것이 감정 자체에 빠지는 것이라면 정말 위험합니다. 자신을 잃어버리는 함정이 될 수 있어요. 이를테면 미하일 체홉이 스타니슬랍스키라는 스승을 만나지 않았다면 정신적 균형을 찾아가지 못했을지도 모릅니다.

그래서 드는 개인적인 생각인데, 미하일 체홉과 같은 그런 예술가적 기질을 타고난다는 것은 하늘의 축복이기도 하지만 벌이기도 합니다. 얻는 것이 있으면 잃는 것도 있는 법이지요. 극단으로 치우칠 정도로 예민한 것도 큰 문제입니다. 많은 것을 감수해야 하지요. 조금만 생각해보면 답이 나옵니다. 감수성이 예민하고 감정 폭이 클수록 오히려 자신에게 맞는 연기 방법을 잘 선택해야 합니다. 정신적인 문제니까요. 그러나 크게 걱정하지 않아도 됩니다. 보통은 그렇게 '인물에 쑥 빠지게 되기'가 거의 불가능합니다. 완전히 인물로 바뀌었던 극도로 예민한 천재 미하일 체홉과 같은 배우는 러시아에서도 유일했습니다. 전 세계를 통틀어도 그렇게 쉽게 태어나지 않습니다. 그러니 천재는 잊으십시오.

그런 맥락으로 생각을 좀 넓게 확장시켜 꼭 다시 짚어보고 의심해야 하는 것은 바로 '믿음(believability)'이라는 고약한 유령입니다. 이 유령은 배우 안에서 배우의 두려움과 맹목을 자양분으로 해서 커집니다. 한 제자가 "배우 스스로 갖는 강력한 믿음은 배우의 생각과 말과 행동이 된다."고 기록했는데, 내가 아는 한 스승이 한 말은 아닐 것입니다. '강력한 믿음'은 아이의 놀이적 상상력입니다. 어른은 가질 수 없습니다. 그런 상상력을 갖고 있다면 정상이 아니라 미친 겁니다. 어른은 어른다운 상상력을 키워내야 합니다. 배우는 오직 행동하는 것으로 인물을 드러낼 뿐입니다. 믿음은 배우의 행동으로 인해서 관객에게 생겨나는 것입니다. 배우가 임의대로 확신한다고 믿어지는 일은 없습니다. 믿음은 현존하려고 노력하는 것이 위험한 것처럼 그렇게 위험합니다. 믿음을 키워서 얻을 수 있는 것은 믿음이 아니라 두려움과 맹목입니다. 결국은 맹신이 되는 겁니다.

데클란 도넬란은 배우가 "내가 느끼는 감정에 대해 스스로 충분히 확신할 수 있다."고 하는 것에 대해서 '미묘한 허영심'이라고 표현했습니다. 허영심. 어떻게 허영심을 버릴 것인가. 스승께서 답을 알려주셨습니다. "작가는 인물의 세계를 만들어놓은 것이지 배우의 세계를 만들어놓은 것은 아니거든."이라고 알려주셨지요. 명백하죠. 그러니 배우 자신의 세계를 연기해서는 안 되는 것이지요. 스승께서는 제자들에게 배우 자신의 세계를 연기하다가 캐릭터의 사이즈가 배우의 사이즈로 줄어드는 결과가 생긴다고 하십니다.

"배우들이 연기의 진실함 또는 정직함을 추구하며 personalize 를 하면서 '배우 느낌=캐릭터의 느낌'을 많이 추구해왔다. 그러나 이로 인해 캐릭터의 사이즈가 배우의 사이즈로 줄어

드는 결과가 발생했다. magic if를 '내가 만일'로 해석한 결과
가 아닐까."

_최다연, 『칼을 쥔 노배우』

스승이 제자들과의 수업에서 하신 말씀입니다. 그렇습니다. 희곡에는 등장인물이 있고 그 인물이 놓인 상황이 분명 있습니다. 상황을 파악해야 합니다. 그리고 "그런 상황에서 그(그녀)는 어떤 행동을 해야 할까?"라고 물어야 하는 겁니다. 타자성, 즉 나와 배역의 거리를 전제로 해서 말이지요. '내가 만일'로 해석하는 순간, 즉 배우 자신의 느낌을 찾아서 인물의 느낌이라고 착각하면 스승의 말대로 인물의 사이즈는 배우의 사이즈로 줄어들고 마는 것이지요. 지금 연기를 하는 배우가 고민해야 할 문제는 바로 그겁니다.

이 지점에서 스승의 생각이 드니 디드로의 생각과 같아집니다. '배우의 작업' 과정을 철저히 거쳐야 한다고 역설했지요. 드니 디드로가 뭐라고 했는지 확인해봅시다.

"시시하고 후지게 연기하는 가장 확실한 방법은 자기 자신
을 연기하는 것이라고요."

_드니 디드로, 『배우에 관한 역설』

자기 자신을 연기하는 것이 가장 후지게 연기하는 방법이라네요. 디드로의 표현은 완곡한 편입니다. 자기 자신이라는 것은 배

우로서 아무것도 하지 않았다는 것이지요. 인물과의 타자성을 받아들이는 지점부터 한 걸음인 거죠. 배우 자신은 인물과는 완전히 다른 타자라는 것을 인정해야 합니다. 그런 의미에서 나 역시 스승의 생각에 동의합니다. "인물의 세계로 들어간다." 그렇지요. 그것이 한 걸음인 겁니다. 니체의 표현으로는 한 걸음씩 자기를 내려놓는 '자기 포기' 과정을 통해서 인물의 세계로 들어가는 겁니다. 인물의 세계란 곧 희곡의 세계가 아닌가요? 그 세계로 들어가야 인물을 자신에게 데려올 수 있지요. 아직 실체가 없는 가상의 세계, 상상이 될 때까지 읽고 또 읽어내야 합니다. 그리고 배역의 행동에 적응하고, 적응해서 그 세계로 들어가 배역으로서 그 세계를 받아들여야 해요. 그렇게 되면 비로소 배역과 그 세계를 내 몸으로 상상하고 감각하면서 실재하게 하는 거지요. 그래서 연기가 재미있는 겁니다. 그래야 연극도 재미있어지는 것이고요.

이제 정말 중요한 얘기를 해야겠습니다. '인물의 세계로 들어가야'만 하는 이유 말입니다. 질문을 해봅시다. 배우가 연기(play)를 통해 이루려고 하는 것이 뭘까요? 우리가 연극(play)을 통해 이루려는 것이 뭔가요? '그러한 인물'의 '그러한 삶'을 보여주고자 하는 것이지요. 관객에게 '인간'과 인간의 '삶'의 문제를 던지고 인간과 삶의 문제에 대해서 play로 대화하려는 거지요. 직접적인 실연을 통해서 말입니다. 고대 그리스극부터 시작된 것이지요. 그때 사람들이 신의 문제를 갖고 자신들의 문제를 풀려고 했던 것도 '인간'과 '삶'을 이해하기 위해서 아니었나요? 궁극적으로 '나'에 대해서 알고 싶어 하는 모든 인간의 앎의 욕구를 풀어내 보려는 것 아닌가요? 실연(실제 연기를 해보임)을 통해서?

스승께서 던져주신 연기의 수수께끼들이 풀릴 때면 40년 이상 할리우드 배우 생활을 하시면서 그렇게 거장다운 생각과 위치에 가기까지 얼마나 많은 고민을 깊이깊이 하셨을지 짐작조차 어렵습니다. 그 기저에 '연기에 대한 존경'이 없었다면 불가능했을 겁니다. 또 한국에 돌아와 13년 동안 제자들에게 그것을 전하려고 소통할 수 있는 말을 찾기 위해 또 얼마나 많은 공부를 하셨을까요? 특히 '인물이 된다'는 것이 있을 수 없다는 것을 이해시키고자 고민하신 결과로 찾아낸 것이 제아미의 '이견의 견[離見之見]'인 것에 대해서는 너무나 놀랍습니다. 내가 GITIS에서 2003년부터 2005년까지 박사 논문을 쓰며 읽게 된 드니 디드로의 『배우에 관한 역설』의 요점이거든요. 특히나 이견지견은 스타니슬랍스키의 시스템을 제대로 이해하고 흡수하려면, 다시 말해서 '감정'·'지성'·'의지'를 통합하기 위해서는 반드시 장착해야 합니다.

離見之見의 뜻을 연기 역설의 관점으로 해석하면, '떼어놓고 보는 것이 보는 것이다.'입니다. 한자 離의 뜻에 '떼어놓다'가 있지요. 그 뜻을 써야 하는 것이지요. 이렇게 해석해놓고 보면 역설적이게도 이견지견의 달인은 바로 미하일 체홉입니다. 그는 자신이 상상한 인물을 떼어놓고 배우인 자신을 움직이게 하는 데 천재적이었거든요. 아무튼 스승께서 어째서 '이견의 견'을 빌려 쓰신 건지 명확해지지요? 사실 한자 뜻을 찾는 일도 '기본'인데,

그걸 하지 않고 어려워들 한 겁니다.

그럼, 이제 선생님과 제자들의 대화에서 던져진 문제, '내가 햄릿이 된다? 내가 오필리어가 된다?' 어떻게 존재하지도 않는 사람이 될 수 있는가? 아니, 어떻게 내가 나 아닌 다른 사람이 될 수 있는가? 그 문제에 대한 답을 고민해볼까요? 그 답을 내려고 생각에 생각을 거듭해서 내가 얻어낸 답이 'play'입니다. 희곡 읽기 방법으로는 '객관적 읽기'입니다. 스승이 찾아내신 '이견의 견' 역시 'play'를 위한 장치입니다. '이견의 견'이라는 'play'장치가 없으면 배우는 양극단으로 치우치게 됩니다. '객관적 읽기'라는 작업 없이는 '이견의 견'에 도달할 수 없습니다. 연기의 역설이지요. 때가 되면 이 주제로 다시 돌아올 것입니다.

극단의 한쪽은 앞에서 말한 대로 인물에 빠지는 것입니다. 배우 자신의 감정으로 연기하는 것이지요. 그리고 다른 한쪽은 인물이 배우인 나에게 들어와서 나를 조종하는 것이지요. 고대적인 감정이입 현상으로 흔히 무속인들에게 일어나는 일입니다. 양쪽 다 극단적인 감정이입 현상에 의해 생깁니다. 최근에는 그런 착각으로 연기하는 것을 메소드연기라고 추켜세웁니다. 잘못 수입한 '리 스트라스버그식' 메소드지요.

그런 현상에 대해서 스승께서는 '한국은 연기의 첫 단추를 잘못 끼웠기' 때문이라고 합니다. 아, 스승께서 늘 아쉬워했던 얘깁니다. 그런데 말이지요. 아쉽기야 지금 연기하는 배우들에게는 더하겠지요. 예, 배우 정신은 사라지고, 그에 따라 스타니슬랍스키 연기 방법만이 아니라 거의 모든 연기 방법이 지리멸렬해진 '여기, 지금' 이 시대에, 이도 저도 아닌 상태에서 연기하는 배우들에게 더 아쉬운 일일 것 같습니다. 그때 스승과 나눈 대화만 보더라도 뒤죽박죽인 것이 그대로 드러나고 있지 않습니까? 하지만 어쩌겠습니까. 첫 단추를 잘못 끼워버린 선배 배우들을 탓한다고 지금 우리가 처한 상황을 바꿀 수 있는 것은 아니지요. 필요한 사람이 우물을 파야겠지요.

방법은 하나뿐입니다. 앞에서도 말했듯이 보다 근본적으로 기준이 되는 본디의 책, 즉 원전을 토대로 잘못된 단추들을 다시 다 끌러서 첫 단추부터 다시, 우리의 문제를 검증하고, 실행을 통해서 교정하고, 스스로의 발견으로 제대로 된 길을 찾아내는 것이겠지요.

그런 의미에서 '감정 수업'도 다시 해야 합니다. 감정 역시 '대체'로 가능합니다. 물론 당연하지요. 뇌와 몸이 기억하고 있으니까요. 그렇지 않으면 애초에 연기를 할 수가 없으니까요. 말할 것도 없이 '감정, 지성, 의지'의 균형으로 그 길을 먼저 열어준 대가는 스타니슬랍스키입니다. 그리고 폴 에크먼의 연구로도 일상에서 감정을 능숙하고 유연하게 다루는 훈련이 가능하다는 것이 확인되고 있습니다.

자신의 감정을 다루는 데 더 능숙해지기 위해서는 하나의 상황이 끝난 뒤에 그때 어떤 일이 일어났던가를 분석하고 이해하는 능력을 키워야 한다.

_폴 에크먼, 『얼굴의 심리학』

폴 에크먼은 감정을 다루는 능력을 키우기 위한 구체적 실천 방법으로 '감정 일기'를 쓰라고 제시했습니다. 간단히 말해서 후회하는 감정적 상황이나 감정을 성공적으로 다루어낸 상황을 일기로 기록하는 것입니다. 그리고 오순택 선생님이 제안하신 좀 더 고급하면서도 차원 높은 실제적 방법은 '이견지견'이지요. 제아미와 디드로, 그리고 위대한 연기 스승 스타니슬랍스키와 배우 오순택에게로 관통하는 '연기 역설'의 기술, 내가 배우 교육에서 play를 위한 장치로 강조하는 그 기술이지요. 스승의 배우로서의 삶, 마스터로서의 삶이 그 길을 열어줄 나침반이 될 것이라는 확신은 비단 나만 가진 확신이 아닐 겁니다. 제자들 모두가 알고 있을 겁니다.

스승께서 '신체시정적 접근'에 이르기까지 얼마나 고민을 많이 했을까요? 열릴 때까지 두드렸을 겁니다. 도달했던 지점에서 겸허하게 또 질문했을 겁니다. 그 겸허함이 내가 스승께 배운 가장 큰 덕목입니다. 그 겸허함으로 離見之見의 뜻부터 찾는 '기본'을 지켜 연기 역설의 관점으로 해석할 수 있었던 것이지요. 언뜻 사소해 보이는 기본 뜻으로 돌아가 '떼어놓고 보는 것이 보는 것이다.'라고 써놓으니 스승께서 제아미의 離見之見을 빌린 수수께끼가 저절로 풀렸습니다. 배우가 배역으로 연기하는 자신을 실재의 자기 자신과 떼어놓고 '새롭게' 보는 것입니다.

망치가 내 관심의 초점이 될 때, 그 갑작스러운 "눈앞에 있음 (Vorhandenheit[전제성])"의 경험에 내재하는 소외 자체로 인해 그것이 한때 상실했던 진정성을 재발견할 여지가 열린다. 왜냐하면 거리를 두면 우리는 경이감에 가까운 감정을 가지고 그것을 존재하는 사물로, 뭔가 놀라운 것으로 새롭게 볼 수 있게 되기 때문이다.

_ 이언 맥길크리스트, 『주인과 심부름꾼』

이 지점에서 '감정'과 '이성'이라는 인간 본성과 관련해서 제자들의 기록에도 자주 등장하는 '자기화'의 문제와 '신체화'의 문제를 생각해보려 합니다. 미리 말해두고 싶은 것은, 아직 나 스스로도 결론을 내지 못하고 생각하는 중인 문제라는 점입니다.

우선 이언 맥길크리스트가 『주인과 심부름꾼』에서 700쪽이 넘는 지면을 통해 지루할 정도로 길게 설명해주고 있는 두뇌, 즉 두 반구가 그저 다른 기술을 가진 것이 아니라 완전히 다른 세계관을 갖고 있다는 주장에 따르면 감정과 이성은 대립되는 본성입니다. 균형을 요구하지요. 연기의 방향도 그렇게 대립되는 본성에 의해서 결정됩니다. 인물을 자기화하는 방향과 자기를 최대한 포기하고 인물을 중심으로 해서 인물의 행동을 찾아가는 '등장인물화'의 방향으로 말이지요.

스타니슬랍스키는 시대적 상황으로 어쩔 수 없이 '감정'에 조금 더 무게 추를 놓았습니다. 물론 그 사실이 시스템에 영향을 주는 것은 아닙니다. 드니 디드로는 말할 것도 없이 '이성'에 무게 추를 좀 더 많이 올려놓았고, 프리드리히 니체도 '자기 포기'라는 말을 쓰면서 '이성'에 더 무게 추를 올려놓았습니다. 그러나 어느 쪽이 옳고 어느 쪽이 틀리다는 논쟁은 의미가 없습니다. 시대와 민족과 상황에 따라서 관점이 달라지는 것이니까요. 관점이 달라지는 데 중요한 역할을 하는 것이 중립, 바로 균형입니다. 스타니슬랍스키 역시 배우 살비니의 말을 인용해 균형의 중요성을 강조합니다.

> "살비니는 이렇게 말했다. '배우는 무대에서 살고, 울고, 웃는다. 그러면서도 내내 배우는 자신의 눈물과 웃음을 지켜보고 있다. 그의 예술을 만드는 것은 이런 이중적 기능, 즉 생활과 연기의 균형이다.'"
>
> _스타니슬랍스키, 『배우 수업』, 제14장 「내적 창조 상태」

배우의 관점으로 생각해도 마찬가지입니다. '감정'이든 '이성'이든, '자기화'든 '등장인물화'든지 간에 자기 본성에 의한 선택의 문제입니다. 그러나 어느 쪽으로든 '균형'을 위해 노력해야 합니다. 배역과 나 사이의 '거리'는 반드시 필요한 것이지요. 앞에서도 말했듯이 배우 자신이 인물일 수는 없기 때문입니다. 그리고 배우의 목적은 인물을 연기함으로써 관객의 카타르시스를 행하는 것이기 때문입니다. '신체화'는 배우가 어느 쪽 방향으로 선택하든 반드시 필요한 작업입니다. '감정'에 무게 추를 조금 더 올려놓은 스타니슬랍스키 시스템에서도 가장 중요한 것은 '행동'입니다. '신체행동법'은 스타니슬랍스키 자신도 평생에 걸쳐서 탐구했다는 것을 간과해서는 안 됩니다. 이에 대한 확인이 필요하다면 『배우 수업』 제3장 「행동」, 그리고 동시에 제8장 「믿음과 진실감」을 제대로 읽어보기를 권합니다.

신체화를 위해 스타니슬랍스키가 되풀이해서 하는 말은 "작지만 믿어지는 행동을 찾아내라."입니다. 어떻게 찾을 수 있을까요? 물론 희곡, 즉 '대사'입니다. 나는 이언 맥길크리스트에게서 구체적인 답을 얻을 수 있었습니다.

언어는 정서의 신체화된 표현으로 발생했으며, 신체에 거주하는 한 개인과 다른 개인의 감정적 세계로써 소통된다. 신체적 기술은 곧 우리 각자가 모방을 통해, 그것을 배우는 당사자와 그것을 가르쳐주는 누군가의 신체적 상태에 대한 정서적 동일시와 직관적 조화로써 습득한다.

_ 이언 맥길크리스트, 『주인과 심부름꾼』

나로서는 "언어를 상상한다는 것은 삶을, 형태를 상상한다는 뜻이다."라는 비트겐슈타인의 유명한 말과 함께 깔끔하고 명료한 대답입니다. 왜냐하면 잃어버린 연기술인 『시학』의 미메시스, 모방이 연기와 관련해서는 결국 '신체화' 기술이기 때문입니다. 연기 역설의 기술로, 언어가 '정서의 신체화된 표현으로 발생'했다면 당연히 언어, 즉 대사에 '작지만 믿어지는 행동'이 있다는 것이기 때문입니다. 모방은 '공감적 동일시'입니다.

삶의 기술을 배울 때도 마찬가지로 법칙을 배우는 것이 아니라 모방을 통해서 배운다. 나는 그런 동일시에는 다른 사람의 신체에 깃들어 보려는 시도가 포함된다고 주장한 바 있는데, 이는 다소 신비스럽게 들릴 수도 있겠다. 하지만 모방은 다른 사람과 같아지려는 시도이며, 그 사람과 비슷해지는 게 어떤 느낌인지는 오직 내면에서만 체험될 수 있는 것이다. 언어의 습득만이 아니라 일상적인 언어 사용도 바로 그런 깃들어 보기와 관계가 있다.

_ 이언 맥길크리스트,『주인과 심부름꾼』

『시학』을 최고의 연기 기술로 탐구해온 나로서는 전혀 신비하게 들리지 않습니다. 당연합니다. 연기 역설로서 생각하면 연기의 본질을 말해주는 것이니까요. 연극이든, 영화나 드라마든 언어, 즉 대사에 대해 올바른 접근이 필요합니다. 스승께서 늘 강조하셨던 이견지견의 태도가 필요하지요. 샌포드 마이즈너가 알려주는 답도 '중립'입니다. 본질적으로는 같은 말이 됩니다.

"작품이 우선적으로 여러분의 내면에서 받아들여지고, 주어진 것들을 감정적으로 이해하며 창조하기 위해서는 대본을 중립적이고, 무의미하며, 비인간적인 ― 그걸 로봇이라 부르든 ― 방식으로 암기하도록 한 것이지. 여러분의 대본 속 대사를 감정적 표현 없이 오로지 중립적으로만 대해야 해."

_ 샌포드 마이즈너·데니스 롱웰,『샌포드 마이즈너 연기 테크닉』

그렇습니다. 내 생각도 전적으로 같습니다. 정말입니다. 대본을 읽을 때 배우가 처음부터 자기감정을 넣어 읽는 습관은 없애야 합니다. 샌포드 마이즈너의 책을 읽다가 대사 읽는 방법을 말해주는 저 대목에서 깜짝 놀라고 또 반가웠습니다. 내가 배우들을 가르쳐온 화술이 틀리지 않다는 확인을 받은 것이니까요. 실제로 나 역시 20여 년 우리말 화술을 탐구하면서 그렇게 배우들을 가르쳤고, 『문장//쪼개기』라는 책을 썼습니다. 오랜 시간 배우들과의 실천으로 얻어낸 연기 화술 책입니다. 읽어보면 알 것입니다. 느릴 것 같겠지만, 결과적으로는 지름길입니다.

이쯤으로 마무리하겠습니다. 마이즈너가 말한 것처럼 '사적이고 은밀한' 준비를 하십시오. 타고난 재능에 기대지 않고, 다른 신체, 그러니까 배우 자신이 아니라 배역의 신체에 깃들 수 있는 구체적 방법입니다. 어쨌든 이 또한 배우가 자기 자신을 구체적으로 속속들이 알아야 한다는 것이 최우선입니다. 어느 한쪽으로 치우쳐 있을 것이고, 다른 한쪽을 끌어올릴 길을 찾지 않으면 안 될 테니까요.

5장

오순택과 스타니슬랍스키: '만일'을 중심으로

이민우 아까 종무가 얘기했던 magic if에 관한 부분의 경우, 저는 그 말에 대해서 깊이 생각하지는 않았지만, 오히려 magic if라는 표현이 학생들로 하여금 배우로서 자기를 좀 더 확장해야 하는데도 자기 안에 머물고 안주하게끔 하는 역할도 하는 거 같다는 생각이 듭니다.

오순택 근데 나는, 개인적인 생각이지만 처음부터, 미국에서도 스타니슬랍스키 메소드가 들어와서 아메리칸 메소드로 변형되고, 한참 스트라스버그 스쿨에서 시스템을 가르칠 때도, 그때가 60년대였는데, 그때도 왜 magic if가 필요한지 이해를 못 했어. 배우가 감수성이 강하고 자아의식이 뚜렷하면 그 상황에 직접 들어가게 되는 거지, 굳이 그런 말들이, 그런 테크닉이 필요하지 않다고 생각해.

이종무 그런데 사실 학생들이 작가가 만든 인물의 상황을 이해하지 못하거나 공감하지 못할 때, 그걸 이해시키기 위해 magic if를 말하게 되거든요. '만일 너라면 어떻겠어?'라고 하는 순간 그 학생들에게 자기로서 다시 생각해보는 계기를 주거든요. 그런 면에서 유용하게 생각되는데……

_『칼을 쥔 노배우』, 「후기를 대신하여」

이쯤이면 '만일'에 대한 대화가 좀 지겨워졌을 겁니다. 부디 그러기를 바랍니다. 이 지겨운 대화, 이제 그만 끝내봅시다. 지구 반 바퀴를 돌면서 '마법'의 망토까지 쓰고 오지랖은 또 어찌나 넓어졌는지, 한국은 거의 종착지라고 할 수 있는데, 한국 배우들이 특히 '만일'에 대한 애착이 유독 강한 듯합니다. 사실 그 애착을 뒤집어보면 그것은 아마도 상상력의 빈곤에 대한 열등감의 소산일 수 있습니다. 게다가 magic이란 말까지 붙으니 '만약'이 무슨 마술이라도 되기를 바라는 환상이 생긴 것이지요. 그런데 그런 마법은 아이들에게나 필요한 것입니다. 동화의 세계에서나 가능한 겁니다. 현실에서는 그저 속임수일 뿐입니다. 『배우 수업』 제14장을 봅시다.

"바냐, 무대로 올라가서 푸르스름한 색종이 한 장을 찾아내 봐라. 누군가가 거기서 잃어버렸다고 가정하고서……."

"어떻게 하라는 말씀이신지요?"

"아주 간단하다. 이 목표를 달성하려면 우선 실생활이라면 어떻게 했을까? 이것부터 알고 느껴야 할 것이다. 자네의 모든 내적 원동력을 조직하고 자네의 목표를 창조하기 위해서 어떤 주어진 상황을 설정하여야 한다. 그런 다음에는 자네가 정말 그 종잇조각이 필요하다면 어떻게 찾을 것인가라는 질문에 답을 해봐라."

_ 스타니슬랍스키, 『배우 수업』, 제14장 「내적 창조 상태」

그렇습니다. 연극, 즉 비극은 환상이 아닙니다. 엄연히 삶의 실재입니다. '주어진 상황'이라는 '가정'은 바로 실생활에서의 행동을 찾기 위한 것입니다. 희곡은 모두 삶에서 건져 올린 '주어진 상상 속 상황'입니다. 연기는 그 가정을 다시 무대 위 삶으로 바꾸어내는 것입니다. 배우는 '모든 내적 원동력을 조직'해서 이야기를 만들어내야 합니다. 다시 말하면, 작가적 상상력을 발휘해야 한다는 것이지요. 이것이 스타니슬랍스키 시스템에서 '가정', 즉 '만일'의 정체입니다.

스타니슬랍스키 제자의 제자인 샌포드 마이즈너는 오류를 고쳐내고 올바른 해석을 내립니다. 그는 학생들에게 "주어진 상상의 상황에 존재하고 진실되게 살아가는 한 인간이 되어야 해. 상황을 연기하려고 하지 말고 그 상황 속에서 살아가게."라고 말합니다. 그렇습니다. 그것이 스타니슬랍스키 시스템의 '배역의 생활화'의 본질입니다. 그리고 스승께서도 제자들에게 "그 상황으로 직접 들어가라"고 올바른 배역의 생활화를 말하고 있습니다.

'위대한 비극의 고원'은 결코 환상으로 도달할 수 없습니다. 비극은 마법의 세계가 아닙니다. 실재입니다. 비극에서 마법은 절대 일어나지 않아요. 현실에서 결코 마법이 일어나지 않는 것과 같죠. 인간에게 비극이 필요한 이유는 삶의 고통과 비극을 겪고 극복하는 길 끝에 있습니다. 비극은 우리의 현실에서 일어나는 비극을 이해하고 극복하기 위한 예측 장치로 인류가 고안해 낸 것이지요. 비극을 받아들이지 않으면 진짜 현실을 살아내기 힘드니까요. 피터 팬처럼 어른아이로 남고 싶다면 할 말은 없습니다만, 설사 마법이 일어나는 동화의 세계를 연기하는 순간에도 배우는 무대에서 진짜 마법을 부릴 수 없습니다. 그 상황을 사는 연기를 해야 하죠. 마법은 관객의 마음에서 일어납니다. 모든 마술이 그렇듯 관객이 속는 겁니다.

정직하게 말하면, 스승과 대화하던 그때는 스승의 생각을 듣는 것이 더 중요하기도 했고, 미국에서 배우 생활을 하셨기 때문에 스타니슬랍스키 시스템, 특히 '정서 기억'과 함께 미국으로 건너가서 'magic if'가 되어버린 '만일'에 대해 대화하는 것이 조심스러웠습니다. 그리고 나 자신도 그땐, 그 순간에도 제자의 마음을 붙잡고 있는 그놈의 'magic if' 농간을 잡아서 보여줄 수가 없었습니다. 요놈이 엔간히 잘 빠져나가야 말이지요. 정말이지 걸음마 배우들에게조차 권하고 싶지 않습니다. 시간 낭비라는 생각이 들 뿐만 아니라, '만일'은 오지랖 펄럭이는 '하얀 유령'이 되어서 스타니슬랍스키 시스템에서 '주어진 상황'과 반드시 함께하는 '가정'을 잡아먹고 고약하게 둔갑술을 부리고 있기 때문입니다. 이제, 그만 끊어냅시다. 어떻게요?

시간차의 맥락에서 '만일'을 제 위치 시켜버리면 해결되는 문제입니다. 태어날 때의 그 시간에 붙들어두면 됩니다. 그렇습니다. 딱 '배우 수업' 단계에 위치시키기만 하면 되는 겁니다. '만일'은 연기를 처음 배우는 학생들을 위한 상상력의 지렛대였다는 것만 알면 되는 겁니다. 눈이 번쩍 띄는 말이지요? 문제가 있으면 답도 있습니다. 『배우 수업』에서 바로 확인할 수 있습니다.

연출 선생님이 힌트를 주셨다. "그러면, 자네 자신에게 이렇게 말해봐라. '나는 나다. 하지만 만약에 내가 한 그루 늙은 떡갈나무로서 어떤 특수한 상황에 서 있다면, 과연 어떻게 할 것인가?' 그런 다음, 자네가 서 있는 곳이 숲인지, 목장인지, 산꼭대기인지 결정해라. 어디든 가장 마음에 드는 곳을 택해라."

_스타니슬랍스키,『배우 수업』, 제4장「상상력」

그렇습니다. 이렇게 배우가 되는 준비 과정으로 '특수한 상황'에 제 위치 시키는 것입니다. 그런 맥락에서 '나는 나다'라는 말이 아주 중요합니다. 그다음은 '내가 한 그루 늙은 떡갈나무로서'입니다. 신체 이입이라는 상상의 과정이 필요합니다만, 말해두어야 할 것은, 샌포드 마이즈너와 우타 하겐이 이해한 그대로 '한 그루 늙은 떡갈나무로서'는 '대체'입니다. 스타니슬랍스키 시스템에서의 '만일'은 '만일, 나라면'이 아닙니다. '만일'은 상황을 상상해내는 마법입니다. '만약에, 내가 한 그루 떡갈나무라면'인 것입니다. 다시 말해서 '만일 내가 그 배역으로서 어떤 특수한 상황에 서 있다면'인 것입니다.

그런데 희곡에는 이미 모든 상황이 주어져 있습니다. 특히 '배역의 생활화'와 관련해서 '만일'의 올바른 적용은 '내가 아닌 그 인물로서 어떤 특수한 상황에 놓이면 어떻게 행동할까?'에 대한 답을 찾고, 그 행동을 배우인 나의 신체로 실행하는 것입니다. 행동이 연기의 기초이며 기반입니다.

193

올바른 적용은 『배우 수업』 시스템 과정 중 에뜌드와 같은 작업이 필요합니다. 에뜌드라는 즉흥 창작 과정은 스토리텔링을 작가적 상상력의 도구로 적용하는 것입니다. 학생들에게 '만약'을 제대로 학습시키려면 스토리 창작부터 연기 행동 창작에 이르기까지의 에뜌드 창조 과정을 교육해야 합니다. 그러나 유감스럽게도 우리 연기 교육 과정에는 그런 과정이 없습니다. 마스터가 없으니까요. 결국 배우 각자가 위대한 스승들이 남긴 기록을 통해 스스로 해결해야 합니다. 그런 의미에서 마스터로 와주신 오순택 선생님께 배운 배우들은 어마어마한 행운이었다는 겁니다.

처음부터, 미국에서도 스타니슬랍스키 메소드가 들어와서 아메리칸 메소드로 변형되고, 한참 스트라스버그 스쿨에서 시스템을 가르칠 때도, 그때가 60년대였는데, 그때도 왜 *magic if*가 필요한지 이해를 못 했어.

아메리칸 메소드 삼인방의 개별적이고 부분적인 수용이 있기는 했지만, 완비된 스타니슬랍스키 연기 시스템을 도입하지 못한 것은 미국도 한국과 마찬가지였을 겁니다. '가정 원칙'과 함께 '감정과 행동'의 관계까지 스타니슬랍스키 시스템을 제대로 설명해주는, 스타니슬랍스키와 동시대 미국의 심리학자 윌리엄 제임스의 심리학 이론이 총정리된 『심리학 이론』이 재조명받기 시작한 것이 1960년 이후, 본격적으로는 1980년대였으니까요. 주어진 희곡으로 작업할 수밖에 없기는 미국에서도 같은 상황이었을 겁니다. 다시 말해서 『배우 수업』 시스템 과정이 없는 상황에서는 '만일'이란 작업은 거의 의미가 없었다는 겁니다. 그런 상황에서 배우가 해야 할 일은 이미 작가로부터 모든 이야기가 주어진 상황에서 행동을 찾는 겁니다. 자, 그러니 스승께서 말씀하신 대로 그냥 주어진 상황으로 들어가면 되는 겁니다.

너무나 자명한 일인데, 배우로서 올바른 태도를 가지고 있다면 '만일'의 오지랖은 아무 힘도 발휘할 수 없습니다. 그러니 자신의 정체를 분명히 하세요. 배우든, 초보 연기 지망생이든, 아니면 연기 지망생을 가르치는 선생이든. '만일'은 희곡 이전에 준비 과정에서 상상력 훈련을 위한 도구입니다.

이야기를 만들어야 하는 경우가 아닌 배우에게는 항상 대본이 있습니다. 대본에 주어진 상황으로 들어가면 되는 겁니다. '만일'에 집착하는 단 하나의 이유는 배우가 희곡에서 행동을 찾아내는 극적 지성을 장착하지 않았을 때뿐입니다. 지금 내가 쥐고 있는 것을 가지고 해야지요. 나와 내 손에 쥔 희곡. 실제로 연기력을 갖춘 배우들에게 장착돼 있는 재능은 바로 희곡을 이해하고 배역의 상황을 잘 파악하는 능력입니다. 상황이 있다면 무엇을, 왜 해야 하는지 상상하고 찾아내기는 어렵지 않습니다. 상상도 중요하지만, 대체 역시 다양합니다.

만약 연기를 10년 이상 했는데도 '만일'의 오지랖에 붙들려 있다면 정말 심각한 일입니다. 늘 그 자리에서 헤맬 것이니까요. 한시바삐 빠져나오길 바랍니다. 그리고 다시 '주어진 상황'

을 기초로 해서 희곡 해석 훈련을 미친 듯이 해야 합니다. 지름 길은 아닐지라도 올바른 길인 것은 분명합니다. 그리고 올바른 삶이 지름길과 무관하듯 올바른 연기의 길도 지름길과 무관합 니다. '감정'에 빠져버릴 수 있는 재능과도 무관합니다. 만약 연 기를 10년 이상 가르치면서도 '만약'에 붙들려 있다면 더 심각 합니다. 그 자신은 물론 배우는 사람의 앞길에 치명적이니까요. 그 점은 스타니슬랍스키 이전에도 그렇고 이후에도 같습니다. 천재 아닌 배우에게 가장 최적의 길은 우선 디드로적인 배우가 되는 것뿐입니다.

> 사람한테 천부적 자질과 용모, 목소리, 판단력, 섬세함 등을 주는 것이 자연이라면, 자연이 준 재능을 완성시키는 것은 위대한 전범(典範)들에 대한 연구, 인간의 마음과 사회의 관 례에 대한 지식, 꾸준한 노력, 경험, 연극에의 익숙함 등이 지요.
>
> _드니 디드로, 『배우에 관한 역설』

한국 배우 지망생들은 대부분 타고난 재능에만 매달리는 경향 이 있지요. 그 결과는 결국 그대로의 자신일 뿐 그 무엇도 아니 게 됩니다. 디드로의 저 말에 귀 기울여보면 연기를 위해 스스로 무엇을 해야 할지 알 수 있습니다. 자신이 가진 재능이 무엇인지 아는 것, 그리고 '그 재능을 완성시키는 것은 전범(典範: 본보기가 될 만한 모범)들에 대한 연구, 인간의 마음과 사회의 관례에 대한 지식, 꾸준한 노력, 경험, 연극에의 익숙함'입니다.

먼저 희곡 탐구, 인물 탐구 방법을 알려주는 최고의 전범은 단연코 아리스토텔레스『시학』입니다.『시학』을 전범으로 해서 많은 사람이 희곡 탐구, 인물 탐구 방법을 알려주는 책을 썼습니다. 그러나 원전을 탐구하는 것이 옳습니다. 디드로의 말대로 천재가 아닌 이상 사이를 메꿀 방법은 공부와 꾸준한 노력, 경험, 연극에의 익숙함입니다.

그런 맥락에서 지극히 디드로적인 배우이신 스승께서 '왜 magic if가 필요한지' 이해 못 하시는 것은 너무나 당연한 일입니다. 스승의 삶을 짐작해봐도, 스승과의 5년을 기억해봐도 스승께서는 대단히 디드로적인 배우입니다. 디드로적인 배우이기 때문에 '신체시정적 접근' 방법에까지 도달한 것입니다. 그 점은 스타니슬랍스키도 같습니다. 디드로적인 배우이기에 연기 시스템을 만들어낸 것이지요. 스타니슬랍스키 역시 대단히 디드로적인 배우입니다. 알기 쉽게 현재 한국 배우를 예로 들자면, 배우 한석규가 거의 디드로적인 배우일 것입니다. 그의 연기를 주의 깊게 관찰해보면 알 수 있습니다. 아무튼 그런 맥락에서 스승께서 한 말에 주목해주기 바랍니다.

> 배우가 감수성이 강하고 자아의식이 뚜렷하면 그 상황에 직접 들어가게 되는 거지, 굳이 그런 말들이, 그런 테크닉이 필요하지 않다고 생각해.

197

　　감수성과 자아의식. '배우가 감수성이 강하고 자아의식이 뚜렷하면' 당연히 '만일'에 휘둘리지 않겠지요. 감수성은 감성과 다릅니다. '감정수입'의 능력입니다. 감정 자체와는 완전히 다릅니다. 희곡과 관련해서는 주어진 상황을 받아들이는 능력입니다. 주어진 상황을 받아들이는 능력은 희곡 이해를 토대로 합니다. 그리고 내가 『칼을 쥔 노배우』 공저자들의 기록에서 확인한 바로는, 자아의식은 '자기 인식(self-awareness)'을 말하는 것입니다. 자의식으로 오해하면 안 됩니다.

　　21세기라는 완전히 새로운 세기가 열렸고, 코로나 팬데믹 이후 한국의 21세기 배우들 역시 큰 도전에 직면했지요. 이것이 젊은 배우들에게는 오히려 기회일 수 있습니다. 누구랄 것도 없이 모두가 현재, 지금 자기 위치에서 시작해야 합니다. 연극은 자본의 논리에서 벗어나 예술로서 도약하거나 변방으로 찌그러지거나 둘 중 하나일 것이고, 매체 연기의 경우 경쟁이 극심해져서 기회를 얻기조차 힘든 것이 현실입니다. 사다리는 간격이 점점 더 벌어지고 또 아득하게 길어지면서 휘어지고 있습니다.

　　지금 배우의 길을 가고 있다면 눈을 뜨고 귀를 열고 현실을 정확히 직시하세요. '만일'이란 환상에 휘둘리지 말고 무엇으로 '대체'할 수 있을지를 고민하세요. 그리고 디드로의 충고를 따르세요. 배우로서 해야 할 일을 하세요. 그리고 배역이 주어졌을 때는 희곡을 읽고 또 읽어야 합니다. 희곡에 답이 있습니다.

　　희곡의 내적 의미에 대한 배우의 초기 이해란 어쩔 수 없이 극히 막연할 수밖에 없다. 작가의 극작 과정을 단계별로 추적하면서 철저하게 연구하지 않고서는, 배우는 대개 희곡의 심층부에 다다를 수 없다.

_스타니슬랍스키, 『배우 수업』, 제13장 「끊어지지 않는 선」

사실 제자의 말에서 이미 분명하게 문제 해결의 하얀 유령의 꼬리가 잡힙니다. 제자 자신이 학생들을 가르치면서 "만일 너라면 어떻겠어?"라고 물었더니 '생각해보는 계기'가 되었다는 것 말입니다. 무슨 일이 일어났습니까? 인물에게 주어진 상황을 자신에게 적용시켜보는 계기를 준 것입니다. 그 상황이 어떤 상황인지 구체적으로 상상할 수 있어야 행동을 찾을 수 있으니까요. 결국 행동을 상상해내는 계기가 된 겁니다. 그리고 그 상황이란 바로 '희곡'입니다. 그러니까 '만일'은 상황, 즉 '희곡'을 통해 연기 행동을 '상상하는 계기'를 만드는 겁니다. 특히 이미지를 통해 스토리텔링을 하는 계기를 주는 것이지요. 여기서 분명히 해야 할 문제는 배우로서가 아니라 배우는 학생들에게 준 계기였습니다. 그리고 학생이라 해도 상상력이 부족해서 '만일'이 제구실을 못 하면 어떻게 합니까?

방법이 있습니다. 방법이 없을 리 없습니다. 아리스토텔레스 『시학』에서 알려주는 스토리텔링 기술입니다. 비극의 스토리텔링 기술은 '밈'이 되어 2400년 가까이 전달되고 있는 극적 지성의 정수입니다. 그리고 드니 디드로의 『배우에 관한 역설』에서 비롯한 '연기 역설'의 기술도 있습니다. 물론 읽어내는 일이 그리

쉽지는 않습니다. 나 자신도 12년 전『시학＆배우에 관한 역설』(2013)을 써내고도 다 풀지 못해서 지난 12년 동안 고쳐 읽어야 했습니다. 왜 그렇게까지 하느냐? 연기술의 유전자가 거기 고스란히 있기 때문입니다. '위대한 비극의 고원'에 이르는 근원적이고 근본적인 기술이 거기 있기 때문입니다.『배우에 관한 역설』은 물론『배우 수업』의 뿌리 역시『시학』입니다. 자신만의 연기 방법을 모색할 수 있는 토대가 될 겁니다.

스승께 '만일'이 필요 없었던 데는 다른 이유도 있습니다. 스타니슬랍스키로 연결되는 중간 고리, 바로 아메리칸 메소드 삼인방 중 한 사람인 샌포드 마이즈너의 영향입니다. 지금까지 말한 대로 마이즈너의 책을 통해 확신하게 되었습니다. 스타니슬랍스키 – 샌포드 마이즈너 – 오순택으로 연결됩니다. 스승께서는 네이버후드 연기 학교에서 연기를 배웠습니다. 네이버후드 연기 학교는 1928년 설립되었고, 1935년 샌포드 마이즈너가 합류해 그를 중심으로 미국 내 많은 할리우드 스타를 배출한 세계적 연기 학교입니다. 그리고 스승께서는 1962~1963년에 그 학교를 다녔습니다.

물론 직접적인 접점은 확실하지 않습니다. 하필이면 간발의 차이로 1962년부터 2년간 샌포드 마이즈너가 그 학교를 떠나 있었습니다. 그리고 선생님이 마이즈너를 언급한 적도 없습니다. 그러나 그 학교 연기 교육의 중심 체계는 이미 샌포드 마이즈너의 연기 테크닉이었으므로, 직접적으로 배우지 않았다고 해도 마이즈너의 연기 테크닉을 흡수했으리라 추측할 수 있습니다.

스승과 마찬가지로 샌포드 마이즈너는 리 스트라스버그의 '정서 기억'을 회의적으로 보았습니다. 물론 그와 마찬가지로 '정서 기억'에 대해 회의적이었던 스텔라 애들러가 '상상력'에 유난히 주목하는 것에도 전적으로 동의하지는 않았습니다. 어쨌든 '만일'을 그렇게 중요하게 여기지 않았다는 것입니다. 그의 정체성은 다른 길을 필요로 했던 것이지요. 마이즈너는 배우가 '정서 기억'을 떠올릴 때 극의 흐름을 단절시키고, 그로 인해 상대 배우와의 교감이 끊어진다는 것을 발견한 겁니다. 그래서 마이즈너는 '교감'에 더 주목했습니다. 그에게는 희곡에 주어지는 '상황'과 '관계'가 더 중요했던 겁니다. 스승께서 시스템의 영향을 마이즈너에게서 이어받았다는 것을 전제로 할 때, 그렇게 퍼즐이 맞춰집니다.

마이즈너가 그랬듯이 스승께도 정서 기억과 상상의 지렛대였던 '만일'은 연기에 별로 상관이 없는 도구였습니다. '상황'과 '관계'를 더 중요하게 생각했으니까요. 스승께서 '왜 magic if가 필요한지' 이해를 못 했던 것은 너무 당연한 거지요. 이해할 필요도 없고, 이해하려고 하지도 않을 수밖에 없는 거죠. 여러 사실적인 정황으로 미루어 생각해볼 때, 마이즈너는 직접적으로 스타니슬랍스키에 대한 자신의 이해를 바탕으로 테크닉을 개발한 것이고, 스승께서는 연기에 대한 자신의 이해를 바탕으로 연기 방법을 찾아가는 길에서 마이즈너 연기 테크닉으로 시작했기 때문에 다양한 방향을 모색하며 알게 모르게 스타니슬랍스키 시스템과의 연결이 생겨난 겁니다.

　　그런데 최근 검색해보니 뒤늦은 바람이 불어 샌포드 마이즈너의 테크닉으로 워크숍을 심심찮게 하더군요. 스승의 제자 중 한 사람이 마이즈너 테크닉과 관련된 논문을 쓴 것도 발견했습니다. 그리고 2024년에는 내가 계속 언급하고 있는 『샌포드 마이즈너 연기 테크닉』이 번역되어 나왔습니다. 그래서 꼭 짚고 넘어가야 할 사안들이 있습니다. 오순택 선생님의 제자들이 스승께 배운 과정은 이미 스승이 배우로 사는 동안 아주 많이 진화시킨 오순택 선생님만의 연기술입니다. 당연합니다. 마이즈너와 오순택 선생님의 정체성 차이 역시 현저하니까요. 연기 방법은 배우들의 정체성의 다양성만큼이나 다양해질 수밖에 없습니다. 그래도 제자들의 기록을 잘 파보면 영향 관계의 흔적이 꽤 있습니다. '스타 등장(star entrance)'도 그중 하나입니다.

> 처음 연기실습을 하면서 가장 힘들었던 부분은 장면의 첫 부분만 반복하다가 너무 많은 시간을 보냈다는 점이다. 10분짜리 장면을 발표할 경우, 먼저 한 번 보신 후 처음부터 해보자고 말씀하시는데, 3시간에 달하는 시간 동안 오직 초반 1분을 연습하는 데 시간을 다 쓰시는 경우가 많다.
>
> ＿김동완, 『칼을 쥔 노배우』

　　바로 샌포드 마이즈너의 'repetition exercise', 반복 훈련에서 진화된 것이라고 할 수 있습니다. 그리고 그 뿌리는 스타니슬랍스키 시스템입니다. 스승은 이미 젊은 시절 진즉 마이즈너의 테크닉을 체화하셨고, 단계를 넘어 마이즈너 테크닉을 좀 더 유용하고 효과적으로, 자신만의 연기술로 진화시킨 것입니다. 어쨌든 첫 등장의 훈련 속에 숨겨진 시스템과의 영향 관계에 대해 명확히 말할 수 있습니다. 나 자신 스타니슬랍스키 시스템으로 그렇게 '등장' 훈련을 받았기 때문입니다. 그래서 나 또한 선생님을 만나기 전부터 이미 배우들을 그렇게 가르쳤습니다. 물론 선생님과는 조금 다릅니다. 나는 공간 장악을 핵심으로 첫 등장을 훈련시킵니다. 연습 때도 공간에 완전히 적응할 때까지, 관객을 장악할 수 있을 때까지 '등장' 연습을 반복합니다. 그렇게 해서 배우는 '진짜' 무대에 배역으로 존재하게 되고, 관객은 '처음부터' 그 존재를 믿는 거니까요.

> 우리는 이러한 교육을 받은 적이 없었다. 배우의 첫 등장이 가져야 할 이 어마어마한 과제는 불과 3, 4초 만에 이루어져야 한다.
>
> _ 김동완, 『칼을 쥔 노배우』

충분히 이해되는 말입니다. 나 역시 시스템을 기반으로 한 연기를 배우면서, 또 가르치면서 경험했던 일이니까요. 어떻게 변화해갔을지 상상이 됩니다.

그러나 관객의 대신으로서 연기수업을 관찰하던 우리들은, 동료 배우가 이 네 가지를 짧은 순간에 이루려고 노력하면

 할수록 '그냥 배우'에서 '진짜 주인공'으로 변해가는 과정을
눈으로 목격하고 말았다.

_ 김동완, 『칼을 쥔 노배우』

여기에서 제자가 말한 네 가지는 '관계'와 관련된 다음 네 가
지 요소를 말합니다.

1. 상대 배우와 관계를 맺어야 한다.
2. 무대 위에 존재하는 모든 요소(무대, 대도구, 소품)와 관계를
   맺어야 한다.
3. 캐릭터를 드러내야 한다.
4. 관객과 관계를 맺어야 한다.

_ 김동완, 『칼을 쥔 노배우』

'상황'과 '관계'를 중요시했다는 점은 앞에서 이미 말했습니
다. 스타니슬랍스키 시스템을 근간으로 해서 이어진 마이즈너
연기 기술의 흔적이 진화된 형태로 제자들 기록 곳곳에 있습니
다. 마이즈너는 연기에 대해 '주어진 상상 속 상황'에 사는 것이
라고, 배우들에게 캐릭터를 자기 스스로를 향해 끌어당기지 말
아야 한다고 가르쳤습니다. 그리고 그는 배역의 눈으로서 배역
이 보는 것을 보고 배역이 필요로 하는 것을 추구해야 하며, 배
역을 평가하거나 비평하지 말아야 한다고 가르쳤습니다. 연기
의 역설입니다.

그리고 사실 '첫 등장'이 가져야 할 그 어마어마한 과제는 연극의 본질로부터 비롯된 겁니다. 그런 이유로 3000년의 축적일 뿐만 아니라 동서양 연기 예술에서 동시에 중요했던 겁니다. '처음 – 중간 – 끝'이라는 아리스토텔레스 『시학』에서 비롯된 노하우는 이미 충분히 알고 있는 사실이고, 동양의 경우 제아미가 첫 등장을 흥행의 성패를 예견하는 '지난(至難)의 경지'라고 했습니다.

> 타이밍을 놓치지 않고 등장해 '잇 – 세이[—聲]'를 소리 높여 읊조리면, 좌중도 바로 그 타이밍에 이끌려 모든 사람의 마음이 배우의 연기에 융화되며 진지한 분위기가 창출되니, 여기까지만 오면 그다음은 어찌 연기하든 그날의 흥행은 성공리에 끝나게 마련이다.
>
> _제아미, 『풍자화전』

특히 스승께서 왜 '첫 등장'을 그렇게 오래, 완벽해질 때까지 반복해서 연습시키셨는지 완전히 이해되는 지점입니다. 그다음 문제인데, '신체행동법이 스타니슬랍스키가 오랫동안 시도한 결과물'이라고 한 제자의 말에 시스템을 계승하고 연구해온 한 사람으로서 나는 동의할 수가 없습니다. 신체행동법은 결과물이 아니라 시스템 구축 과정 전체를 관통합니다. 스타니슬랍스키가 평생(60년, 1갑자의 시간이지요.)에 걸쳐서 했던 작업인 시스템은 그 자체로 '배역의 신체행동 탐구를 위한 배우의 자신에 대한 작업'

이었습니다. 예지 그로토프스키는 시스템을 배운 뒤에 '가장 완비된' 연기술이라고 했습니다.

스타니슬랍스키 시스템은 개인 정체성에 맞물리면서 적용되게 되어 있습니다. 다시 말해서 시스템을 작동시키는 것이 배우의 정체성이라는 말입니다. 배우의 정체성을 말해주는 '태도'를 『배우 수업』 제1장의 주제로 하는 이유입니다. 배우가 자신에 대해 아는 것은 시스템을 작동시키는 데 필수입니다. 시스템이 배우에게 적응하는 체계인 것입니다. 시스템이기 때문에 시간도 공간도 상관없습니다. 스타니슬랍스키 시스템을 뿌리로 해서 세계적으로 다양한 연기 테크닉이 나올 수 있었던 이유입니다. 21세기 한국에서도 여전히 적용이 가능하고, 또 최선이고 최적입니다. 그것이 스타니슬랍스키가 자신의 연기 방법에 대해 단호하게 시스템이라고 명명했던 이유입니다.

나 역시 분명히 말할 수 있습니다. 스타니슬랍스키 시스템을 제대로 익히고 풀어온 덕분에 스승의 '신체시정적 접근' 방법을 이만큼까지 모색해볼 수 있었습니다. 그리고 바로 그런 이유로 스승의 '신체시정적 접근' 방법을 우리 배우들에게 좀 더 적합한 연기술로 자리매김할 수 있게 해야겠다고 생각했습니다. 또 스승의 가르침을 이해하면서 스타니슬랍스키 시스템의 진가를 더 분명히 확인할 수 있었습니다. 두 대가의 계승자로서 내 현재 상태에 대한 인정에 두려움이 없습니다. 현재의 나는 '만약'을 '대체'하는 것을 비롯해서 시스템을 연기에 적용하는 것에 대단한 유연성을 가지고 있습니다.

안톤 체호프의 〈갈매기〉에서 뜨리고린이라는 배역을 한다고 해봅시다. '뜨리고린, 그는 누구인가?'에 대한 답을 찾으면 됩니다. '뜨리고린은 작가입니다. 2류 작가입니다. 열등감이 있습니다.' 등등입니다. 내가 아니라 '뜨리고린이라면'으로 일상의 내 모든 행동을 바꾸어보는 겁니다. 그러니까 '내가 만약'이 아니라 내가 배역 '뜨리고린이라면'이어야 합니다. 중요한 것은 무엇보다도 뜨리고린을 제대로 해석해내는 것이지요. 그런 다음 뜨리고린이 할 수 있는 행동, 생각을 생활해보는 겁니다. 실제로 배우 연기를 끌어올리는 데 유용합니다.

시스템을 제대로 풀어내니 데클란 도넬란의 저서 『배우와 목표점』 또한 단순한 책이 아니라 배우에게 매우 유용한 '기술'로 바뀌었습니다. 앞에서 미루었던 얘기입니다. 스타니슬랍스키의 '만일'이라는 '상상의 지렛대' 역시 '연기 역설'의 기술 '이견의 견'의 관점으로 바꾸어내면, 배우에게 실질적인 기술이 된다는 것입니다. 이제 스승께서 생각을 자꾸 바꾸신 당위성이 자명해질 겁니다.

우리 배우들이 계속해서 'magic if'를 심폐 소생시키려고 한 것, 대화가 'magic if'를 중심으로 헛돌고 있었던 것, 이 모두가 스타니슬랍스키 시스템을 시스템 전체로 공부하지 않았기 때문입니다. 스승께서는 배우들이 배우의 진실과 무대의 진실이 다르다는 것을 구별하지 못하는 데 대해 'magic if'와 연관 지어 "magic if에 얽매여 있기 때문으로, 그런 까닭에 배우의 진실이 인물의 크기(size)를 배우의 크기(size)로 축소시키는 결과를 초래

했다."고 하셨습니다. 인물 사이즈를 자신에게 맞춰 축소하지 말라는 가르침입니다. 거꾸로 자신을 인물 사이즈로 확장해내라는 말이겠지요. 물론 스승이 몸으로 겪어낸 깨달음입니다.

스타니슬랍스키는 평생 바뀌었습니다. 스타니슬랍스키 시스템은 스타니슬랍스키가 평생 계속해서 바꾼 결과로 나온 것입니다. 스타니슬랍스키의 『배우 수업』을 공부해보면 알겠지만, 시스템 탐구에서 '집중과 선택'은 불가능합니다. 사람마다 생각과 그 생각에 따른 시스템의 작동이 다르고, 무엇보다도 각자의 연기 재능이 모두 다르기 때문입니다. 그런 이유로 연기 기술의 적용 역시 '집중과 선택'이 불가능합니다. 그것이 스타니슬랍스키 시스템이 전체적으로도, 또 개별적으로도 적용이 가능해진 비밀입니다. 그리고 스타니슬랍스키가 시스템을 구축할 수 있었던 것도 강점 재능이 모두 다른 다양한 제자들을 많이 만날 수 있었기 때문입니다. 스타니슬랍스키 역시 그 각각의 제자들의 강점 재능을 끌어 올려줄 방법을 찾으려고 하다 보니 계속해서 다양한 길을 모색할 수밖에 없었던 겁니다.

이 점도 두 대가의 공통점입니다. 스승께서도 제자들을 가르친 13년 동안 생각이 계속 바뀌셨고 진화하셨던 것과 같습니다. 아리스토텔레스의 『시학』이 그렇듯이 스타니슬랍스키 시스템 또한 연극과 연기 예술에서 인류 전체의 자산입니다. 21세기 이후에도 그것은 변할 수 없습니다. 다윈과 그의 진화론이 차지하는 위치와 맞먹는 위대한 유산입니다. 만 명의 배우가 있으면 만 가지의 연기 방법이 필요하지요. 스타니슬랍스키 시스템은 만

가지 방법이 태어날 수 있는 메소드 유전자 풀과 같습니다. 그러한 체계로 구축되었으니까요. 그래서 전 세계적으로 그토록 다양한 계승자들이 등장할 수 있었던 것입니다.

아메리칸 메소드 삼인방의 존재도 그렇고, 할리우드에 연기 고수가 많을 수밖에 없는 것도 너무나 당연한 겁니다. 앞서 말한 것처럼 시간도 공간도 상관없습니다. 누구든 계승자가 될 수 있고, 연기 고수가 될 수 있고, 어디든 제2의 할리우드가 될 수 있습니다. 그런 의미에서 할리우드에서 연기력으로는 최고였던 연기 고수가 우리 곁에 있었다는 것은 여전히 유의미합니다. 스승의 연기는 한국 무대에서는 결코 볼 수 없던 연기였습니다. 우리가 세계로 나가려면 스승만 한 연기 고수를 키워내야 하는 겁니다. 그러니 오순택 선생님이 걸었던 길은 우리 배우에게 나침반이 되어줄 겁니다.

다시 말합니다. 스타니슬랍스키 『배우 수업』에 등장하는 '만일'은 학생이나 초보자를 위한 겁니다. 러시아에서는 보통 우리 나이 15~16세가 되면 네 단계에 걸쳐서 연기 학교 시험을 봅니다. 재능이 검증되어 입학하면, 1~2학년 과정은 온통 이야기를 상상하고 연기로 연결하는 에뛰드 과정이지요. '만일'이라는 표현을 직접적으로 쓰지는 않습니다. '나한테 무슨 일이 일어날 수 있을까?'라는 구체적 '사건'을 고민하는 것과 함께 상황을 상상하는 것이지요. 특히 배우가 상상력이 풍부해서 합이 맞는 경우 그놈의 덜미를 잡아서 날아올라요.

러시아에서 세 번에 걸쳐 1학년 수업을 경험하면서 목격했는데, 1~2학년 과정에서 상상력을 단단히 다진 학생들은 그다음 과정을 가볍게 통과하는 것은 물론, 졸업할 때쯤엔 진짜 상상력에 시스템의 날개를 달고 날아오릅니다. 바로 그런 과정이 우리에게는 없는 겁니다. 속상한가요? 나도 마찬가지였습니다. 러시아에서 공부하며 상상력이 뛰어난 어린 친구들에게 날개를 달아주는 스타니슬랍스키 시스템이 정말 부러웠어요. 그러나 지금은 아닙니다. 그 하얀 유령 '만일'을 끌어내려 복종시키는 방법들이 있으니까. 두 개의 다리 중 나머지 '이견지견'을 장착하면 되니까. 그런 맥락에서 '만일'에 덜 흔들리는 제자의 생각을 봅시다.

김종태 나는 magic if나 정서 기억을 그렇게 정리를 했던 거 같아. 연습에서는 유용할 수 있다. magic if도 스타니슬랍스키의 독자적인 개발이 아니라 발견이라고 생각하고 있어. 기초단계에서의 메소드가 아닐까? magic if로 접근하면 배우는 진실할 수는 있겠지만, 인물을 소화할 수 있을까? 오히려 오순한 선생님께 여쭙고 싶은데… 신체행동법이 스타니슬랍스키가 오랫동안 시도한 결과물인데… 시스템을 공부하는 사람들이 그 점은 간과하고 굳이 'magic If'부터 시작하는 건 아닌지?

오순한 magic if라는 말 쓰임에 문제가 있습니다. 시스템에서 '정서 기억'의 장치로 쓴 말은 'if(만일에)'였지요. magic이라는 말을 원래부터 그렇게 하나의 단어였던 것처럼 붙여서 쓴 것이 아니지요. 전체적으로 시스템 안에서 'if, 만일에'는 기술이 아니라 정서 기억을 위한, 다시 말해서, 'if, 만일에'는 배우 자신이 예전에 겪었던 희·로·애·락… 모든 정서들의 총체적 복합체 안에서 배우가 필요할 때마다 경험들을 끄집어낼 수 있는 키워드로서 사용하는 말일 뿐입니다.『배우 수업』에서 '정서 기억'에 배당된 것은 제9장 단 한 장일 뿐입니다.

_『칼을 쥔 노배우』,「후기를 대신하여」

물론 '정서 기억' 역시 시스템의 내적 창조 요소로서 매우 중요합니다. 그 증거는 물론 지극히 단면적이기는 하지만, 리 스트라스버그의 연기 메소드겠지요. 계속해서 잘 풀어나가기 위해 제자가 저에게 던진 질문에 대한 대답을 먼저 정리해보겠습니다.

오히려 오순한 선생님께 여쭙고 싶은데… 신체행동법이 스타니슬랍스키가 오랫동안 시도한 결과물인데… 시스템을 공부하는 사람들이 그 점은 간과하고 굳이 'magic If'부터 시작하는 건 아닌지?

'오순택과 스타니슬랍스키'에 대해 모색 중이라고 했던 제자였으니 혹 지금은 스스로 풀어냈을지도 모릅니다. 나 또한 다행히도 이제 보다 명확히 대답할 수 있게 됐습니다.

스타니슬랍스키가 평생 단계별로 연기 방법에 대해 모색했던 총합으로, 우리가 알고 있는 『배우 수업』으로 압축된 바로 그 체계를 갖추게 된 것이 현재 러시아 연기 교육의 시스템입니다. 그리고 그 시스템 자체가 바로 신체 행동법을 위한 체계입니다.

다른 기회에 제대로 밝힐 것인데, 시스템을 띄엄띄엄 공부한 사람들에 의해서 잘못 수용된 겁니다. 이러한 잘못은 시스템, 시스템 하면서 무엇을 시스템이라고 하는지 모르는 데서 시작된 겁니다. 우선 '시스템을 공부하는 사람들'의 범위를 어떻게 생각하는지 모르겠으므로, 내가 시스템을 배운 러시아 학교 기준으로 얘기하겠습니다.

기본적으로 스타니슬랍스키 시스템은 배우가 되기 전, 배우가 되기 위한 준비 과정으로서 '배우 자신에 대한 작업'으로 구축된 체계입니다. 그런 이유로 보통 러시아에서는 정규학교 과정이 끝나는 12학년 나이, 즉 16~19세의 나이에 연기 학교 시험을 봅니다. 19세 이상은 연기 전공으로는 거의 뽑지 않습니다. 러시아 역시 유럽 국가들처럼 가을학기에 시작되는데, 매해 입학 전 여름에 2개월에 걸쳐, 연기 전공의 경우 네 번의 실기 시험을 통해 재능이 확실하다고 판단되는 사람을 선별합니다. 인지과학의 관점으로 상상력이 고갈되기 시작하는 나이라고 이야기되는 25세가 되기 전 가능성을 만개시킬 수 있어야 하기 때문입니다.

연출 전공을 뽑는 것과는 좀 다릅니다. 연출 전공의 경우 네 번의 실기 시험과 마지막 인터뷰가 있습니다. 연출가의 창의성에 대해서는 창의성은 물론 지성까지 포함해서 판단하기 때문입니다. 오히려 20세 이상을 뽑습니다. 내가 배웠던 마스터 클라스만 해도 22세에서 29세까지 있었습니다. 29세 학생이 나였습니다. 다행히 나중에 내 절친이 된 28세도 있었습니다. 어쨌든 특히 1~2학년에 집중적인 시스템 교육 과정이 이루어지는데, 거의 『배우 수업』의 전 과정이라고 할 수 있습니다. 배우든 연출이든 3학년이 되어서야 실제 희곡으로 들어갑니다.

나는 1993년 9월 러시아 국립연극학교(GITIS)에 1학년으로 입학해서 스타니슬랍스키 시스템으로 연기와 연출 수업을 받았고, 남은 마스터 과정을 끝내고 연출 마스터 자격을 취득했습니다. 그리고 2005년에 다시 연출과에서 박사 논문까지 마쳤고, 연출 마스터 자격을 취득한 뒤 8년 만에야(반드시 실제 작업 과정을 통해서 자기만의 새롭고 실제적인 방법을 계발해야만 한다는 원칙이 있어서입니다.) 예술철학 박사학위와 교수(professor) 자격을 취득했습니다. 그러는 동안 모두 세 번의 『배우 수업』 시스템 과정을 배우고 경험했습니다(1~2학년 과정으로 한 번, 마스터 자격 시험을 보는 5학년에 어시스턴트로 한 번, 박사 논문을 쓰는 과정에서 교사로서 한 번 도합 세 번). 그리고 그 세 번의 '에뛰드' 과정에서는 물론이고, 모든 과정에서 단 한 번도 'magic If'부터 시작하는 건 보지도 못했고 듣지도 못했습니다. '사건'을 스토리로 짜서 믿어지는 연기로 보여줘야 했을 뿐입니다. 앞에서도 말했지만, 상상력은 이미 학생에게 가능성으로 잠재돼 있어야 하는 겁니다.

영어에서 *magic*이라는 단어가 *if*라는 단어보다 더 박력이 있다. 매직이라는 데에 우리가 현혹되지, *if*에 현혹되지 않지.

스승께서 정곡을 찌른 것입니다. 그러니 매직이란 속임수에 현혹되지 마세요. 미하일 체홉처럼 드물게 희귀한, 상상력이 뛰어난 천재가 아닌 다음에야 연기에 마법은 없습니다. 그리고 『배우 수업』에는 magic이라는 단어가 없습니다. '만약'이란 단어는 있습니다. 'magic If' 그 요망한 하얀 유령이 배우에게 잠재되었거나 혹은 고갈된 상상력을 심폐 소생할 수 없습니다. 오히려 그 반대입니다. 잠재된 상상력마저 아예 묻어버립니다. 거듭거듭 강조하는데, 이미 아이의 상상력이 사라진 상태에서는 만일은 유령 같은 것입니다. 시스템 과정의 '만일'은 아직 상상력이 만개될 가능성이 충분히 잠재된 16세에서 20세까지의 어린 친구들입니다.

오순한 스타니슬랍스키는 초지일관 갔어요. 스타니슬랍스키가 초기 시스템에서 '신체 행동'보다 '정서 기억'에 더 무게를 두었다는 그 사실도 너무 자의적으로 받아들인 결과지요.

이종무 우리가 일반적으로 듣기로는 스타니슬랍스키 초창기, 미국으로 건너간 아메리칸 메소드 역시 그런데, 인물의 내적 진실, 진실된 감정을 어떻게 끌어낼 것인가에 있어서, 매직 이프, 정서적 기억이 중요하게 다루어지고, 후기로 가면 진실된 감정을 이끌어내는 정서적 기억이라는 것은 배우의 의지에 따라 한 번 정도는 실현 가능하지만 반복해서 사용할 수 없고 감정이라는 것은 배우가 원하는 대로 불러올 수 있는 것이 아니지만, 행동은 배우의 의지대로 수행 가능한 것이고, 그 행동은 저절로 감정을 부른다고 그렇게 바뀐 것 아닌가요? 그렇게 이해하고 있는데요…….

오순한 앞에서 종태 씨가 한 말처럼, 학생에게 '만일 네가 그랬다고 생각해봐' 그러니까 그 학생이 감정을 찾기 시작한 것처럼, 스타니슬랍스키도 초보자들에게 '만일에'를 쓴 겁니다. 배우 수업 내용이 모두 초보자들을 지도하는 과정이라는 것을 생각해야 합니다. 배우 수업에서 분명히 그 말을 합니다. 제7장 '단위와 목표'에. 단위와 부분으로 나누는 과정이 필요한 것은 다시 거꾸로 전체로 돌아가기 위함이라고. 희곡 전체로 돌아가기 위해 지금 먹기 좋게 썰었을 뿐이라는 겁니다. 그리고 인물의 행동을 찾는다든지, 감정을 찾는 것들이 안 되면 안 될수록 더 잘게 부숴야 한다고, 그러면 디테일해질 것이라고. 하나의 목표, 등장인물의 행동을 창조한다는 하나의 목표를 위한 기술입니다. 시스템을 잘못 받아들인 사람들은 이 목표를 놓친 것입니다.

스타니슬랍스키가 만약 애초에 완성된 시스템을 가지고 교육했다면, 지금 우리가 전체적으로 검증할 수 있는 시스템으로 전달됐겠지만, 그게 아니에요. 지금 우리가 접하는 책들로 나오기 전까지 스타니슬랍스키 본인이 무수한 시행착

오를 하면서 실험을 했고, 그 실험을 재구성해서 가장 효율적인 순서와 체계로 구성한 것입니다. 개인적인 생각으로는 그런 이유에서 시스템 이후의 학교는 오히려 틀에 갇히는 단점이 있다고 봅니다. 그 이전의 실험 단계에서 배운 제자들은 오히려 자유롭게 스타니슬랍스키의 가르침을 자신의 판단으로 받아들였고, 틀이 없을 때 배운 제자들이 훨씬 자유로웠어요. 박탄코프도 그렇고 미하일 체홉도 그렇고. 그런데 오히려 시스템 완성 이후의 제자들은 거장이 없어요. 이를테면, 선생님께서 마지막에 했던 워크숍 내용을 정리한 내 원고와 초기에 배운 여러분의 원고를 살펴보면, 내 원고는 너무 잘 정리되어 있지만 여러분의 원고가 더 생생한 것들이 많아요.

_『칼을 쥔 노배우』, 「후기를 대신하여」

스타니슬랍스키 시스템은 대가의 연극 인생 60년, 1갑자의 결정체입니다. 그는 그야말로 연극에 '신들린' 배우, 연출, 마스터였습니다. 동양에서는 1갑자의 시간을 쏟으면 도(道)가 튼다고 말해요. 실제로『배우 수업』을 탐구해보면 진짜 제대로 된 도라는 것을 알 수 있습니다. 스타니슬랍스키는『오리지널스』의 저자 애덤 그랜트의 표현을 빌리자면, '실험적인 혁신가'입니다.

스타니슬랍스키가 탐구한 연기 방법들은 그로토프스키, 미하일 체홉과 타이로프, 크네벨 등 쟁쟁한 초기 제자들에게도 혁신이었고, 우스펜스카야와 볼레슬랍스키가 전해준 아메리칸 삼인방 메소드로 이어지는 그들에게도 그랬고, 내가 이미 완성된 시스템으로 배웠던 1990년대에도 물론 그랬고(스타니슬랍스키는 나의 30년 연극 인생에 가장 강력한 영향을 준 내 스승들의 스승입니다. 내가 공부했던 기티스 연출과 학부 연출 마스터였던 헤이페츠 선생님도, 또 연기를 가르쳐주시고 박사 논문 지도를 해주신 마스터 나탈리야 선생님도 스타니슬랍스키를 정통으로 계승했고, 이른바 마지막 남은 클래식이라고 불리던 20세기 말, 그 시대 마지막 계승자들이었습니다.), 지금도 여전히 혁신적인 연기 방법입니다. 그렇기 때문에 나는 시스템의 압축이라고 할 수 있는 『배우 수업』을 풀어내는 일을 내 남은 삶의 목표로 삼고 있습니다.

오순택 선생님의 내공도 만만치 않습니다. 연기 내공 40년에 마스터로서의 내공 13년을 더하면 53년입니다. 스승의 '신체시정적 접근' 방법은 53년 내공의 결정체입니다. 어떤 형태로든 스승이 원했던 뒷받침이 제대로 되었다면 '신체시정적 접근' 방법이 우리 배우들에게 더 구체적으로 실제적이면서 유용한 연기 접근 방법으로 완성되었을 것이 분명합니다. 천만다행으로 스승께 배운 제자들과 그 제자들의 기록 『칼을 쥔 노배우』가 남았고, 그 기록을 플랫폼으로 해서 내가 이 책을 쓸 수 있었습니다. 감사한 일입니다. 스타니슬랍스키 시스템이 제자들에 의해서 확장되었듯이 오순택 선생님의 '신체시정적 접근' 방법이 제자들의 기록을 토대로 우리 배우들에게 적합한 실제적 연기 메소드로 진화될 수 있습니다. 나 자신부터도 다시 점검하는 지금의 시점에서 꼭 보완할 점들을 보완하면서 좀 더 나은 한 걸음을 옮기고 있습니다.

한 가지 당부하고 싶은 것은, '신체시정적 접근' 방법을 탐구하는 데도 그렇고 스타니슬랍스키 시스템을 탐구하는 데도 그렇고, 무엇보다 우선해서 해야 할 '배우의 작업'으로서 배우 자신의 정체성을 구체적으로 속속들이 확인해야 합니다. 정말 중요합니다. 배우 자신의 정체성에 기술이 더해져서 자신에게 맞는 연기 방법으로 진화되는 것이기 때문입니다. 그런 이유로 샌포드 마이즈너 역시 '본연의 자기 자신'이 독창적 연기의 근원임을 역설했던 겁니다. 스타니슬랍스키 시스템을 작동시키는 열쇠 역시 배우 자신인 것과 같은 맥락입니다.

그렇습니다. 시스템은 배우의 정체성에 따라 다르게 작동합니다. 배우가 스타니슬랍스키 시스템을 개별적으로 수용할 때 그 점을 가장 먼저 인식해야 합니다. 이해하기 쉽게 감기약에 비유해보면, 감기에 대한 처방이 사람마다 증상에 따라 다 다른 것과 같습니다. 일반적으로 통하는 약이 있고 꼭 개인적으로 처방해서 조제하는 경우가 있는 것과 같습니다. 나는 스타니슬랍스키 시스템이 스승의 '신체시정적 접근' 방법을 완성하는 데도 반드시 필요하다는 것을 확신하고 있습니다. 그리고 제자들이 배운 경험이 집약된 생생한 기록(『칼을 쥔 노배우』)에 그 방법이 있다고 생각합니다. 그때 내가 했던 말은 지금도 역시 진실입니다.

이를테면, 선생님께서 마지막에 했던 워크숍 내용을 정리한 내 원고와 초기에 배운 여러분의 원고를 살펴보면, 내 원고는 너무 잘 정리되어 있지만 여러분의 원고가 더 생생한 것들이 많아요.

　　지금도 그 생각에는 변함이 없습니다. 실제로 제자들의 기록은 나에게 스승의 '신체시정적 접근' 방법을 모색하고 '오순택 연기 학교'를 설계할 수 있는 플랫폼이 되었습니다. 제자들 각자의 개성이 모두 다르니 받아들이는 것 역시 다양합니다. 마치 스타니슬랍스키 시스템을 계승하는 제자들이 각자의 개성대로 다양하게 받아들이듯이 말이지요. 정말 생생한 것들이 많습니다.

　　정서 기억 또한 스타니슬랍스키 '시스템'의 '내적 창조 요소'의 하나로서 '행동 창조'의 원동력인 감정의 화수분입니다. 다만 리 스트라스버그가 '정서' 측면만 너무 확대해놓은 것이 문제가 된 것입니다. 그 자신의 정체성과 너무 적합했던 거지요. '정서'가 인간관계에서 그 감응의 힘이 워낙 탁월하기 때문에 비율적으로 많은 사람에게 적합하고, 또 빠르게 습득된다는 점 또한 배우들이 리 스트라스버그의 이른바 '메소드연기'에 가장 쉽게 빠져버리는 이유인 겁니다. 물론 그런 이유로 리 스트라스버그 자신도 정서를 너무 중요하게 생각하게 됐던 것이고요. 그것에 대해 뭐라고 왈가왈부할 필요는 없어요. 그것은 리 스트라스버그의 정체성과 관련된 선택의 문제니까요. 그 방법이 맞아서 배우가 된 사람들도 많은 게 사실이기도 하고요.

　　반면에 '정서 기억'만으로는 부족했던 다른 두 사람, 스텔라 애들러나 샌포드 마이즈너의 선택 역시 그들 두 사람의 연기에 대한 태도에 의한 선택으로 스타니슬랍스키 시스템의 다른 '내적 창조 요소'를 택한 것이고요. 물론 그보다 더 가까운 제자들인 박탄고프, 미하일 체홉, 그로토프스키 등도 자신의 '정체성'을

 스타니슬랍스키 시스템과 결합하는 방향으로 적용하는 길을 택한 거지요. 그러니 번역본이라고 해도 원본을 읽으세요. 미국의 영화감독 짐 자무시가 이런 말을 했지요.

> "어떤 울림을 느끼거나 상상력을 자극하는 것이 있다면 망설이지 말고 훔쳐라. 고전 영화, 최신 영화, 음악, 책, 그림, 사진, 시, 꿈, 대화, 건축, 다리, 간판, 나무, 구름, 빛과 그림자……. 당신의 영혼과 맞닿아 있는 것을 훔친다면 당신이 훔친 것은 결국 당신만의 진품이 될 것이다."

재인용이라서 출처는 확인하지 못했습니다. 어쨌거나 짐 자무시 말에 전적으로 동의합니다. 나 자신 20여 년에 걸친 연출 작업과 연기 교육 작업을 그렇게 했기 때문입니다. 여기서 핵심은 바로 '당신의 영혼과 맞닿아 있는 것'입니다. 다른 사람의 영혼에 의해서 그 사람에게 맞게 변형된 것이 아니라. 연기를 위해 당신 자신을 정확히 알아야 하는 이유도 그렇습니다. 그런 맥락에서도 앞서 말한 것처럼 먼저 당신의 타고난 본성을 세세히 알아야겠지요. 자신에 대해서 세세히 아는 것뿐만 아니라, 자기 인식(self-awareness)의 단계까지 깊이 들어가야 합니다. 자신의 존재가치를 아는 것, 그것이 바로 스승이 가장 중요하게 생각했던 자기 인식의 단계입니다. 그 단계에서 구스타프 클림트를 모방한 에곤 실레가 결국 에곤 실레가 된 것입니다. 그러니 걱정하지 말고 원본을 훔치세요. 그리고 모방하고 또 모방하세요. Fake it until you make it. 당신의 것이 될 겁니다.

　오순택 선생님의 제자들이 스승을 존경하는 이유는 스승의 특별한 경험 때문만이 아닙니다. 그보다도 스승의 자기 인식이 특별했기 때문입니다. 예, 스승께서는 배우 일에 대해 가지는 자부심이 자신에 대해서도, 또 배우들에 대해서도 그 마음이 크고 특별했습니다. 나 또한 스승을 만나고서 어떤 일을 하든지 인생에서 자신을 아는 일, 자신의 존재가치를 발견하는 일만큼 중요한 것은 없다는 것을 가슴으로 깨달았습니다. 자신의 존재가치를 아는 사람만이 "시는 무엇을 의미하지 않는다. 존재해야 한다." 는 말의 의미를 알게 되기 때문입니다. 연기도 시와 같습니다. 이 문제는 다음 장의 핵심 주제입니다.

6장

나는 누구인가
(Who am I)

오순택 스타니슬랍스키는 그 당시에 가장 팽배한 연기 스타일인 결과 위주의 보여주는 연기를 깨기 위한 방법을 찾아서 가장 인간다운 선택을 하는 연기, 보여주는 연기가 아니고 정직한 연기를 탐구한 것이고, 그 양반이 고생을 한 덕분에 지금은 보여주는 연기라든지 결과 위주의 연기를 안 하게 된 거야. 우리가 생각해야 할 것은 '그러한 기술과 실천이 어떤 상황에서 나왔는가?' 그거지.

자꾸 생각이 바뀌는데, 배우가 작가가 만들어놓은 인물의 세계로 들어가는 것이 맞는 것 같다. 인물에 들어가는 것은 불가능하고 인물의 세계로 들어간다. 종무가 집에서는 아버지 역할을 하고 학교에 가면 선생의 역할을 하더라도 종무가 없어지는 것은 절대 아니지. 배우가 주어진 인물의 세계로 들어가는 것이지, 배우 자신이 없어지는 것은 절대 아니다. 같은 역할이라도 배우에 따라 달라지는 것이 연기의 재미 아닌가?

지금의 연기는, 어떻게 하면 관객하고 같이 주어진 상황을 경험할 수 있느냐가 문제야. 그런데 배우가 자기 색깔이 없으면 재미가 없어. 미국에서 메트로폴리탄 오페라의 레퍼토리가 거의 비슷해. 관객도 늘 오는 그 관객이 와. 배우가 바뀌는 거야. 예를 들면 종태가 햄릿을 하면 보러 가, 내일 종무가 하면 또 보러 가. 배우의 색깔이 다르기 때문이지. 민우가 킹 리어를 하면 민우의 킹 리어를 보러 가는 거지, 킹 리어를 보러 가는 게 아니야. 그래서 배우는 being이 중요한 것이지요. 배우라는 존재가 중요하다는 거지요. 테크닉은 그다음에 배워서 습득하면 되니까.

이종무 그 말씀은 간단히 정리하면 배우가 결국 어떤 사람인가가 중요하다는…….

오순택 그렇지. 그래서 배우에게 하늘의 축복과 극적인 지성이 필요하다는 거지. 하늘의 축복이 없으면 배우 못 해. 언젠가 얘기를 했는데, 배우가 무식하면 아무리 캐릭터가 돼 봐야 작가의 패턴을 따라갈 뿐이지, 희곡 자체를 깊이 이해를 못 하잖아. 캐릭터를 충분히 이해 못 하면 인물 창조를 어떻게 해? 그리고 배우가 캐릭터가 된다? 아니야. 작가가 창조해놓은 캐릭터의 세계로 들어가는 거지. 배우가 천부의 재능이 있으면 문제가 없다.

_『칼을 쥔 노배우』, 「후기를 대신하여」

　이 대화의 첫 번째 주제, 스타니슬랍스키 시스템과 관련해서 스승께서 강조한 '그러한 기술과 실천이 어떤 상황에서 나왔는가?'의 문제에 대해서는 대답이 간단하지 않습니다. 그저 그의 시스템을 탐구하면서 내가 알게 된 것은, 스타니슬랍스키는 연극에, 연기에 신들린 사람이었다는 것입니다. 멈추지 않고 진화했고, 결국에는 시스템을 구축한 것입니다. 『배우 수업』은 스타니슬랍스키가 60년이란 긴 시간에 걸쳐서 체계적으로 연기술의 혁신을 이루어낸 결과를 압축시킨 시스템입니다. 스타니슬랍스키 시스템은 연기술로는 가장 완비된 방법입니다. 한국에서는 아직 진가가 제대로 드러나지 않았습니다. 내가 『배우 수업』을 풀고 있는 첫 번째 이유입니다.

　60년, 1갑자는 인생을 아는 나이이기도 합니다. 그리고 어떤 일에 60년을 몰두하면 도에 이른다고 합니다. 스타니슬랍스키 시스템이 전 세계적으로 연기의 바이블이 된 데는 그만한 이유가 있는 겁니다. 2009년 대학 연기과에서 강의를 시작한 이후 학생들이 스타니슬랍스키 시스템에 대해 너무 무지한 것을 발견하고 적잖이 놀랐습니다. 2010년부터 본격적으로 『배우 수업』에 압축된 시스템을 풀기 시작해서 2025년, 나 자신 60이란 나이가 지난 지금 삶의 굴곡 가운데서도 멈추지 않고 기꺼운 마음으로 계속하고 있습니다.

　스승이 생각했던 '지금의 연기', 즉 '어떻게 하면 관객과 같이 주어진 상황을 경험할 수 있느냐'의 문제에 답을 하자니 역시나 스타니슬랍스키에게서 나옵니다. 문제에 답이 있습니다. 열쇠는

'주어진 상황'입니다. 그리고 스승의 생각과 같은 맥락이라고 생각되는 스타니슬랍스키의 생각은 『배우 수업』 제12장 「내적 원동력」에 있습니다.

> 진정한 예술가가 '사느냐, 죽느냐.'라는 독백을 할 때, 단지 작가의 사상을 관객에게 제시하고 연출자가 지시한 동작이나 수행한다고 볼 수 있을까? 그렇지 않다. 그는 그 대사에 자기만의 인생관을 상당히 주입하는 것이다. 그 배우는 햄릿이라는 가상의 인물로서 말하고 있는 것이 아니라 그는 희곡에 의해 창조된 상황에 처한 한 개인으로서 자기 자신을 말하는 것이다.
>
> _스타니슬랍스키, 『배우 수업』

샌포드 마이즈너 또한 같은 답을 줍니다. 그는 학생들에게 "배우가 되려고 하지 말게. 주어진 상상의 상황에 존재하고 진실되게 살아가는 한 인간이 되어야 해. 상황을 연기하려고 하지 말고 그 상황 속에서 살아가게."라고 가르칩니다. 그도 역시 스타니슬랍스키의 시스템 '배역의 생활화'를 가르친 것입니다. 그런데 여기서 중요한 것은 스승의 표현으로 배우의 색깔, 즉 'Who am I' 배우의 정체성이지요. 샌포드 마이즈너의 말을 빌리면 배우의 정체성은 '독창적인 연기의 근원'입니다.

"배우인 여러분을 가르치는 과정에서 나의 가장 큰 일은 본

연의 자기 자신을 찾도록 하는 거야. 독창적인 연기의 근원
은 바로 거기 있다네."

_ 샌포드 마이즈너·데니스 롱웰, 『샌포드 마이즈너 연기 테크닉』

스승께서 무엇을 제자들에게 알려주고자 했는지 명확해지지
않았습니까? 제자들 기록을 보니 스승께서도 '연기'는 '자기를
발견해가는 과정'이라고 가르치셨습니다. 이렇게 내 발견이 스
승의 가르침과 솔기 없이 이어지면 '그때 스승과 더 대화를 나누
었더라면 좋았을 것을' 하는 아쉬움이 밀물처럼 밀려듭니다. '스
승이 그렇게도 간절히 원했던 제자들의 재활 워크숍만 지켜볼
수 있었어도 전할 수 있는 말이 더 많았을 것을' 하는 아쉬움도
있습니다. 지금 우리 배우들에게 스타니슬랍스키 시스템의 생명
력을 좀 더 생생하게 제대로 전할 수 있었을 것이라는 아쉬움도
있습니다. 그렇지만 그때 그렇게 만났다는 것만으로도 7년 전
이 책의 초고를 쓰는 것으로 이어졌고, 마지막 작업으로 심혈을
기울여 고치고 있으니 나는 그것으로 되었습니다.

스승과 만났을 때, 나는 다행히도 러시아 국립연극학교(GITIS)
연출과에서 「스타니슬랍스키 시스템과 네미로비치 단첸토 그리
고 미하일 체홉 결합 메소드」로 박사 논문을 쓰고 돌아온 지 5년
이 됐고, 연출을 하는 동시에 배우들을 가르치고 있었습니다. 내
가 학부부터 박사 논문을 쓸 때까지 공부했던 GITIS는 스승께서
그렇게도 원하셨던 팀 티칭으로 교육하는 것은 물론, 거의 도제
시스템이라고 할 수 있습니다. 각 분야의 최고 마스터들을 만났

습니다. 기꺼이 그 마스터들의 가르침을 버텨내고 나니 재능을 대신할 만큼의 마스터 자세도 갖게 되었습니다. 그때가 아마도 내가 나의 한계를 인식해야 했을 때였는지도 모르겠습니다. 스승께서 가장 중요하다고 가르쳐주신 것이 바로 '자기의 한계'를 인식하는 능력이었는데, 오로지 연출가이고자 했던 것입니다. 깨닫는 것이 늦었지만, 그 시간 또한 나를 발견해가는 기껍고 멋진 시간이었습니다. 그리고 한 번 더 칼을 쥔 노배우 오순택, 최고의 마스터를 만나서 최고의 자세를 배웠으니 최고로 운이 좋았던 것입니다.

스승께서는 노자가 『도덕경』에서 설파했던 '화광동진(和光同塵) 광이불요(光而不耀), 빛나되 한 방향으로 눈부시지 않고, 빛을 부드럽게(조화) 하여 속세의 티끌과 함께한다'와 같은 태도를 갖추고 계셨습니다. 그러한 태도는 고단한 수련을 잘 이겨낸 사람만이 가질 수 있는 태도입니다. 연기로 말하면 초절정 고수입니다. 그럴 수밖에요. 초절정 고수라고 할 만한 세계 최고 수준의 배우들이 가득한 할리우드에서 한국인으로 당당하게 배우의 삶을 살아낸 스승입니다. 그 내공이 그만한 경지에 이른 것은 어찌 보면 당연한 일입니다. 내가 우리 배우에게 전하고 싶은 것이 바로 그러한 자세와 정신입니다.

그리고 스승과의 만남을 통해서도 느꼈던 사실이지만, 제자들의 기록을 통해서도 스타니슬랍스키 시스템이 스승의 가르침에도 깊이 스며 있음을 확인받았습니다. 스승께서 표현하신 대로 스타니슬랍스키라는 대가가 있어서, 즉 스타니슬랍스키 시스템이라는 토대가 있어 현재 연극과 영화를 망라해서 세계적인 배우들이 도달해 있는 정도의 연기 수준이 가능했다는 사실만큼은 부동의 진실이지요. 이 문제에 대해서는 정말 많은 대화가 필요할 겁니다. 어쨌거나 우리 배우들은 스타니슬랍스키가 평생을 통해서 자신의 발견을 수정하고 보완하면서 시스템으로 완성시키려고 한 점을 주목해야 합니다. 그리고 실제로도 시스템으로 완성되었습니다. 그리고 가장 중요한 사실은 배우의 정체성이 그 시스템을 배우 자신에게 맞게 작동시키는 열쇠라는 것입니다. 그래서 더더욱 자기 자신에 대해 깊이 알아야 하는 겁니다.

연기에 대한 모든 문제의 답을 찾아가면 결국 스타니슬랍스키 시스템으로 귀결됩니다. 『배우 수업』 제1장 「첫 시험」은 지금 이 장에서 찾고 있는 그 문제를 확인받는 것으로 시작됩니다. 첫 시험은 마스터의 관점으로 '그들은 누구인가', 다시 말해서 코스챠와 그의 동료들, 즉 학생들 각자의 정체성을 확인시키는 과정입니다. '나는 누구인가?'라는 정체성 문제와 '나는 어떤 배우가 될 것인가?'의 문제는 서로 떼어서 생각할 수 없습니다. '나는 어떤 배우가 될 것인가?'는 당신이 스스로에게 어떤 경험을 어떻게 하게 해주느냐에 달린 것입니다. 즉, 연기 내공은 '배우 자신에 대한 작업'을 '어떻게' 하느냐에 달렸습니다. 스승과의 대화에서 제자 스스로 간단히 정리한 것처럼 결국 배우가 '어떤 사람인가'가 중요한 겁니다. '첫 시험'으로 번역된 『배우 수업』 제1장의 원래 제목은 '태도'입니다.

모든 지혜가 '자신을 아는 것'으로부터 출발한다고 한 소크라테스의 깨달음은 지금도 옳습니다. 뇌과학 연구로도 확인되는 불변의 진리입니다. 우리 인간의 뇌가 가진 특성이라고 합니다. 하지만 자기 자신을 제대로 아는 일은 결코 쉽지 않다고 합니다. 쉽지 않으니 소크라테스의 깨달음이 위대한 것이고 여전히 불변의 진리일 수 있는 겁니다. 그러니까 내가 30년을 하고 나서야 '연극을 하는 것이 나에게 적합했는가?'라는 질문을 다시 하게 된 것도 그리 이상하지 않은 것이지요. 그래서 더더욱 가급적 일찍 냉정하게 판단하는 것이 좋습니다. 자기 자신을 제대로 아는 것, 연기가 자신에게 적합한지를 올바르게 판단하는 것은 배우로서도 그렇겠지만 개인의 인생을 통틀어 필요한 일입니다. 사실 어떤 일을 시작하든 최우선적인 문제입니다. '무엇을 할 것인가'의 문제는 그다음이지요. 개인적으로 스승의 '예술관'과 가장 가까운 철학을 지녔다고 생각하는 페터 비에리는 다음과 같이 말합니다.

우리는 어떤 행위를 하기 위해서 무엇을 원하는지 무엇을 하는지 이해해야만 합니다.

_페터 비에리,『자기 결정』

제자들의 기록에서 확인한 대로 스승이 제자들에게 대학원의 연기 수업 첫 시간에 "연기란 무엇인가?"라는 기본적 질문을 던진 것 역시 그런 이유에서지요. 내가 선택한 일에 대해 그 일을 한다는 의미를 이해하고, '그 일을 통해서 내가 이루고 싶은 것은 무엇인가?'라는 고민은 바로 배우 자신이 스스로에게 던져야 할 질문이며, 결정 역시 배우 자신이 해야 합니다. '스스로를 알기'는 우선해서 할 일이지만, 페터 비에리의 말처럼 쉽지만은 않습니다. 페터 비에리는 다음과 같이 말합니다.

> 이 싸움에서 이길 수 있는 가장 좋은 방법은 자기 인식에 있습니다. 원하는 나의 모습과 현재의 내가 너무 달라 계속해서 마음의 괴로움에 시달리고 있다면 자아상뿐만 아니라 자꾸만 고개를 쳐드는 그 욕구들의 근원지를 찾아 나서야만 합니다. 알지 못하고 이해하지 못하는 사이 나를 조종하는, 나의 느낌과 내가 원하는 것들의 표면 밑에서 흐르고 있는 소용돌이를 감지해내는 것이 중요합니다. 자기 결정은 나 자신을 이해하는 것과 굉장히 깊은 연관이 있습니다.
>
> _페터 비에리, 『자기 결정』

페터 비에리는 자기 인식(self-awareness)이 싸움에서 이길 수 있는 가장 좋은 방법이라고 말합니다. 또한 자기 결정은 자신을 이해하는 것과 깊은 연관이 있다고 말합니다. 스승 역시 자기 인식 문제를 정말 중요하게 가르치셨습니다. 뒤에 다시 설명할 것인데, 신체시정적 접근 방법에서 대단히 중요한 요소이기도 합니다. 그러므로 자기 인식에 대해 제대로 짚고 가야 할 것 같습니다.

자기 인식을 설명하기에 앞서 종종 자기 인식과 혼동하는 자의식(self-consciousness)에 대해서도 간단하게나마 정리해볼 필요가 있습니다. 심리적 해석에 따르면 자의식은 타인을 의식하는 현상입니다. '타인이 나를 어떻게 볼까?' 하는 두려움으로 미리 심리적으로 방어하는 기제입니다. 심해지면 자의식 과잉 현상(열등감, 이인감, 분열감 등이 나타나는 이상 자의식으로 발전하는 것)이 생기기도 합니다.

데클란 도넬란은 "자의식은 배우에게 치명적이 될 수 있다."고 했습니다. 사실 자의식은 사회적인 존재로서의 인간이라면 누구나 가지는 욕구입니다. 인간은 관심을 받고 싶은 욕구를 가지고 태어나기 때문에 자의식(타인이 나를 어떻게 생각할까?)의 형성은 강도의 차이가 있을지언정 피할 수 없습니다. 다른 어떤 직업보다 배우들 가운데 자의식이 강한 사람들이 유독 많은 것은 배우라는 직업이 어떤 면에서는 자의식 욕구를 충족시켜주는 최상의 직업이기 때문입니다. 근래에 들어 자의식이 심한 사람을 '관종(관심종자의 줄임말)'이라고까지 합니다. 자의식 충족 욕구가 '관종' 수준까지 갔을 때 드러나는 현상은 배역을 보여주는 것이 아니라 자기 과시에 몰입하는 것 혹은 어떤 배우들처럼 일부러 스캔들을 일으키기까지 하는 것 등입니다.

자의식과는 달리 배우에게 꼭 필요하며 진정한 의미에서의 자기 인식은 페터 비에리가 말한 대로 나 자신을 올바르게 이해하는 것입니다. Who am I. 그런데 그것이 그렇게 단순하지 않습니다. 정신적인 부분과 생물학적인 부분을 아울러 이해해야 합니다. 나도 이 문제를 푸는 데 오래 걸렸습니다.

먼저 스승께서 사용하신 영어 단어 awareness에 대해 알 필요가 있습니다.

awareness: ability to perceive or feel things.

즉, 어떤 것을 알기 전에 감지/지각하거나 느낄 수 있는 인지 능력을 말합니다. 생물학적 인지 능력이라고 할 수 있습니다. 심리적 해석에 따르면, 자기 인식은 1) 내적 자기 인식(Internal self-awareness) 2) 외적 자기 인식(External self-awareness)으로 나뉩니다.

요약해서 정리하면 1) 내적 자기 인식은 전통적 정의로서 '나 자신에 대해 아는 것'입니다. 내적 자기 인식도가 높을수록, 그러니까 자신의 가치, 열정, 열망, 환경에 대한 적응도, 반응(생각·태도·감정·강점·약점), 타인에 대한 영향을 얼마만큼 명확하게 인지하느냐에 따라서 직업 만족도, 관계 만족도, 개인/사회적 통제, 행복 수준이 올라갑니다. 물론 내적 자기 인식도가 낮으면 고민, 스트레스, 우울함 등이 커지는 겁니다.

2) 외적 자기 인식은 다른 사람이 나를 어떻게 평가/인식하는지 알고 주변 사람들의 반응, 행동, 언행, 생각을 파악하는 것입니다. 외적 자기 인식도가 높을수록 공감도(empathy)가 뛰어나고 타인의 관점에서 이해하려고 합니다. 구성원과의 관계가 좋아지는 것은 당연하겠지요. 자의식과 완전히 반대입니다.

중요한 것은 내적 자기 인식과 외적 자기 인식 간에 상관관계가 없다는 것입니다. 'Who am I(나는 누구인가)'의 문제는 나 자신의 삶에 나침반이라고 할 수 있는, 나의 정체성을 형성해가는 포괄적 의미를 가집니다. 배우 자신의 정체성을 위한 '자기 인식'과 연기와 관련해서 배역을 위한 '자기 인식'을 올바르게 이해하고, 동시에 각각의 자기 인식도를 조화롭게 높여갈 수 있어야 한다는 의미입니다. 스승께서 중요하게 생각했던 점입니다. 배우의 '정체성' 문제와 함께 '자꾸 바뀌는' 스승의 생각을 확인해봅시다.

> *자꾸 생각이 바뀌는데, 배우가 작가가 만들어놓은 인물의 세계로 들어가는 것이 맞는 것 같다. 인물에 들어가는 것은 불가능하고 인물의 세계로 들어간다. 종무가 집에서는 아버지 역할을 하고 학교에 가면 선생의 역할을 하더라도 종무가 없어지는 것은 절대 아니지. 배우가 주어진 인물의 세계로 들어가는 것이지, 배우 자신이 없어지는 것은 절대 아니다. 같은 역할이라도 배우에 따라 달라지는 것이 연기의 재미 아닌가?*

바뀌는 것이 진화입니다. 자꾸 바뀌는 것에 대해 제자들은 혼란스럽겠지만, 자신이 일하는 방면에 탁월한 사람들은 모르는 것에 자신을 열어놓습니다. 그것이 도에 이르는 길입니다. 스타니슬랍스키도 평생 바뀌었습니다. 평생 자기 생각을 바꾸었기 때문에 시스템이 완성된 것입니다. 새롭게 발견하게 된 생각과 실험에 따라 연기 방법이나 색깔이 다른 제자들이 배출된 것도 그 때문입니다. 전 세계적으로 스타니슬랍스키 시스템에 대한 오류가 팽배하게 된 이유도 바로 그 사실을 간과했기 때문입니다. 또 그런 이유로 『배우 수업』은 스타니슬랍스키 자신의 정리로 60년 만에야 햅굿의 요청에 의해 미국에서 먼저 출판되었습니다. 그조차도 그때까지 흡족하지 못했던 터에 햅굿의 간곡한 요청으로 이루어졌습니다.

스타니슬랍스키 시스템은 완성된 시점으로 시스템 전체를 봐야 합니다. 시기별로 세 방향으로 수용하게 된 아메리칸 메소드 삼인방의 각기 다른 연기 방법만 봐도 알 수 있습니다. 리 스트라스버그의 '정서 기억' 중심의 수용이 샌포드 마이즈너나 스텔라 애들러에게는 적응되지 않았기 때문에 각각 '교감'과 '상상력' 중심의 적응 방향으로 바꿔야 했고, 그렇게 각각의 다른 연기 접근 방법이 나왔던 겁니다. 물론 연기술의 수용이 그렇게 바뀌는 것은 그들 자신이 필터링의 주체이기 때문입니다. 여기에 또 스타니슬랍스키 시스템의 놀라운 비밀이 있습니다. 재차 말하는데, 배우의 정체성으로서의 자세가 바로 스타니슬랍스키 시스템을 작동시키는 열쇠입니다.

'인물의 세계로 들어가는 것이 맞는 것 같다.'는 스승의 바뀐 생각에 대해 개인적으로는 내 영혼과 맞닿은 희곡이나 소설에 몰입할 때의 경험과 흡사합니다. 스승께서 배우들에게 소설 읽기를 권했던 이유와 연관이 있습니다. 우리 인간은 상상이라는 과정을 통해서 이야기의 세계로 들어갑니다. 배우는 이야기꾼으로 acting, 즉 연기 행동으로 이야기를 경험으로 보여주면 됩니다. 배우 본연의 정체성은 바뀌지 않습니다. 다만 '나는 누구인가?'라는 질문에 대답해야 하는 것과 같이 배역의 정체성을 형성하기 위해서 '그는 누구인가?'라는 '극적 질문'에 대답해야 합니다. '극적 질문'에 제대로 대답하기 위해서 '극적 지성'이 필요한 겁니다.

'극적 지성'을 올바르게 배울 원전은 아리스토텔레스 『시학』입니다. '극적 지성'은 아리스토텔레스 이전의 고대 그리스에서 이미 완성된 상태였고, 고맙게도 아리스토텔레스가 정확히 기록해주어 3000년 전승되고 있는 연극의 밈(meme) 유전자입니다. 스타니슬랍스키가 『배우 수업』 제12장에서 '감정' 그리고 '의지'와 더불어 내적 원동력으로 꼽았던, 바로 그 '지성'입니다.

> 어느 날 연기의 순간성과 더불어 선생님께서는 모든 '순간'에는 처음과 중간과 끝이 있다고 하시면서 '순간의 완결미'를 말씀하셨다. 연기가 순간의 예술이고, 순간은 구체적 행동으로 실제화되므로, 순간의 완결미는 '행동의 완결미'라 할 수 있을 것이다. 결국 순간의 완결미는 연기의 '전체 완결성'을 위한 최소 단위이자, 순간이 곧 전체인 연기의 본질과 이어짐을 알 수 있다.
>
> _ 이민우, 『칼을 쥔 노배우』

나는 제자의 기록에서 '순간의 완결미'의 최소 단위가 '처음 - 중간 - 끝'이라는 스승의 말에 너무 놀랐습니다. 내가 찾은 1초의 뷰포인트 연기의 핵심도 '처음 - 중간 - 끝'이었기 때문입니다.

그리고 더 놀라운 사실은 내가 '연기의 뷰포인트'에 대해 고민하면서 탐구해가는 과정 끝에 연기의 마지막 단계라고 생각한 '사이의 연기'와 같은 맥락의 '순간의 완결미'가 스승의 '신체시정적 접근' 방법의 핵심이었다는 겁니다. 『시학』은 배우에게 보통 중요한 책이 아닙니다. 연기술의 근원이라는 내 말이 결코 틀린 것이 아니었습니다. 어쨌든 결론은 제자가 간단히 정리한 대로 '배우가 결국 어떤 사람인가가 중요하다'는 거지요.

그래서 배우는 being이 중요한 것이지요. 배우라는 존재가 중요하다는 거지요. 테크닉은 그다음에 배워서 습득하면 되니까.

여기에 무슨 현존하려는 노력 같은 그런 헛된 마술이 필요한가요? 이미 현존하고 있는데요. 문제는 순간순간을 연기 행동으로 '존재'해나가기 위한 기술이 필요하니 자신을 배우로 살게 해줄 기술을 배우고 습득하라는 겁니다. 스승께서 말씀하는 요지는 바로 그것입니다. 『칼을 쥔 노배우』에 기록된 제자들의 글을 읽으면서, 한 번은 스승의 입장에서 읽고 다음에는 제자의 입장이 되어 읽는 것을 반복했습니다. 스승의 관점으로 읽을 때는 '스승이 무엇을 주고자 했는가?'에 주목했고, 제자들의 관점으로 읽을 때는 '학생은 무엇을 받아들이는가?'에 주목했지요. 그런데 흥미롭게도 제자들의 입장이 되어 읽을 때 더 많은 비밀을 알게 됩니다.

예를 들면 종태가 햄릿을 하면 보러 가, 내일 종무가 하면 또 보러 가. 배우의 색깔이 다르기 때문이지. 민우가 킹 리어를 하면 민우의 킹 리어를 보러 가는 거지, 킹 리어를 보러 가는 게 아니야. 그래서 배우는 being이 중요한 것이지요. 배우라는 존재가 중요하다는 거지요.

스승께서 제자에게 말해주고자 했던 것은 독창적 연기의 근원이 바로 배우 자신이라는 것, 본연의 자기 자신이라는 것이었습니다. 스승께서 몸소 실천으로 보여주신 '살아가는 자세'와 연기에 대한 존경은 스승의 내적 경험의 총체에서 비롯된 것입니다. 그래서 결국은 "배우가 결국 어떤 사람인가가 중요하다는…" 제자가 대답했던 것과 같은 결론을 내리게 되는 겁니다.

하지만 그 모든 것에도 불구하고 가장 몸에 새겨 넣고 싶었던 것은 강의 순간순간들을 대하는 선생님의 자세였다. 간혹 학생들의 연기 발표가 급조하여 대강하는 티가 나는 경우일지라도 가만히 온 존재를 집중해서 들여다보시던 모습. 선생님의 자세 자체가 간결하고 투명했다. 너희는 무엇이든 할 수 있고 누구든 될 수 있단다. 선선하게 던지신 격려에 나는 혼자 강의 중에 고개를 숙이고 배시시 웃었다. 정말 무엇이든 할 수 있고 누구든 될 수 있을지도 몰라, 이 길 위에서 간결하고 투명하게, 최선을 다해 잘 살아나갈 수 있을지도 몰라. 연기술의 신비를 파헤치고 싶던 어설픈 학생은 선생님의 강의를 통해 삶을 대하는 태도에 대해 고민하기에 이르렀다. 지리멸렬한 대부분의 일상 속에서 투명한 꿈을 길어 올릴 수 있는 방법을 가만히 보여주신 선생님께 늘 감사드릴 뿐이다.

_유종선,『칼을 쥔 노배우』

12년 전,『칼을 쥔 노배우』를 받아 들고 그날로 읽어가다가 딱 멈춘 곳입니다. 스승의 모습을 가장 잘 느끼게 해주었을 뿐 아니라 나 역시 닮고 싶은 자세니까요. 제자는 정말 중요한 것을 배운 것이고, 그 태도와 자세를 몸에 새기면서 살아내고 있을 것입니다. 글에서 고스란히 느껴지니까요. 드라마 PD인데, 근래에 들어 종종 좋은 작품 연출로 그의 이름이 뜰 때면 '선생님의 제자구나'라는 생각에 그냥 반갑습니다. 나중에 그가 스승을 주인공으로 작품을 연출하고 싶어 했다는 것을, 그리고 그즈음에 스승께서 아프시기 시작해서 무산되었다는 것을 전해 들었습니다. 깨달음은 아무리 빨라도 늦습니다. 나 역시 '조금만 일찍 여건이 되었다면, 아니 조금만 일찍 용기를 냈더라면… ' 그런 반성을 합니다.

스타니슬랍스키 시스템과 제자들, 그리고 그 이후 이어진 시스템 계승자들과의 관계를 생각했습니다. 스타니슬랍스키 시스템은 계승자들에 의해서 전 세계로 확장될 수 있었습니다. 그렇게 무형의 연기 학교로 전승될 수 있겠다는 사실이 저를 흔들어 깨웠습니다.『칼을 쥔 노배우』를 플랫폼으로 할 수 있겠다고 생각하게 된 겁니다. 스타니슬랍스키 시스템의 계승자들에게『배우 수업』이 있는 것처럼, 오순택 선생님 제자들에게는 수업의 기억과 함께 『칼을 쥔 노배우』가 있습니다. 스타니슬랍스키의 『배우 수업』에 등장하는 각기 다른 개성을 지닌 학생들이 자기 개성에 따라서 다르게 받아들인 것처럼, 스승의 제자들도 각자 자기가 필요한 것을 중심으로 해서 받아들였다는 점입니다. 스타니슬랍스키는 의식적으로 다양한 인물을 설정했다면, 스승의 제자들은 실재하는 각각의 다양한 배우라는 점이 다를 뿐입니다. 스타니슬랍스키의 『배우 수업』이 '–론'이 아니었던 것처럼 제자들의 기록은 제자들 각자가 '어떻게 배웠는가?'를 알려주는 오순택 연기 학교였습니다. 스승의 가르침은 결국 'Know why', 즉 자기 인식도를 높이는 것으로 이어집니다.

그래서 배우에게 하늘의 축복과 극적인 지성이 필요하다는 거지. 하늘의 축복이 없으면 배우 못 해. 언젠가 얘기를 했는데, 배우가 무식하면 아무리 캐릭터가 돼 봐야 작가의 패턴을 따라갈 뿐이지, 희곡 자체를 깊이 이해를 못 하잖아. 캐릭터를 충분히 이해 못 하면 인물 창조를 어떻게 해? 그리고 배우가 캐릭터가 된다? 아니야. 작가가 창조해놓은 캐릭터의 세계로 들어가는 거지. 배우가 천부의 재능이 있으면 문제가 없다.

하늘의 축복과 극적 지성은 배우의 길을 선택하는 데 있어서 결정적입니다. 그리고 한 개인으로서도 '왜 사는가, 무엇으로 살 것인가'의 문제로 이어집니다. 이러한 스승의 지혜는 연극 최고의 원전 『시학』에 이미 기록되어 있습니다.

또 시인은 자기 작품에 나오는 사건을 직접 연기해보아야 한
다. 그렇게 해서 자기가 묘사한 인물의 감정을 직접 느껴보
아야 작품의 설득력이 가장 커진다. 실제로 분노를 경험해보
아야 분노한 사람을 가장 실감나게 표현해낼 수 있다. 그렇
기 때문에 천부적인 재능이 있거나 신들린 자만 시인이 될
수 있다. 전자는 어떤 등장인물에든 쉽게 빠져들어서 연기해
낼 수 있고, 후자는 자기 자신에게서 쉽게 벗어날 수 있기 때
문이다.

_ 아리스토텔레스, 『시학』

박문재 번역의 『아리스토텔레스 시학』 17장에서 옮겨 온 것입
니다. '사건을 직접 연기해보아야 한다.'는 것은 인물이 될 수 없
기 때문입니다. 작품, 즉 인물이 처한 세계로 들어가보아야 하는
것이지요. 스승이 맞습니다. 아, 그리고 스승이야말로 후자, 즉
'신들린 자'입니다. 연극에 미친 것이지요. 연극에 미치면 연기에
미치고 'Know why', 즉 필요한 것이 무엇인지를 미친 듯이 찾게
됩니다. 기술에 기술을 더하다 보면 결국 '신들린 자'가 됩니다.
연출의 관점으로도 그렇고 30년 연극 인생 경험에서 얻은 나의
결론도 같습니다. 배우가 되는 사람과 포기하는 사람, 그리고 이
도 저도 아닌 상태로 그 언저리에서 시간을 낭비하는 사람들을
숱하게 보았고, 그들을 관찰하면서 내가 경험으로 확인한 사실

입니다. 그렇게 이도 저도 아닌 상태로 수십 년을 낭비하는 사람들의 문제는 무엇일까요? 원하는 것과 진짜 필요한 것의 차이를 모른다는 것입니다. 그들은 배우가 되고 싶다는 생각만 합니다. 우선 'Who am I', 즉 자기 자신에 대해 정확히 알지 못합니다. 자신에 대해 냉정하게 판단하지 못합니다. 환상에 빠져서 사는 겁니다. 그들에게는 애초에 원하는 것만 있습니다. 필요한 것을 할 줄 모릅니다. 그러니 'Know why', 즉 필요한 것이 무엇인지 알아볼 생각조차 하지 못합니다.

'나는 내가 모른다는 것을 알 뿐'이라고 말했던 고대 그리스 철학자 소크라테스의 지혜는 여전히 옳습니다. 자기 자신을 알고, 배우가 되기 위해서 무엇을 해야 할지를 알아야 하는데, 자신을 모르니 배우가 되기 위해서 해야 할 일을 하지 않습니다. 자신에 대해 알고 판단하는 것은 순전히 자기 몫입니다. 안타깝게도 누구도 도와줄 수 없습니다. 포기하는 사람은 그래도 스스로에 대해 판단했기 때문이고, 그런 사람들은 오히려 더 나은 삶을 삽니다. 재능이 없더라도 자신이 재능이 없다는 사실을 알기만 해도 다른 길은 열립니다. 정말 그 길이 가고 싶다면 필요한 모든 것을 하거든요. 내가 바로 그런 사람입니다. 나야말로 연출가로서 자질이 없다는 것을 처음부터 알고 시작했습니다. 다만 너무나 해보고 싶었습니다. 그래서 배우고 공부하는 데 온 힘을 쏟았고, 결과적으로 연극을 했기 때문에 나를 알고 나 자신이 되는 길로 들어설 수 있었습니다. 그것만은 분명합니다. 연기도 삶과 같습니다. 가장 중요한 것이 바로 배우로서의 자세입니다. 스승께서 기본으로 생각하신 것 또한 바로 배우의 태도였지요. 제자들의 기록에 따르면 정말 단호하셨다는 것을 알 수 있습니다.

> 수업 시간을 존중하고 시간을 지키는 것이다. 배우로서 '연기'를 대하는 기본적인 태도는 연기를 할 수 있는 기회와 시간을 존중하는 태도인 것이다. 준비가 된 배우는 잘 훈련된 배우이기 이전에, 잘 훈련받을 수 있는 마음과 몸의 준비가 되어 있는 상태의 배우를 말한다.
>
> _최다연, 『칼을 쥔 노배우』

그런 맥락에서 오류 하나를 바로잡기로 합시다. 『배우 수업』을 읽어본 사람은 제1장 「첫 시험」에서 첫 시험에 대한 기대와 긴장으로 밤새도록 연습하다가 발생한 코스챠의 '지각 상황' 에피소드를 잘 알 것입니다. 난 척하는 배우나 연출가들이 '시간 엄수'의 중요성을 강조하기 위해서 워낙에 많이 써먹은 내용이니까요. 그 역시 잘못된 오류 중 하나지요. 단지 '시간 엄수'의 문제가 아닙니다. 바로잡자면, 시간 엄수는 정체성과 관련된 태도의 문제입니다. 내가 경험으로 알게 된 바에 따라 분명히 말할 수 있습니다. '연기를 할 수 있는 소중한 기회를 대하는 태도'에 의해서 배우의 미래가 결정되기 때문입니다.

그러니까 '시간 엄수'의 본질적인 진정한 의미는 연기를 할 수 있는 기회와 시간을 존중하는, 잘 훈련받을 준비가 된 '태도'인 것입니다. 스타니슬랍스키가 올바른 태도 장착을 배우가 첫 번째로 해야 할 일로 꼽은 이유입니다. 스타니슬랍스키는 연기에의 태도를 매우 중요하게 생각했고, 자신의 시스템 체계의 첫 번째로 꼽았습니다. 『배우 수업』제1장 「첫 수업」의 원제목이 '태도'를 의미하는 '딜레탕티슴'입니다.

연기에 임하는 배우의 태도와 관련해서 나의 관찰과 경험을 통해 알게 된 사실 하나를 알려드리겠습니다. 연극 작업을 경험할 때, 그 경험한 연극의 질에 따라서 내공의 깊이도 달라진다는 것입니다. 연기는 무조건 경험의 예술입니다. 특히 고전의 경험은 배우의 태도에 따라서 선택되는 경험이기에 더욱 그렇습니다. 앞에서도 말했지요. 연기의 진정성이 내적 경험의 총체에서 나온다고. 고전의 깊이를 경험해본 배우와 경험해보지 않은 배우는 연기의 결이 다릅니다. 분명 그렇습니다. 영화도 그럴 것이고, 드라마도 그렇습니다. 명작의 경험과 일일 드라마의 경험은 차원이 다릅니다. 주인공으로서의 경험과 단역으로서의 경험 역시 쌓이는 내공의 차원이 다릅니다.

도제 시스템에서도 견습공과 숙련공은 분명히 구별됐습니다. 견습공과 숙련공에게 주어지는 과제가 완전히 다르지요. 허드렛일하며 아주 기초적인 기술을 배워야 하는 견습공 시절에 재능이 드러나지 않으면 결코 장인에게 선택되지 못했지요. 지금은 그런 제도가 거의 남아 있지 않지만, 기술이 요구되는 분야나 창의성이 필요한 예술 분야에서는 여전히 그런 시스템으로 인재를 양성합니다. 연기 분야도 다르지 않습니다. 이제 막 배우의 길을 선택하는 사람들과 이미 배우의 길을 가고 있는 사람들이 생각할 문제는 분명히 달라야 합니다. 배우 수업의 단계와 연기자로서 숙련의 과정, 그리고 실제로 잘 숙련된 배우의 단계는 질적으로 크게 차이가 납니다. 우리의 문제는 그러한 단계의 구별 없이 혼재되어 있다는 것입니다.

그런 맥락에서 스승께서 보여준 삶의 자세, 배우로서의 행동과 태도는 지금의 배우들에게 꼭 필요합니다. 스승은 '생명과 존재의 숭고함'을 아셨고, '지금 이 순간 살아 있으면서 경험할 수 있는 예술의 숭고함과 삶의 감격'을 알았습니다. 배우의 삶을 '삶을 곱씹고 생존 그 자체의 초월을 지향하고 그것을 추구'하는 '창작 행위'라고 보았습니다. 연기에의 존중은 곧 자신을 존중하는 것, 자기 삶을 존중하는 것입니다. 그러니 배우를 하겠다는 결정에 앞서 자기 삶의 가치를 최우선으로 생각하십시오. 그런 다음에, 배우로서 사는 그 삶의 밑그림을 구체적으로 그리십시오.

7장

'신체시정적 접근' 방법의 밑그림 요소 7가지

이민우 저는 신체시정적 접근에 대한 얘기를 더 듣고 싶습니다. 신체시정적 접근이 연기 메소드가 되려면, 그러니까 방법론으로 자리매김하기 위해서 구체적인 실천 방법들이 필요하다는 생각이 드는데요?

_『칼을 쥔 노배우』, 「후기를 대신하여」

그렇습니다. 나로서도 가장 기다린 대화 주제였습니다. '신체시정적 접근' 방법은 배우 오순택 연기 미학의 정수로서 21세기를 이끌 배우에게 꿈을 심는 오순택 연기 수업의 핵심일 것입니다. 그러나 그날 제자들의 일정으로 대화는 더 이어지지 못했습니다. 그리고 이렇게 12년의 긴 시간이 지나버렸습니다. 스승께서도 우리 곁에 계시지 않습니다. 그렇지만 그럼에도 천우신조(天佑神助)라는 말대로 『칼을 쥔 노배우』가 우리에게 남았습니다. 그때, 나 자신 어떤 예감으로, 누구보다도 적극적으로 강하게 추진했기 때문에 그렇게 생각되는지도 모릅니다.

그 책은 13년여 시간 한국에서 마스터로 보내신 스승의 삶이 축적된 기록입니다. 결과적으로 '신체시정적 접근' 방법이 21세기 연기 메소드로 자리매김하기 위해서 없어서는 안 될 씨앗이 되었습니다. 그 기록이 없었다면 이 책은 시작도 할 수 없었습니다. 이제 제자들 각자에게 남은 것은 스승이 꿈꾸신 과업을 어떻게 구체화하고 또 스케일업할 것인가의 문제뿐입니다. 먼저 스승이 남기신 글에서 실마리를 쥐어봅니다.

사람의 마음, 바늘 끝만큼의 자극에도 예측할 수 없이 변화하는 '만화경(萬華鏡)' 속의 그림들보다 불가사의한, 그 헤아릴 수 없는 움직임을 연하고자 하는 세계에 얽매여 있으면서, 바람이 스쳐가는 듯한 미세한 자극에도 반응할 수 있는 몸, 정진과 고행을 쌓은 장인이 만든 악기, 그 어떠한 악기보다 더 예민한 배우의 신체 – 몸, 그리고 삶의 진실을 노래하고자 도려내고 깎아내서 새겨진 명시를 낳은 시인의 서정적 마음만큼이나 무궁한 상상력을 잉태하고 있는 마음, 이러한 몸과 마음을 갖춘 연기자를 목표로 하는 것입니다.

_오순택,『칼을 쥔 노배우』,「연기예술에 대한 나의 생각」

신체시정적 배우에 대한, 내가 생각하는 스승의 밑그림이라고 생각되어 옮겨 왔습니다. 스승 글을 읽으면서 바로 기억나는 일이 있습니다. 러시아에서 돌아와 극단을 꾸리고 연극을 준비할 때 두 해 계속해서 여름이 시작될 무렵 배우들과 자연으로 워크숍을 갔습니다. 거기서 우리가 하는 일은 흙, 물, 바람, 불을 관찰하고 몸으로 표현하는 일입니다. 그 작업을 통해서 배우들은 우리 신체와 자연의 섬세함과의 불가분의 연결을 깨닫곤 합니다. 한번 생각해보십시오. 스타니슬랍스키가 말한 '작지만 믿어지는 행동'을 연기하기 위해서 배우는 얼마나 많이 공부해야 할까요?

나는 스승이 그려놓은 밑그림을 짐작이라도 해보겠다는 생각으로 생전에 나누었던 대화, 그리고 제자들이 남긴 각자의 기록 속에서 조각조각으로 흩어져 있는 실마리를 모아봤습니다. 흩어져 있는 기억의 조각을 맞춰가면서 모아놓고 보니 생각보다 풍성합니다. 비록 입문서 정도겠지만 너무 늦기 전에 싹이라도 틔울 수는 있겠더군요.

물론 스승이 배우로 살면서 겪은 모든 경험을 속속들이 알지 못하니 당연히 한 걸음 정도의 진화일 것입니다. 예, 그렇습니다. 솔직히 그저 간신히 스승의 '신체시정적 접근' 방법의 실천을 위한 밑그림을 그려보는 정도입니다. 하지만 그 밑그림을 토대로 각자의 색을 입혀가면서 배우로서의 자기 삶을 그려볼 수는 있지 싶습니다.

나 나름대로 '신체시정적 접근' 방법의 구체적 실천을 위한 밑그림에 들어가야 하는 요소를 정리해보니 7가지로 압축이 됩니다. 물론 이 7가지 '신체시정적 접근' 방법의 구체적인 실천 방법을 체계화하는 밑그림 요소들은 모두 오순택 선생님의 연기 수업을 들었던 제자들의 기록 『칼을 쥔 노배우』에서 찾았습니다.

밑그림 요소 1

첫 번째 요소는 'self-awareness'입니다. 역시나 모든 시작은 'Who am I', 내가 누구인지 아는 것을 통한 정체성의 형성과 관련된 '자기 인식'의 문제입니다. 오순택 선생님의 신체시정적 접근법에서도 가장 중요한 요소지요. 스타니슬랍스키 시스템, 『배우 수업』의 제1장 「첫 시험」을 통해서 가장 중요하게 강조한 것이 '태도'였던 것과 같습니다. 예, 정체성은 '태도'와도 긴밀히 연결됩니다.

다시 반복하는데, '첫 시험'의 원래 제목도 '태도'라는 뜻의 '딜레탕티슴'입니다. 그런 의미에서 나는 스타니슬랍스키 『배우 수업』 시스템 전체가 바로 배우 자신의 재능과 감각에 대한 자기 인식을 위한 교과서라고 생각합니다. 스승께서 생각하신 '자기 인식'에 대해 거의 마지막 정리가 된 스승의 「연기예술에 대한 나의 생각」에서 확인한 바, 스승께서 말한 '자기 인식'은 지극히 철학적인 관점으로 '스스로 존재 가치를 발견'하는 것입니다.

삶이 매 순간 선택이듯이 배우는 매 순간 선택을 해야 합니다. 선택의 근거는 무엇으로부터 찾아야 할까요? self-awareness, 즉 자기 자신의 실존에 대한 감각입니다. 스스로 존재 가치를 발견해야 합니다.

_오순택, 『칼을 쥔 노배우』, 「연기예술에 대한 나의 생각」

부끄럽지만, 나도 최근에서야 '스스로 존재 가치'를 발견하는 것이 우리 삶의 길에 얼마나 중요한지, 벼랑 끝에서 삶의 의미를 놓을 뻔했던 경험을 하고 나서야 깨달았습니다. 내가 놓을 뻔했던 것이 바로 내 '존재 가치'였습니다. 거의 놓을 뻔했던 그때 스승께서 먼저 가셨고, 나는 이 책을 쓰기 시작했습니다. 이 책은 뇌과학과 관련된 책을 읽는 것과 더불어 내 존재 가치를 찾는 과정을 함께했습니다. 그리고 초고를 끝내면서는 철학에 새로운 눈을 뜨게 되었습니다. 처음 스타니슬랍스키 『배우 수업』을 공부할 때 머릿속에 담긴 "철학이 시작되면 테크닉은 끝이 난다."라는 그의 말을 40여 년이 지나서야 제대로 이해하게 된 것입니다.

스승은 미학과 철학이 없는 테크닉은 표류한다고 하셨고, 평생을 따라다니는 '악몽'이라고까지 표현하셨습니다. 그리고 개인적인 이유로 7년째 공부하고 있는 뇌과학도 포함시키고 싶습니다. 나를 알기 위해 시작했지만, 무엇보다도 뇌과학 또한 인간에 관한 것이니까요. 실제로 인간에 대해 많은 것을 새롭게 알게 해줍니다.

'자기 인식'의 문제 역시 그중 하나로서 스승의 관점으로는 '자기 자신의 실존에 대한 감각'입니다. 역시나 철학적 이해를 토대로 하지 않으면 대답하기 어려운 문제입니다. 몇몇 제자의 기록을 보니 '자감'이라고 부연 설명을 했더군요. 아닙니다. 정정하겠습니다. '자감'은 스타니슬랍스키 시스템의 잘못된 해석으로 만들어진 오류입니다. 『배우 수업』 제10장 주제가 바로 「교감」인데, 러시아에서 공부하고 돌아온 초기 유학생 몇몇이 교감에 속하는 배우 자신과의 '자기 교감'을 '자감'으로 줄여서 쓰면서 생긴 말이 퍼져서 너 나 할 것 없이 아무 생각 없이 쓰게 된 말입니다.

'교감'을 뜻하는 원래 러시아어 단어는 '교제, 소통'의 의미인 'communion'입니다. 햅굿 역시 'communion'으로 번역했고, '자기 교감'은 'self‒communion'으로 번역했습니다. 부디 올바르게 이해하기를 바랍니다.

부연해서 스타니슬랍스키 시스템과 연결해서 사실을 말하면, 스타니슬랍스키가 중요하게 생각했던 자기 인식은 재능과 감각에 대한, 즉 '정체성'에 관한 '자기 인식'이었습니다. 앞에서도 말했듯 스타니슬랍스키는 '정체성'에 대한 자기 인식의 중요성으로부터 『배우 수업』을 시작합니다. '자기 자신의 실존에 대한 감각'과 '자기 교감'은 다른 말입니다.

어쨌든 우리 배우들이 줄여서 쓰는 '자감'은 올바르지 않은 표현입니다. 정확히 구별해서 쓰지 않다 보니 의미가 왜곡돼버렸습니다. 더구나 의식적 측면이 아닌 무의식적으로 일어나는 '감정적'인 부문에 대한 '자기 교감'까지도 '자감'으로 줄여서 쓰는 현상이 팽배해져버린 것입니다. 그러한 우리 배우들의 상황을 모르셨던 스승께서 self‑awareness를 이해시키기 위해 "한국 배우들은 '자감'이라고 하더라."라고 하신 겁니다. '~카더라'의 오류인 것이지요.

심리학적·철학적인 '자기 인식'의 관점과 구별하기 위해서라도 정확히 써야 합니다. 그 문제를 제대로 풀어내는 데는 감정 연구의 대가로 인정받는 폴 에크먼의 도움을 받았습니다.

> 우리가 자신의 감정적 행동을 완화하며 자신의 말과 행동을 선택할 수 있으려면 자신이 언제 감정적이 되었는가를 알 수 있어야 하며, 더 좋은 것은 자신이 감정적이 되는 바로 그 순간을 아는 것입니다.
>
> _폴 에크먼,『얼굴의 심리학』

'자기 인식', 즉 '자기 자신의 실존에 대한 감각'을 가지게 된다는 것은 '자신이 감정적이 되는 바로 그 순간을 아는 것'입니다. 배우가 감정에 빠지는 문제까지 해결됩니다. 다시 기억해두기를 바랍니다. 배우가 감정에 빠지는 것은 자기 자신의 실존에 대한 감각을 잃는 것입니다. 스타니슬랍스키 시스템 전승 과정에서도 직접 배운 제자들은 물론이고 계승자들 사이의 차이로 인해서,

 혹은 공간과 시간의 거리와 민족적 차이로 인해서도 아주 작은 차이가 나중에 너무나 큰 오류를 생산해내는 것을 너무 많이 보았습니다.

그런 이유에서 좀 더 구체적으로 제자들은 자기 인식(self-awareness)에 대해 어떻게 받아들였는지, 『칼을 쥔 노배우』 기록 중 후기(2009년 스승에게 배운 제자의 기록입니다.)에 작업한 제자의 기록을 확인해보겠습니다.

우리는 분명 일상과 허구를 구분하고 있다. 다만 연기하면서 얻어지는 경험의 순간(self-awareness, 진정성)이 어떻게 차이가 나는지 나와 선생님의 대화를 통해 다음과 같이 요약해본다.

* 무대와 일상 모두 self-awareness가 있다.

* 일상에서는 늘 모두 self-awareness가 있다. 하물며 계획하고 예상했던 순간이 실제로 닥쳐와도 리얼한 self-awareness를 얻는다.

* 무대에서는 모두 self-awareness가 늘 있지 않다. 다만 self-awareness가 있어 보이는 행동이 있고, 따라서 그 행동은 self-awareness가 동반되기에 적합한 선택으로 행해진 것이며, 그 행동은 관객이 공감하고 경험하는 순간으로도 이어질 수 있다.

* 무대에서 행해진 적합한 선택의 행동들은 배우가 인물의 self-awareness를 얻어내는 데 도움을 준다.

* 가장 지향되어야 할 연기는 온전하게 인물의 삶을 살아내

는 경험의 순간을 얻는 것이다.

_김여진, 『칼을 쥔 노배우』

　처음 읽었을 때는 글 옆에 붉은 펜으로 물음표를 표시해놓았을 만큼 나도 이해하기 어려웠습니다. 스타니슬랍스키 시스템과 관련해서 생물학적인 감각의 측면, 즉 자기와의 '교감'을 뜻하는 'self-communion'에 대해서도 똑같은 이야기를 할 수 있기 때문입니다. 스승이 중요하게 생각했던 '실존에 대한 감각'이라는 측면의 'self-awareness'에 대해 좀 더 구체적으로 공부해야 합니다. 먼저 스타니슬랍스키 시스템에서 쓰는 '자기 교감'에 대한 정확한 이해와 뇌신경과학의 토대와 철학적 토대가 모두 필요합니다. '자기 교감'에 대해서는 『배우 수업』 제10장 「교감」 편에서 확인할 수 있습니다.

　지금은 '실존에 대한 감각'에 집중하겠습니다. 사실 연기뿐만 아니라 인생을 살아가는 데도 '실존 감각'이 정말 중요합니다. 나는 '실존에 대한 감각'과 관련해서 페터 비에리의 『자기 결정』을 읽고서야 내가 정말 중요한 말을 놓쳤다는 것을 알아챘습니다. "스스로 존재 가치를 발견해야 합니다."라는 말이지요. '자기 인식'에 관한 페터 비에리의 통찰은 스승의 생각에 가장 가깝습니다. 그것을 깨닫고서야 'self-awareness'와 관련된 제자들의 기록에서 찾은 스승의 생각을 명확히 이해할 수 있었습니다. 스승의 생각이 결국에는 다시 'Acting is being, 연기는 존재하는 것이다.'로 바뀐 이유이지요. 꼭 읽어보기를 바랍니다.

255 그런 의미에서 내가 다시 강조하고 싶은 것이 스승이 온몸으로 실천하신 예술가로서의 '태도'입니다. 특히 '기본에 대한 엄격함'과 '스스로에 대한 엄격함'입니다. 스승의 그러한 자세는 바로 '자기 인식'이라는 깊은 통찰에서 갖춰진 것입니다. 다음에는 무엇이 필요하겠습니까?

밑그림 요소 2

두 번째 요소는 '연기에의 존경'입니다. 밑그림 요소 1과 관련해서 스승께서 정말 중요하게 생각했던 배우의 '태도'입니다. 사실 나 개인의 생각으로는 인생을 사는 데나 선택에서는 첫 번째 요소가 중요하지만, 실제로 배우 일을 하는 데는 '연기에의 존경'이 더 중요합니다. 연기에의 존경은 배우를 배우이게 합니다. "우리가 관심을 가지는 대상, 관심을 가지는 방식이 그 대상은 물론이고 우리 자신까지 변화시킨다."라는 이언 맥길크리스트의 말대로입니다. 자기가 하는 일에 대해 좋아하는 것을 넘어서 존경하려면 그 일의 가치가 대단히 높아야 합니다. 높은 가치를 부여할 수 있는 일을 한다는 것은 우리의 자긍심을 최고로 높여 주니까요.

'연기에의 존경'을 가지고 배우의 걸음을 내디디십시오. 연기에의 존경은 연기의 도를 깨닫게 하고 진정한 배우가 되는 길로 이끕니다. 연기에의 존경이 장착된 배우는 혹독한 훈련을 마다하지 않습니다. 도는 어렵게 얻어진다는 것을 압니다. 훈련에 훈련을 거듭합니다. 그리고 그들은 후배들에게 귀감이 될 뿐만 아니라 끝내는 관객에게도 존경을 받습니다. 'Respect for Acting'. 진정성을 가지고 배우의 길에 올바른 한 걸음을 내디디는 배우라면 바로 떠올릴지도 모를 연기 교과서 우타 하겐의 『산 연기』의 원제입니다.

> 관객에게 실패와 동경, 꿈과 욕망, 인간존재의 부정적이며 긍정적인 측면들을 드러내 주는 것 – 이것이 우리가 헌신적인 연극 예술가로서 취해야 할 목표들이다. 그때 우리는 사람들로부터 존경을 받을 것이며 우리 스스로를 존경하게 되고 또한 연기 행위를 존경하게 될 것이다.
>
> _우타 하겐, 『산 연기』

2013년 어시스턴트로 스승의 마지막 수업에 참여했을 때, 스승께서 배우들에게 우타 하겐의 『산 연기』를 읽을 것을 적극 권했던 이유입니다. 솔직히 고백하자면, 책이 처음 번역되어 나왔을 때는 나도 그저 연기 접근법의 한 가지로 읽었습니다. 나중에 스타니슬랍스키 시스템을 배운 뒤 시스템의 계승자 중 한 사람이라는 것을 알고 다시 읽었지만, 위에 옮겨 적은 마지막 글이 눈에 들어온 것은 12년 전, 스승의 강권으로 다시 끝까지 꼼꼼히 읽고 나서입니다. 원제목을 그대로 살렸더라면 그 책을 읽는 배우들이 좀 더 '연기에의 존경'에 신경 쓰면서 진지하게 읽지 않았을까요?

원제목은 우타 하겐이 스타니슬랍스키 시스템을 배우로서 자신의 삶에 독자적으로 적용해서 얻은 이해이고, 자기 경험을 기록한 연기적 삶에서 온 것이라고 할 수 있습니다. 그리고 앞에서 말한 '정체'의 비밀과 관련해서, 내가 아는 한 우타 하겐이 '정체'가 시스템을 작동시키는 열쇠라는 비밀을 거의 가장 먼저 짐작한 배우입니다. 그리고 샌포드 마이즈너 역시 그 점을 분명히 깨달았습니다.

> "배우인 여러분을 가르치는 과정에서 나의 가장 큰 일은 본연의 자기 자신을 찾도록 하는 거야. 독창적인 연기의 근원은 바로 거기 있다네."
>
> _ 샌포드 마이즈너·데니스 롱웰, 『샌포드 마이즈너 연기 테크닉』

오순택 선생님이 제자들에게 심어주고 싶었던 것도 같습니다. 우타 하겐과 샌포드 마이즈너가 출중한 배우를 많이 키워낼 수 있었던 진짜 힘이라고 생각합니다. 그리고 위대한 스승 스타니슬랍스키는 자기 자신, 그 '내적 원동력'인 자기 자신의 '감정, 지성, 의지'에 대해 '거장'이라는 표현을 썼습니다. 자기 자신이 '독창적인 연기의 근원'이라는 것을 아는 스승에게 배운 배우들, 그리고 그 배움으로 독창적 연기를 하는 배우들을 떠올려보십시오.

그러니 어떻게든 자기 자신을 아는 것과 '연기에의 존경'을 장착하십시오. 특히 '연기에의 존경'이 없는 것은 연기력이 노력에 의해서, 혹독한 훈련을 통해서 자라날 수 있다는 것을 인정하지 않기 때문입니다. 자기 외모나 얄팍한 재능으로 대단한 스타라도 될 것이라 착각합니다. 물론 잠시 인기를 끌 수는 있습니다. 혹은 가벼운 막장 드라마에 주인공으로 캐스팅될 수도 있습니다. 그러나 관객에게 연기로 인정받고 존경받는 수준으로 가는 것은 불가능합니다.

나는 러시아에서 그 태도를 배웠습니다. 러시아에서는 예술가에 대한 존경이 일반인에게도 일상화되어 있습니다. 배우와 연출가가 예술가 대우를 받습니다. 한국인으로서 나는 아무것도 아니었지만, 아니 심지어 인종차별 대상이었지만 결국 기티스(GITIS)에서 연출 마스터 자격을 받고 졸업했습니다. 그리고 그 뒤 8년 만에 다시 기티스 연출과에서 박사학위까지 받았을 때는 극심한 인종차별주의자 연출가에게서 '프로페서르'라는 극존칭으로 불리며 자기 수업을 함께해줄 것을 부탁받기도 했습니다. 그렇게 한국에 들어오기 전 내가 배운 연출과에서 한 학기 동안 마스터 위치가 되어 내 방법으로 1학년에게 연기를 가르쳤습니다.

존경받는 배우의 위치는 배우 자신의 노력과 의지로 만드는 겁니다. 배우를 존경하게 만든 것은 바로 배우들이었습니다. 그런 맥락으로 스승께서 정말 중요하게 가르치신 '배려' 역시 '연기에의 존경'에서 나옵니다. 스승의 제자 중 한 사람은 스승과의 첫 만남에서 스승에게 처음 배운 것으로 '배려'를 꼽았습니다.

선생님은 어색한 첫 만남에서 다음의 두 가지를 적어보라고 하셨다.

"연기란 무엇인가?"

"배우란 무엇인가?"

_ 김동완, 『칼을 쥔 노배우』

　배우들이 무엇을 적었는지는 생략하겠습니다. 그들이 생각하는 대답을 다양하게 적었을 겁니다. 우리가 주목해야 할 것은 스승의 생각이니까요. 스승의 대답은 물론 '배려'입니다. 다시 제자의 글을 봅시다.

　다 맞다. 다 맞는 이야기라고 하시더니 선생님은 '배려'라는 한 단어를 칠판에 적으셨다.

　너무 많은 사람이 이기적인 삶을 살고 있다. 우리가 배우로서 연기를 하여 다른 사람을 배려하는 삶의 가치를 전할 수 있다면, 그리고 그 연기를 보고 관객들이 감동한다면 우리가 사는 이 세상은 조금 더 살 만한 세상이 될 것이다. 연기를 하는 배우는 그의 연기 표현을 통하여 '배려'라는 삶의 가치를 경험하고 드러낼 수 있을 뿐만 아니라, 그의 직업적인 소통에서도 '배려'를 통해 더 많은 사람과 긍정적인 결과를 이끌어낼 수 있다.

_ 김동완, 『칼을 쥔 노배우』

연기란 무엇인가? 배우란 무엇인가? 연기를 하면서 그 문제에 대한 답을 '배려'라고 하는 배우를 만나본 적이 있습니까? 나는 처음입니다. 그만큼 스승은 '배려'를 중요하게 생각하신 겁니다. 실제로 제자들의 기록을 보면 스승은 일상에서도 '배려'가 몸에 밴 생활을 하셨습니다. 물론 나 자신을 포함해서 모든 제자가 목격한 일입니다만, 몇몇 제자의 기록을 보겠습니다.

> 그분에게는 모든 것이 배려였다. 단 한 마디의 대사라도 정성을 다해서 그 배우가 다음 대사를 하기 쉽게 해주는 것도, 무대 위에서 상대 배우가 움직일 공간을 확보해주기 위해서 내 공간을 양보하는 것도, 심지어는 함께 연습하는 사람들과의 약속 시간에 늦지 않는 것도.
>
> _ 김동완,『칼을 쥔 노배우』

> 좋은 배우는 상대를 '배려하는 연기'(자극과 충동을 일으켜주는 연기)를 한다. 배려하는 연기란 상대 배우로 하여금 어떠한 행동이 유발될 수 있도록 행동해주는 것이다.
>
> _ 김여진,『칼을 쥔 노배우』

연출가의 관점으로도, 특히 배우 자신을 위한 바이오피드백과 관련해서 '배려'는 좋은 배우가 될 수 있는 최고의 자세이며, 배우로서 가질 수 있는 최고의 가치입니다. 스타니슬랍스키 시스템 연기 교육에서 '상대 배우를 위하여'는 너무나 당연한 자세입니다. 상대 배우는 말할 것도 없고, 연출가에 대한 배려 또한 배우 자신을 위해서 좋은 겁니다. 연출가로부터 많은 것을 받아내야 하니까요. '배려' 자세는 정말 무능한 연출가에게서도 받아내야 할 것을 받아내게 합니다. 의심의 여지 없이 배려는 21세기 배우들에게 특히 필수적인 태도입니다. 데클란 도넬란의 연기술인 '목표점의 6가지 규칙'의 핵심 요소이기도 합니다. 이에 대해서는 『배우와 목표점』에서 확인해보기 바랍니다.

그리고 이제 정말 순수하게 관객의 입장에서, 바이오피드백과 관련해서 '배려'에 대해 한 가지 더 보충하고 싶은 게 있습니다. 배우 자신에 대한 배려입니다. 내가 정말 반대하는 일 중에 성형 다음이 생각 없이 전적으로 악역을 하는 것인데, 그것은 내적인 성형입니다. 정말 악역을 하는 데는 신중해야 한다는 말과 함께 꼭 들려주고 싶습니다. 폴 에크먼의 말을 빌려서 좀 더 설명적으로 말하면, 배우 자신의 감정에 대해 세심히 배려해야 한다는 것입니다. 잘 이해해야 합니다. 감정을 잘 표현하기 위해서도 정말 중요한 일입니다. 연출을 하면서 배우들이 자신의 감정을 너무 방기하는 것이 안타까웠습니다. 특히 내가 가르치기도 한 배우들이 눈앞의 성공에 혹해서 악역을 너무 자주 하는 것이 속상하기도 했습니다.

그런 경험 때문에 걸음마 배우들에게 정말 꼭 해주고 싶은 말입니다. 상대 배우에 대한 배려도 중요하지만, 자기 자신의 감정을 세심히 배려하는 것도 똑같이 중요합니다. 수전 데이비드가 말한 '감정의 민첩성'과 같은 맥락입니다. 스승께서 'self-awareness'와 관련해서 제자들에게 심어주고자 했던 배우로서의 '자존감' 역시 배우 스스로 자기 감정을 세심하게 배려할 때 확고해진다고 확신합니다. 결단코, 배우의 길이 인생의 길과 별개일 수 없습니다. 부디, 길게 생각하고 자신의 감정도 소중히 생각하십시오.

밑그림 요소 3

세 번째 요소는 '시정적(詩情的) 순간'입니다. 어쩌면 스승만의 연기 접근법인 '신체시정적 접근'의 핵심이 되는 요소입니다. 우선 둘로 나누어서, 먼저 시정(詩情)에 대한 올바른 이해가 필요합니다. 많은 제자가 '시정적'이라는 표현을 대단히 어렵게 생각했던 것을 기억하고 있습니다. 그런데 답이 있습니다. 첫 번째는 자연입니다. '자연'은 원초적으로 시간이 흐르기 때문에 '시적인 순간'들이 삶에서보다 더 쉽게 발견되기 때문이지요. 여전히 예술가들은 자연이 만드는 '시적인 순간'에 자신들의 '창조적 개성'으로 예술을 창조해내니까요.

그중 가장 변화가 잦은 자연이 '바람'입니다. 주의 깊게 관찰해보세요. 바람이 부는 순간을 잘 관찰해야 합니다. 봄이 오면 어김없이 봄바람이 불어 잠자는 씨앗들을 깨우지요. 꼭 닫은 꽃봉오리를 열고 있지요. 새싹이 혼자서 움트지 않고 봉오리가 혼자 열리지는 않거든요. '바람'을 잘 관찰하고, '살풀이춤'의 '발걸음 기술'을 연결해내면 바로 그 '시정적(詩情的)'이라는 표현의 의미를 제대로 알 수 있습니다. 아마 그 지점부터 풀어가야 하지 않

 을까요?

　감히 내 생각을 말하자면, 선생님의 생각은 물론이고 대화하면서도 문득문득 보여주시던 선생님의 연기야말로 신체시정적 연기였습니다. 제자들은 기억할 겁니다. 이미 선생님은 살아 있는 '순간에서 순간으로' 신체시정적으로 넘어가는 연기를 실천하셨습니다. 만일 연기에도 도(道)가 있다면 '신체시정적 접근법' 또한 연기의 도에 이르는 경로가 아니겠습니까? 비극의 고원은 결국 시의 고원이니까요. 그러니 선생님께서 '신체시정적 접근법' 테크닉이 21세기의 우리 연기 미학으로 가장 적절한 방법(method)이라고 하신 것이지요. 충분히 실천 가능한 얘기입니다. 왜냐하면 '신체시정적 접근법'은 거장들이 찾아낸 연기 메소드가 그렇듯이 선생님 '자신의 연기를 끊임없이 관찰하고 깊이 사유해서 나온 실천'으로 도달한 지점이기 때문입니다.

　그다음, 시정적인 '순간'입니다. '시정'이라 함은 '시적 정취'라는 것이거든요. 나는 그래서 배우의 연기를 통해 '시적 정취가 발현되는 순간'이 바로 '신체시정적 순간'을 낳는 씨앗이라고 이해했습니다. 물론 이것은 23년간 시로 연기 화술 수업을 했던 경험에서 얻은 이해입니다. 즉, 삶에서 발견되는 '시적인 순간'들이 바로 예술이 되는 겁니다. 누가 발견했느냐에 따라서, '시학'적 표현으로 다시 말하면 모방 수단의 차이에 의해서 달라질 뿐인 것이지요. 시인이 '시적인 순간'을 발견하면 시로 표현되는 것이고, 배우가 '시적인 순간'을 발견하면 연기로 표현되는 것이고요. 나는 연기 예술에 대한 스승의 생각에서 첫 실마리를 찾았습니다.

배우의 감성과 지성이 연금되어 '내적 풍경'이 풍요롭고 동시에 배우의 몸이 충분히 훈련되어 신체의 조화 속에 '외적 풍경'이 일치되는 순간을 이루어, 관객의 눈을 뗄 수 없게 되면서 연기자와 더불어 순간에서 순간으로의 삶을 경험하면서 살아간다는 것의 참뜻을 깨닫게 하는 것입니다.

_오순택, 『칼을 쥔 노배우』, 「연기예술에 대한 나의 생각」

신체시정적 접근을 얘기할 때 스승이 말하는 '내적 풍경'과 '외적 풍경'에 대한 올바른 이해가 매우 중요합니다. '내적 풍경'과 관련해서 중요한 사안은 '자기 자신의 실존에 대한 감각'입니다. 스승은 이미 여러 번 나온 단어라서 자연스레 외워졌을 'self-awareness'라는 표현을 쓰셨습니다.

삶이 매 순간 선택이듯이 배우는 매 순간 선택을 해야 합니다. 선택의 근거는 무엇으로부터 찾아야 할까요? 스스로 존재 가치를 발견해야 합니다.

_오순택, 『칼을 쥔 노배우』, 「연기예술에 대한 나의 생각」

'신체시정적 순간'에 대한 깨달음은 삶을 경험해가는 태도에 달려 있습니다. 그저 사는 것만으로는 존재 가치를 발견하지 못합니다. 연기도 똑같습니다. 연기하는 것만으로는 존재 가치를 발견할 수 없습니다. 인생을 경험해가면서 쌓게 될 내적 경험 총체에 자신의 존재 가치의 총량이 가장 크게 차지해야 합니다. 그렇기 때문에 배우의 길을 선택하는 데도 자신의 존재 가치를 우선해서 생각해야 합니다.

음, '신체시정적 순간'에 대해서는 스승의 글에 꽤 힌트가 남아 있는데, 그중 중요한 발견의 하나는 '우리 살풀이춤의 발걸음 기술'입니다. 스승은 살풀이춤의 발걸음 기술에서 보이는 '정 - 중 - 동'의 순간을 '신체시정적 순간'이라고 하셨습니다. '살풀이춤'을 꼭 봐야 할 겁니다.

> 나는 우리의 「한량춤」에서 '동중정 - 動中淨'을 보았고, 우리의 살풀이춤에서 고도의 기술인 발걸음 Technique을 보았습니다. 바로 신체시정적 순간입니다.
>
> _오순택, 『칼을 쥔 노배우』, 「연기예술에 대한 나의 생각」

이는 스승이 최종적으로 정리한 '신체시정적 순간'과 깊이 관련됩니다. 무용수가 그 '시적인 순간'을 발견해서 표현해낼 때 '살풀이춤의 발걸음 기술'이 된 것이지요. 스승처럼 연기로 표현하면 '신체시정적' 연기가 되는 것이고요. 스승이 마지막으로 정리한 내용은 다음과 같습니다.

> 우리의 자연적 생활에서 의식적 또는 무의식적으로 쓰게 되었던 생존의 탈(mask)들이 말끔히 벗겨지는 순간이요, 관객

과 배우의 실존, 즉 삶의 참(진실)이 서로 부딪쳐, 참됨이 숨을
쉬는 순간입니다.

_오순택, 『칼을 쥔 노배우』, 「연기예술에 대한 나의 생각」

우선은 '참됨이 숨을 쉬는 순간'에 관객의 영혼과 배우의 영혼
이 교감하는 '카타르시스'가 일어나는 것이라고 가늠해봅니다.
그 글 옆에 언제 써놓았는지 내가 써놓은 질문이 있습니다.

신체움직임이 시적인 느낌을 만드는 순간일까?

아마 '신체시정적 접근법'에 대한 탐구를 시작했을 무렵일 테
니 수년 전이겠지요. 그 질문을 시작으로 지금 풀어낸 지점(결국
『시학』에서 그 답을 찾았습니다.)까지 왔을 겁니다. 스승은 '내적 풍경'이
풍요롭기 위해서는 '배우의 감성과 지성이 연금되어' 있어야 한
다고 말합니다. 신체 움직임의 순간이 시적이면서 그와 동시에
그 순간이 관객의 마음을 감동시킬 수 있으려면 먼저 '내적 풍
경'이 풍요로워야 한다는 것입니다. 어떻게 해야 할까요?
자신의 내적 경험을 풍요롭게 가꾸어야 합니다. 우리가 살아
가는 매 순간의 의미를 인식해야 합니다. 살아가는 매 순간의 경
험을 주의 깊게 관찰해야 합니다. 경험에 주의를 기울인다는 것
은 능동적으로 반응한다는 것입니다. 경험을 통해 자기 내면에
서 일어나는 변화를 주의 깊게 관찰하는 것입니다. 계절이 바뀜
에 따라 변화하는 공기, 바람, 햇빛의 따사로움의 변화를 주의 깊

게 관찰해보십시오. 그에 따라서 자기 몸의 '선율과 리듬'이 달라지는 것을 느껴보십시오. 감성이 달라지는 것을 깊이 느껴보십시오. '신체시정적 순간'에 대한 해결의 실마리가 잡힐 것입니다. 앞에서도 말했지만, 나는 『시학』에서 중요한 실마리를 잡았습니다.

> 모방은 물론이고 선율과 리듬(운율은 분명 리듬의 한 부분이다)도 인간의 본성이기 때문에, 이러한 것에 본능적으로 아주 강력하게 끌리는 사람들이 처음에는 즉흥적으로 모방했다가, 그것이 점점 발전해서 시가 출현한 것이다.
>
> _ 아리스토텔레스, 『시학』

앞에서 의도적으로 자기 몸의 선율과 리듬이 달라지는 것을 느껴보라고 했던 이유입니다. 아리스토텔레스는 '선율과 리듬'도 우리 인간의 본성이며, "이러한 것에 본능적으로 끌리는 사람들이 처음에는 즉흥적으로 모방했다가, 그것이 점점 발전해서 시가 출현한 것이다."라고 말합니다. 요약하면, 연기는 '수정과 조정을 거치면서 다듬어진 즉흥'입니다. 즉흥이 왜 중요한지 알 수 있는 지점입니다. '선율과 리듬'은 즉흥, 즉 시, 그러니까 비극, 그리고 연기 재능의 비밀입니다.

또한 동시에 드디어, 21세기 들어 왜 유독 한국이 문화 강국으로 높이 솟아오르는지에 대한 비밀을 엿본 것 같습니다. 우리에게는 오랜 역사 속에서, 자연 속에서 자연스럽게 익힌 유산, 몸에 밴 '선율과 리듬'이 있습니다. 우리 한국인은 자연에서 만나는 '선율과 리듬에 본능적으로 끌리는 사람들'이며, 그리하여 즉흥 (卽興: 그 자리에서 바로 일어나는 감흥이나 기분)으로 자기 몸 안에 선율과 리듬을 모방하고 발전시킬 수 있는 사람들입니다. 스타니슬랍스 키가 '눈에 보이지 않는 내적 템포와 리듬'이라고 했던 것과 같 은, 그래서 그 어떤 실례도 들기 힘들다고 했던 그런 연기 본성 을 우리 한국인은 타고났다고 생각합니다.

그런 맥락에서 오순택 선생님께서 '신체시정적' 방법이 21세 기 연기 방법이라고 확신했던 것도, 내가 오순택 선생님이 남기 신 미완의 신체시정적 접근법에 대한 실마리를 시 훈련에서 깨 달은 것도 당연합니다. 시야말로 즉흥 감각의 소산이거든요. 스 승께서 찾아낸 '신체시정'의 정체는 역시 시인의 본성이었던 겁 니다.

많은 대가가 그랬던 것처럼 오순택 선생님 또한 즉흥을 중요 하게 여겼고, 훈련은 물론 연기 연습 때도 즉흥 감각을 깨워주려 고 애쓰셨습니다. 수업 내내 몇 시간이고 될 때까지 실연하게 했 던 '첫 등장' 역시 결국 즉흥 감각을 깨우는 작업이었습니다. 스 승께서 중요하게 생각하셨던 '감성'이 연금되는 데는 오늘 우리 가 처한 상황에서 감성의 연금 방법은 물론이고 '내적 경험'으로 도 선율과 리듬이 살아 있는 예술, 시(詩)가 가장 적합하다고 생 각합니다. 학생들과 초보 배우들의 연기 워크숍을 진행하면서 시와 함께 연기와 화술 훈련을 오래 해본 나의 경험에서 나온 확 신입니다. 20년을 넘게 했으니까 만만치 않은 경험이지요. 시를 표현하는 훈련을 통해서 얻게 되는 것은 놀랍게도 '감성'만이 아니라 그 시와 닮은 시적 순간을 연기해내는 훈련이 된다는 겁니다. 그런 맥락으로 스승이 사용하신 '신체시정적 순간'이란 표현의 '詩情的'이라는 한자 표현을 이해해야 합니다. 스승이 제아미의 '꽃의 철학'으로 시선을 돌린 것도 결코 우연이 아닙니다.

> '꽃의 철학'을 아전인수(我田引水) 격으로 새겨보면, 꽃을 피운 연기자는 '연기의 꽃'이 어떻게 피고 왜 지는지(사라지는지)의 논리와 방법(테크닉)을 알고 있어야 되며, 이 꽃을 주어진 순간에 반복해서 피우게 할 수 있어야 되며, 이곳엔 우연이란 없습니다. 이 연기의 꽃은 피고 지고를 되풀이할 수 있기에 꿈속에서처럼 다시 피는 영구성이 있는 '예술의 꽃'이 됩니다.
>
> _오순택,『칼을 쥔 노배우』,「연기예술에 대한 나의 생각」

꽃이 피는 순간을 생각해보면 그 순간이 '눈을 뗄 수 없게' 경이롭고 아름답지 않나요? 그 순간의 시적 정서를 상기해보십시오.『풍자화전』의 저자 제아미는 다음과 같이 말합니다.

> 비밀스러우면 꽃이 되며, 비밀스럽지 못하면 꽃이 될 수가 없는 것이다.
>
> _제아미,『풍자화전』

내가 그랬듯이 저 말은 쉽지 않을 것입니다. 언뜻 수수께끼처럼 느껴지니까요. 그러나 연기가 역설의 예술이라는 것을 안다면 문제는 쉽게 풀립니다. 놀랍게도 동양의 대가 제아미의 생각은 스승뿐만 아니라 20세기 미국의 위대한 스승 샌포드 마이즈너의 생각과도 연결됩니다. 마이즈너는 배우의 감정이 생생하게 나올 수 있기까지의 그 비밀스러운 과정에 대해 "준비란 이토록 사적이고 은밀한 것이지."라고 표현했습니다.

제아미는 배우의 연기로 피어나는 순간, 관객이 최고의 감동을 느끼는 그러한 순간을 '꽃'의 완성이라고 보았습니다. '꽃'의 완성은 제아미에게 필생의 과제였습니다. 동서양 대가들의 생각이 같다는 것, 그것이 연기 예술의 본질이기 때문입니다. 바로 그것 때문에, 제아미 자신은 그 필생의 과제가 있어서 늙은 몸으로 사도라는 외딴섬에 유배된 지경에서도 『풍자화전』을 위시해 대부분의 역작을 남길 수 있었던 겁니다.

배우에게도 같을 것입니다. 관객과 하나가 되는 순간이 연기의 완성이니까요. 오순택 선생님께서 결코 아전인수 격으로 제아미의 꽃의 철학을 해석한 것은 아니었습니다. 제아미의 '꽃의 철학'도, 오순택 선생님의 '신체시정'도 고대 그리스에서 비극이 탄생하던 '즉흥'의 순간에서부터 면면히 흐르는 밈 유전자인 겁니다.

우리가 관심을 가지는 대상, 관심을 가지는 방식이 그 대상은 물론이고 우리 자신까지 변화시킨다.

_ 이언 맥길크리스트, 『주인과 심부름꾼』

나 역시 결코 아전인수 격으로 스승의 '신체시정적 순간'의 의미를 해석하지 않았습니다. 오순택 선생님의 연기에의 존경이 나를 변화시켰기에 배우의 관점과 동시에 관객의 관점으로 제자들의 기록을 샅샅이 살폈고, 배우에의 존경으로, 배우 입장으로 내가 쌓아온 모든 경험과 극적 지성을 토대로 해서 답을 찾아낸 것입니다. 그렇게 신체시정적 '순간'에 대한 실마리를 잡고 제자들이 지어놓은 미로를 탐험해 들어간 겁니다. 그렇게 스승께서 남기신 족적을 좇으니 이렇게 즉흥 – 꽃 – 신체시정으로 '시정적 순간'의 비밀의 문, 그 빗장이 풀린 겁니다.

앞에서 나눈 대화를 떠올려보십시오. 배우의 움직임이 순간에서 순간으로 이동될 때, 그 움직임이 시정적(詩情的)이어야 하는 것입니다. 좀 더 구체적으로 들어가면, 배우가 순간에서 순간으로 이동해갈 때, 시에서 드러내는 것과 같이 배우의 움직임에 '느낌, 감정, 분위기'와 같은 정서를 담고 있어야 합니다. 신체시정적 순간이란 바로 그런 의미입니다. 그리고 신체시정적 순간의 정점, 꽃의 완성은 '순간의 완결미'입니다. 먼저 우리에게 중요한 실마리를 제공해주는 제자의 기록을 보겠습니다.

그런데 연기란 것은 최선을 다하기도 참 어려운 일이다. 최선을 다하겠다는 각오는 과한 연기로 이어질 수도 있기 때문이다. 투명한 모습을 보이기 위해 최선을 다하는 학생들에게는 불필요하게 넘치는 연기와 동작들이 있었다. 오 선생님은 그때 장인적 간결함을 말씀하셨다. 평생 목공일을 해온 목수의 망치질과 1년 차 수습의 망치질은 가장 기본적인 동작임에도 다를 수밖에 없다고. 그 캐릭터가 가진 장인적인 간결한 동작을 찾아내라고. 그러다 보면 감정적 표현도 동작의 간결함에 어울리게 다듬어진다.

_유종선, 『칼을 쥔 노배우』

그렇습니다. '장인적인 간결함'은 스승이 말하는 '순간의 완결미'가 어떻게 획득되는지에 대한 해결의 실마리입니다. 내가 개인적으로 찾고 실천했던 '연기의 뷰포인트'와도 연결됩니다. 연기의 뷰포인트에 대해 잠깐 설명이 필요하겠네요. 이미 해두었던 메모에서 옮겨오겠습니다.

연기의 뷰포인트란?

실제로 오순택 선생님이 보여주신 'moment to moment'의 연기에서 내가 다시 더 구체적으로 진화시킨 정교하고 디테일한 연기 기술이다. 한 문장으로 대답하면 관객에게 보이는 지점, 관객의 감수성을 건드리는 순간의 연기다. 스타니슬랍스키의 메소드에서 비롯돼 오순택 선생님의 연기에서 구체화되었던, 연기는 '순간에서 순간으로' 이어져야 한다(연기의 관통선이라고 할 수 있다)는 것으로부터, 그러니까 '순간에서 순간으로' 넘어가는 그 흐름 어디엔가 관객의 감수성에 특별한 힘으로 작용하는 순간(/사이/)을 찾아내어 '1초의 연기'로 표현하는 것이다. '1초의 연기'는 내가 '연기의 뷰포인트'를 발견하는 것의 중요성을 깨닫고 발견해낸 특별한 연기 비법을 표현하기 위한 용어이다.

물론 연기의 뷰포인트에 대해 고민한 것은 꽤 오래된 일입니다. 아마도 영화 『타짜』에서 '아귀' 배역의 김윤석이 보여준 그 특별한 한순간에서 시작된 것 같습니다. 그런 '특별하고도 강력한 한순간'에 어떤 비밀이 숨겨져 있는지를 고민하다가 찾은 연기술이고, 거기에 걸맞은 표현을 찾다가 '뷰포인트'를 빌려온 겁니다.

그럼 다시 내가 왜 스승께서 생각하는 '신체시정적 순간'이 드러나는 지점을 '연기의 뷰포인트'로 연결 짓는지 그 근거를 스승의 글에서 확인해보겠습니다.

> "바로 신체시정적 순간입니다. 이렇게 빚어진 순간은 우리의 자연적 생활에서 의식적 또는 무의식적으로 쓰게 되었던 생존의 탈(mask)들이 말끔히 벗겨지는 순간이요, 관객과 배우의 실존, 즉 삶의 참(진실)이 서로 부딪쳐, 참됨이 숨을 쉬는 순간입니다."
>
> _오순택, 『칼을 쥔 노배우』, 「연기예술에 대한 나의 생각」

예, 그랬습니다. '연기의 뷰포인트'가 관객에게 보이는 지점, 관객의 감수성을 건드리는 순간의 연기인 것, 더 나아가 스승의 표현처럼 '관객과 배우의 실존, 즉 삶의 참(진실)이 부딪쳐, 참됨이 숨을 쉬는 순간'이 되는 것이지요. 바로 연기가 예술이 되는 순간입니다.

> 예술이란 눈 깜짝할 사이에(독일어로 Augenblick, 순간·찰나) 여러 시간 동안 듣거나 읽었을 때보다 더 많은 것을 이야기해주는 힘을 가진, 비언어적 혹은 언어 이전의 시각적 언어다. 인간의 다양한 감각들을 포함한 가장 원초적인 감정을 전달하는 표현 수단이다.
>
> _ 제리 살츠, 『예술가가 되는 법』

내가 연기의 뷰포인트를 설명하면서 '사이'의 연기라고 표현하는 것과 같은 맥락입니다. 물론 스타니슬랍스키 시스템에서 비롯한 '배역을 생활'하는 그 '순간'들이 '순간에서 순간으로' 연결되면서 연기가 예술에 이르게 된다는 가르침에서 시작된 것입니다. 그리고 그 깨달음을 스승께서 다시 확인시키신 것입니다. 스승이 제자들에게 남긴 미완성의 '신체시정적 순간'은, 즉 뷰포인트의 연기, '사이'의 연기는 깊은 경지에 이르렀을 때 저절로 발현되는 '시적인 순간'입니다. 그 시적인 순간이 배우의 연기가 예술이 되는 순간인 것입니다.

밑그림 요소 4

네 번째 요소는 '균형'입니다. 태도로는 '중립'입니다. 몸의 균형과 본성의 균형이 모두 중요합니다. 배우는 신체의 균형과 정신의 균형을 모두 갖추어야 합니다. 그러기 위해서 '중립'의 태도로 필요한 방법들을 찾아야 하는 겁니다. 모든 연기 방법을 습득하는 데도 그러하듯 '신체시정적 접근' 방법의 실천을 위해서도 역시 '균형'은 중요합니다.

첫째로, 몸의 균형 부분에서는 신체적 준비를 잘해야 합니다. 제자들의 기록을 꼼꼼히 탐구하면서 스승이 배우로서 살아낸 삶을 추적해보니 젊은 시절부터 신체적 준비가 토대라는 것을 알았고, 배우로서 사는 동안 자신에게 맞는 루틴을 찾고 평생을 통해서 실천했습니다. 그 덕분에 척추를 중심으로 신체의 '균형'을 스스로 통어할 수 있게 된 것입니다. 가장 마지막 수업에 어시스턴트로 참가했을 때 직접 목격한 수업 풍경을 옮겨보겠습니다.

> 선생님은 '몸 풀기' 과정을 쭉 지켜본 다음 대단히 중요한 얘기를 하시는데 내가 보기에는 배우들이 그 얘기를 흘려듣고 있었다. 다시 시간을 갖고 꼼꼼하게 따져보라.
>
> "목적이 없으면 안 된다! 다음 순간을 최상의 컨디션으로 반응할 수 있게 몸을 풀어준다. – 척추가 축이 되어 움직임을 돕는다."
>
> _오순한, 『칼을 쥔 노배우』

그때 스승이 하는 말을 그대로 받아 적으면서, 특히 "척추가 축이 되어 움직임을 돕는다."라는 말에 정말 많이 놀랐지요. 러시아로 유학 가기 전에 그로토프스키의 『가난한 연극』(그로토프스키 역시 척추가 표현의 중심이라고 했습니다.)을 통해서 알고 있기도 했지만, 러시아에서는 배우 그룹이든 연출 그룹이든 3년 동안 필수로 훈련하는 '무대 동작' 수업에서 마스터들이 늘 강조하는 점이기 때문입니다. 물론 스타니슬랍스키 시스템에서 비롯된 겁니다. 『배우 수업』 제6장 「근육의 이완」을 꼼꼼히 읽어보십시오.

연기(play or action)의 기본 도구는 '정신'을 담고 있는 신체 전부입니다. 더 나아가서 예술적으로 균형 잡힌 아름다운 인간의 신체입니다. 정신은 신체를 통해 표현됩니다. 이언 맥길크리스트는 '살아진 신체'라고 표현했습니다. 아름다운 정신이 표현될 때 신체 역시 아름다움을 추구합니다. 스승이 배우에게 요구하는 것은 '신체시정적 접근'을 위한 요소로서 정신의 아름다움이 표현되기 위한 신체의 균형입니다. 그러한 신체의 균형을 위한 중심은 '척추'입니다. 무엇을 하든지 자기 신체의 균형을 지켜낼 수 있도록 자신에게 적합한 훈련을 찾아서 척추를 바로잡아야 합니다. 이것은 매우 중요합니다. 연기를 직업으로 선택할 생각이라면 반드시 척추의 균형을 잡기 위한 훈련 방법을 찾고 루틴으로 장착해야 합니다.

둘째로, 본성의 균형 역시 '신체시정적 접근'을 위한 요소로서 매우 중요합니다. 여기서 본성에는 감정은 물론 이성도 포함됩니다. 앞에서 말한 바대로 이성 역시 본성이라고 한 아리스토텔레스의 관점을 따른 것입니다. 연기술의 대가 스타니슬랍스키는 연기 원동력인 세 요소의 균형에 대해 이렇게 말하고 있습니다.

그러나 이 세 요소 중 어느 하나가 다른 두 요소를 말살하여 균형과 조화가 깨지지 않도록 하는 게 필요하다. 우리의 배우 예술은 이 세 가지 유형을 인정하고 있으며, 이 세 개의 힘은 배우의 창조 과정에서 모두 주역을 맡고 있다.

_스타니슬랍스키, 『배우 수업』

드니 디드로의 '역설의 원리' 역시 그러한 관점에서 비롯된 것입니다. 그리고 역설의 원리와 맞닿는 이견지견은 스승이 미완성으로 남기신 신체시정적 접근에 매우 중요합니다. '본성'과 '이성'의 균형 혹은 조화를 중요하게 생각하는 데서 얻어진 결과를 압축한 관점입니다.

우리를 마음대로 좌지우지할 수 있는 사람은 자기 통제력을 벗어난 격정의 인간이 아닙니다. 타인을 통어(統御)할 수 있는 능력은 스스로를 제어할 수 있는 자에게 돌아가게 되어 있는 하나의 혜택입니다. 특히 위대한 극작가는 자기 주변의 물리적 세계와 정신세계 속에서 일어나는 바를 끈기 있게 관찰하는 사람입니다.

_드니 디드로, 『배우에 관한 역설』

내가 '통어의 기술'이라고 이름 붙인 디드로의 생각은 스승이 생각하는 '신체시정적 순간', 즉 '외적 풍경과 내적 풍경이 일치되는 상태'와 정확히 부합합니다. "겉으로는 외적인 몸의 형태를 인식하고 내적으로는 자신이 실존한다는 것을 인식(self-awareness)하는 것"입니다. 바로 이견지견입니다.

연기는 경험의 예술입니다. 능동적으로 많은 경험을 해보는 것도 중요합니다. 아리스토텔레스 말을 빌리면, 이야기꾼은 '눈으로 본 듯 생생하게' 이야기할 수 있어야 합니다. 그래야 관객이 믿게 되고, 더 나아가서 관객에게 감탄과 감동을 불러일으킵니다. 심금(心琴)을 울려야 합니다. 심금을 풀어보면 '마음의 현'입니다. 심금을 울려야 감동합니다. 이 표현은 부처님과 제자 사이의 '거문고 비유'에서 비롯되었습니다. 아무리 수행해도 깨달음을 얻지 못한 제자 스로오나가 부처님께 도움을 청하고, 다음과 같이 문답을 주고받습니다.

"스로오나야, 네가 거문고를 켜본 적이 있느냐?"
"예."
"거문고의 줄이 팽팽해야 소리가 곱더냐?"
"아닙니다."
"그렇다. 거문고의 줄은 너무 팽팽하지도 느슨하지도 않아야 고운 소리를 낸다."

_스티븐 나흐마노비치, 『놀이, 마르지 않는 창조의 샘』

아, 나에게는 이 얘기가 스승께서 늘 강조하셨던 '내적 풍경'과 '외적 풍경'의 조화로 균형을 이뤄야 한다는 것에 대한 최적의 답이었습니다. 몸과 마음이 제대로 어우러져 평정을 이룰 때 깨달음에 이를 수 있다는 것이고, 시간이 흐르면서 우리 마음이 어떤 행적에 감동받을 때 울리는 '마음의 소리'를 뜻하게 되었습니다. 그것이 어떤 행동이든 혹은 음악이든 연기든 뭔가에 감동할 때 가슴이 찡하고 울리는 경험, 모두 해봤을 겁니다.

관객의 심금을 울리기 위해서 배우는 신체와 내적 본성이 조화롭게 균형 잡혀야 합니다. 흔히 사용하는 '배우에게는 몸이 악기다'라는 비유를 상기하시고 이 이야기를 잘 새겨보십시오. 영어로도 거의 같은 표현을 씁니다. 'Strike a chord', '현을 튕기다'라는 뜻입니다. 프로 연주자들은 연주 전에 악기부터 조율합니다. 그냥 조율하지 않습니다. 온몸의 감각과 함께 조율합니다. 바로 균형과 조화를 잡기 위해서입니다.

배우가 연기하는 순간에 '팽팽하지도 느슨하지도 않은' 상태에 있게 된다는 것은 그야말로 온몸으로 '나는 연기한다. 고로 존재한다.'가 되는 상태입니다. 스승은 배우들에게 이견지견을 핵심으로 하는 '신체시정적 순간'에 도달하는 길을 열어주고 싶으셨던 겁니다. 이제 그러한 연기를 위해서 필요한 방법을 모색하는 것은 스승의 생각과 연기를 잇고자 하는 배우들 각자의 몫이겠지요. 특히 스승께 배운 제자들이 스승이 '신체시정적 순간'을 연기해내는 것을 눈으로 목격했으니 생생하게 연기하는 방법을 가장 잘 찾아낼 수 있을 것입니다.

거장의 어깨에 올라서십시오. 스승이 보여주고 가르쳐준 배우로서의 자세와 삶의 자세를 그대로 좇으면 되지 않을까요? 거장과 닮은꼴이 되려고 하면, 닮습니다. 거장이 된 사람들은 그들보다 앞선 거장의 노트를 제대로 훔쳐냈지요. 장인 밑에서 배우면 장인이 될 가능성이 높아지는 것입니다. 스승과의 작업에 이미 구체적인 방법이 있습니다. 그걸 보는 눈이 있느냐, 없느냐의 문제인 것 같습니다.

내가 지금까지 적은 밑그림 요소들은 모두 제자들의 기록에서 찾았습니다. 그 기록에 따르면 스승께서는 '신체화' 혹은 '신체 디자인'이라는 표현을 쓰셨더군요. 그 말에도 '신체시정적 순간'을 창조하기 위한 열쇠가 있습니다. 그런 맥락에서 『뷰포인트 연기훈련』을 읽어보길 권합니다. 스승이 제아미의 이론에서 얻어낸 '신체시정적 순간'에 대한 열쇠를 발견할 수 있을 겁니다.

『뷰포인트 연기훈련』의 저자 앤 보가트와 티나 란다우는 안무가 메리 오버라이가 만든 배우와 무용수, 공연 예술가들 훈련 프로그램의 방법론을 연극이라는 예술 장르에 맞게 특화해 발전시켰습니다. 그들의 말마따나 새로우면서 또 새롭지 않은 연기 훈련법입니다. 그 훈련법이 얼마나 훌륭한 방법인지를 말하려는 것이 아닙니다. 그 훈련법이 만들어지는 과정에서 두 저자가 받아들인 또 하나의 새롭지 않은, 전통과 깊이 이어진 훈련법에 대해 말하려는 것입니다.

앤 보가트와 티나 란다우는 스즈키와 공동으로 작업했습니다. '노'의 전통을 잇는, 세계에서 인정받은 일본 연출가 스즈키의 연기 훈련법을 결합하는 방식이지요. 그런 이유로 앤 보가트와 티나 란다우 또한 노의 토대를 만든 제아미 사상의 기본 구성 요소인 '조-하-큐'를 새롭게 발견하고 자신들의 훈련법으로 끌어들입니다. 마치 오순택 선생님이 '살풀이춤의 발걸음 기술'에서 '정-중-동, 동-중-정'의 '신체시정적 순간'을 발견해낸 것처럼 말입니다.

물론 그들이 무엇을 목표로 하는지 올바르게 확인하는 것이 중요합니다. 그들은 "신체의 뷰포인트를 이해하고 이를 훈련과 연극 연습에 효과적으로 사용"하기 위한 기본과 단계를 만드는 것을 목표로 합니다. 그러나 저자들은 결코 단계만을 기계적으로 따르는 것을 원치 않습니다. 그것은 예술가들에게 치명적이라고 단언합니다. 그리고 뷰포인트 연기 훈련을 대하는 자세로 '질문과 싸우고, 과정을 조정하고, 스스로의 발견을 얻기'를 요구합니다. 당연하게도 자신을 예술가로 성장시키려는 배우라면 연기 메소드를 대하는 기본 원칙과 태도도 그와 같아야 합니다. 스승이 제자들에게 가르쳤던 '신체화' 과정 역시 제대로 이해하려면 끊임없이 '질문과 싸우고, 과정을 조정하고, 스스로의 발견을 얻기' 위해 분투해야 합니다. 놓치면 안 됩니다. 앤 보가트와 티나 란다우가 제아미 연기론에서 흡수한 '조-하-큐'도 그렇고, 오순택 선생님이 '살풀이춤'에서 발견한 '정-중-동'의 신체시정적 순간도 그렇고, '신체의 뷰포인트' 핵심은 '척추'입니다.

밑그림 요소 5

다섯 번째 요소는 '이견지견(離見之見)'입니다. 네 번째 요소와 긴밀하게 연결되는 요소입니다. 제자들의 기록을 보니 스승께서 자주, 매우 강한 어조로 강조했던 관점입니다. 말 그대로 풀면

'떼어놓고 보는 것이 보는 것이다.' 그런 뜻입니다. 앞에서 이미 말했듯이 드니 디드로의 '연기의 역설'의 법칙과도 같습니다. '이 견지견'이란 표현은 일본의 전통극 노의 완성자 제아미의 꽃의 철학에서 빌린 것입니다. 그렇지만 이미 아리스토텔레스『시학』에도 나와 있습니다.

> 그렇기 때문에 천부적인 재능이 있거나 신들린 자만 시인이 될 수 있다. 전자는 어떤 등장인물에든 쉽게 빠져들어서 연기해낼 수 있고, 후자는 자기 자신에게서 쉽게 벗어날 수 있기 때문이다.
>
> _아리스토텔레스,『시학』

배우의 두 부류에 대한 이야기라는 것을 알겠지요? 후자, 즉 '신들린 자'가 이견지견과 연결되는 디드로적 배우입니다. 오순택 선생님 역시 '신들린 자'입니다. 신들린다는 것을 현대적으로, 우리 식으로 표현하면 '미쳐야 미친다'입니다. 오순택 선생님은 연기에 미친 거죠. 오로지 어떻게 하면 관객의 영혼과 만날 수 있는가에 미친, 신들린 배우였습니다. 디드로에 의해 정리되기는 했어도 연기 역설의 기술은 3000년의 시간과 동서양의 공간을 관통하면서 하나로 이어지는 연기술의 원칙이라는 것을 알 수 있습니다.

나는 2005년 이후, 그러니까 박사학위 논문을 끝내고 난 그때부터 배우들에게『시학』과 함께 드니 디드로에게서 배운 '연기 역설'의 법칙을 연기술로 가르쳤습니다. 논문을 쓰면서 장착한 방법이고, 20년 이상을 탐구했던 연기술이기 때문에 스승이 디드로적 배우라고 자신 있게 말할 수 있습니다. 그러한 맥락에서 데클란 도넬란의 '목표점의 여섯 가지 규칙' 중에 두 번째 규칙이 나옵니다.

2. 목표점은 항상 외부에, 적당한 거리를 두고 존재한다.
The target always exists outside, and at a measurable distance.

_ 데클란 도넬란,『배우와 목표점』

그렇습니다. 데클란 도넬란은 드니 디드로의 연기 역설의 관점에 따라서 '시선을 어디로 보낼 것인가?', 즉 배우가 '어디를 봐야 하는가?'의 문제를 해결합니다. 어떤 대상에 관한 자신의 생각을 알고 싶다면 시선을 밖으로 향해야 합니다. 어떤 배역이나 사건에 대해 가지는 감정을 알려면 그 대상 자체로 향해야 합니다. '이견지견'의 관점이기도 합니다. 드니 디드로의『배우에 관한 역설』은 그의 책에 유일하게 언급된 책입니다. 즉, 그의 생각의 토대가 역설의 연기술과 무관하지 않다는 것입니다. 제아미, 디드로, 데클란 도넬란의 연기 방법을 관통하는 '이견지견', '역설의 원칙'은 연기에 있어서 척추와 같습니다.

배우가 시선을 돌려야 하는 그 첫 번째 목표점은 대본입니다. 배역이나 사건은 대본 안에 있습니다. 대본으로 시선을 돌릴 수밖에 없습니다. 대본을 읽을 수밖에 없습니다. 대본에 주어진 상황 안에서 배역이 가졌을 법한 감정을 생각해야 하는 겁니다. '이견지견', 즉 떼어놓고 봐야 하는 겁니다. 그래서 연기 역설의 법칙이 '만일'이라는 하얀 유령을 실제적인 기술로 땅에 붙여줄 한쪽 다리라고 했던 겁니다. 너무도 자명합니다. 배역에 대한 모든 해결 방법은 오직 대본에서 찾아야 하는 겁니다. 그럼 언제까지 대본을 봐야 하는가? 주어진 상황과 사건과 그에 대한 인물의 반응이 모두 이해되고 '경험'될 때까지 봐야 하는 거지요.

마지막 수업이 된 스승과의 워크숍에서 스승은 배우들에게 배역의 '대사'를 경험할 것을 계속해서 요구했습니다. 이 또한 당연한 일입니다. 연극은 '경험의 예술'입니다. 스타니슬랍스키 역시 배역을 경험하는 것을 중요하게 생각했지요. 그래서 나온 표현이 '배역을 생활하라'는 것입니다. 아리스토텔레스가 '배역을 모방하라'고 한 것과 다르지 않습니다.

밑그림 요소 6

여섯 번째 요소는 '디테일'입니다. 탁월한 연기를 위해서, '인물의 정신과 감정을 정확하게 담아내기 위해서' 반드시 필요한 요소입니다. 탁월한 연기의 비밀입니다. 연기의 완성, '순간의 완결미'를 통해 카타르시스를 행하는 것은 디테일로 결정됩니다. 스승은 제자들에게 '눈을 뗄 수 없게 만드는 배우'가 되라고 했습니다. 그 방법이 바로 디테일이고요. 제자는 그러한 배움의 순간을 이렇게 기억합니다.

흥미를 잃어버리는 순간에 빠질 틈이 없도록 만들어야 한다는 것이다. 도대체 얼마나 한 장면을 쪼개고 디테일을 찾아야 하는 것일까. 하지만 관객이 눈을 뗄 수 없는 흥미와 기대, 재미를 느낀다면, 더 잘 드는 칼을 들고 장면과 디테일을 쪼개서 순간순간의 대조를 만들어내는 노력을 어느 배우가 포기하겠는가.

_ 최다연, 『칼을 쥔 노배우』

연기 기술로서의 디테일은 신체시정적 순간에 도달하기 위한 '화룡점정'의 '점정(點睛)'의 기술인 것이지요. 수업 시간 내내 '등장'하는 장면만 했다는 몇몇 제자의 기록이 기억납니다. 스승께 배운 모든 제자의 공통된 경험입니다. 스승은 제자들에게 결코 사라지지 않는 밈(meme) 유전자를 전달하신 겁니다. 결코 포기해서는 안 되겠지요. 스승이 제자들에게 특히 중점적으로 가르쳐 준, 디테일을 위한 '더 잘 드는 칼'을 손에 쥐려면 무엇을 해야 할지 찾아내야 하겠습니다.

1) 상세 감각

연기의 디테일을 위해서 가장 중요한 것이 오감을 통합하는 육감으로 훈련된 '상세 감각'입니다. 스승께서는 첫 등장을 수십 번씩 반복하는 '스타 등장'을 통해서, 제자들이 상세 감각을 익힘으로써 '모든 창조적 행동을 극한까지 수행'하도록 만들었습니다. '상세 감각'은 스승이 "평생 목공일을 해온 목수의 망치질과

1년 차 수습의 망치질은 가장 기본적인 동작임에도 다를 수밖에 없다."라고 하셨던 것처럼 타고난 재능과 기술이 결합된 고도의 훈련으로 연마되는 장인의 감각입니다. 타고난 미각이 있다고 해도 포도주를 맛보고 구별할 수 있기까지 지구상의 포도주를 모두 맛보고 구별해서 기억하는 훈련을 거쳤을 것이라는 사실은 너무나 자명한 일이니까요.

나의 해결은 역시 스타니슬랍스키입니다. 『배우 수업』 제8장 「믿음과 진실감」에 오순택 선생님이 제자들에게 강조하셨던 '상세 감각'을 어떻게 훈련할 수 있는지에 대한 답이 들어 있습니다.

새로움의 '차이'란 아주 작은 것이다. 내가 코스챠로 하여금 그의 모든 창조적 행동을 극한까지 수행하도록 만들었다는 것, 그것이 차이, 그것이 전부다.

_스타니슬랍스키, 『배우 수업』

다시 또 오순택 선생님과 스타니슬랍스키 시스템의 연결 관계가 드러납니다. 『배우 수업』을 풀어내는 과정에서 제8장 「믿음과 진실감」이 시스템 중 특히 '신체 행동' 방법의 정수라는 것을 알았습니다. 제8장 「믿음과 진실감」에서 발견한 '상세 감각'의 토대는 '진실감'입니다. 즉, 진실에 대한 감각입니다.

그러나 행동 자체보다도 더 중요한 것은 그 진실성 및 그에 대한 배우의 믿음이다. 그 이유는 배우가 진실성과 믿음을 가지면, 감정과 경험이 반드시 함께하기 때문이다. 이것을 입증하려면, 아주 작지만 정말로 믿음이 가는 행동을 실제로 해봐라. 그 즉시, 직관적으로, 자연스럽게, 어떤 정서가 생겨남을 알게 될 것이다.

_스타니슬랍스키, 『배우 수업』

　진실에 대한 감각은 '아주 작지만 정말로 믿음이 가는 행동'을 찾아 실제로 행함으로써 얻어집니다. 거기에 더해서 그러한 상세 감각과 진실감을 일치시키기 위해 나는 화술과 관련해서 우리말 모음과 자음까지 쪼갭니다. 여기서는 우리말 띄어 읽기와 연결되는 연기와 관련해서 사이//까지 쪼개기를 권하겠습니다. 우리말의 모든 사이에 담긴 리듬과 호흡을 찾아내기 위한 디테일 작업입니다. 직접 작업해보지 않는 한 믿기지 않겠지만, 배역에 따라서, 상황에 따라서 배우의 노력으로 사이//는 무한하게 찾아집니다.

　자명하지 않습니까? '상세 감각'은 '순간의 완결미'를 창조해내기 위해 꼭 필요한 능력이며, 그런 의미에서 '신체시정적 접근'이 연기 메소드가 되기 위한 필수 불가결한 요소입니다. 스승이 제자들에게 "배우는 7감이 있어야 한다."라고 했을 때의 그 7감은 바로 '상세 감각'이었을 것이라는 확신이 드는 지점이기도 합니다. 나는 금은 세공사의 정교한 칼과 그의 손기술을 생각해볼 것을 권하겠습니다. 세공의 정교함에 따라서 보석의 가치가 달라지지 않나요? 연기의 가치 역시 그렇다고 봅니다. 세공이 정교할수록 보석의 아름다움이 극치에 이르는 것처럼 표현이 디테일할수록 연기는 아름다움의 극치에 이를 것입니다. 아름다움이 극치에 이르면 감탄을 넘어 감동에 이릅니다.

그런 맥락에서 얼굴 성형에 대해 짚고 가야겠습니다. 얼굴 성형은 배우의 상세 감각을 막습니다. 배우 인생 전체를 생각하면 막대한 폐해입니다. 내가 배우들을 가르칠 때 얼굴 성형을 극도로 반대했던 이유입니다. 성형은 연기의 자연스러움은 물론 표현의 정교함을 포기하는 멍청한 짓입니다. 영상 매체 연기가 더 중요한 이 시대에 특히 연기 디테일의 정점이 얼굴 표정이라는 것을 안다면, 아리스토텔레스의 말 그대로 '신들린 배우'들은 얼굴 성형을 절대 하지 않을 겁니다.

배우 한석규는 턱에 생긴 흉터조차 성형하지 않았습니다. 그 흉터까지도 자신의 매력으로 만들었지요. "감정은 우리 삶의 질을 결정한다."라는 폴 에크먼의 말이 진실이라면, 감정은 연기의 질도 결정합니다. 감정의 뷰포인트 역시 얼굴 표정으로 완성됩니다. 그런 의미에서 배우 한석규의 결정은 배우의 가치를 높이는 탁월한 선택이지요. 우리의 감각기관이 모두 집중돼 있는 부분이 바로 얼굴입니다. 얼굴 성형은 '상세 감각'의 가능성을 포기하는 것입니다. 결국 연기의 질을 포기하는 일이 됩니다.

2) 단락(beat) 세분화

스타니슬랍스키 시스템에서 비롯된 기술입니다. 『배우 수업』

제7장 「단위와 목표」에서 배울 수 있습니다. '한 편의 희곡, 하나의 배역을 요소별로 나누는 법'입니다. 간단하게는 '단위 나누기'라고 하지요. 말은 간단하지만 결코 간단한 기술이 아닙니다. '비극의 고원'으로 확실하게 올라가는 사다리이기 때문입니다.

스타니슬랍스키 스스로 『배우 수업』 제7장 「단위와 목표」에서 '새롭고 중요한 단계'라고 했고, 학생들에게 그 단계까지 이르게 된 것을 축하해줍니다. 그리고 만일 그 기술을 터득한다면 정말 축하할 일입니다. 시간이 오래 걸릴 뿐만 아니라 실제로 과학자적 집중력과 고도의 인내심이 필요한 최고의 기술입니다. 스타니슬랍스키의 제자 미하일 체홉은 스타니슬랍스키 최고의 발명이라고까지 했습니다. 그런데 스승께서는 거기에 한 걸음 더 나아가 『시학』의 연기 기술인 '처음-중간-끝'을 결합시켜 '순간의 완결미'로 더 확장하고 세분화하셨습니다.

> 모든 '순간'에는 처음과 중간과 끝이 있다고 하시면서 '순간의 완결미'를 말씀하셨다. 연기가 순간의 예술이고, 순간은 구체적 행동으로 실제화되므로, 순간의 완결미는 '행동의 완결미'라 할 수 있을 것이다. 결국 순간의 완결미는 연기의 '전체 완결성'을 위한 최소 단위이자, 순간이 곧 전체인 연기의 본질과 이어짐을 알 수 있다.
>
> _ 이민우, 『칼을 쥔 노배우』

알고 있겠지만, '처음-중간-끝'은 아리스토텔레스 스토리텔링의 법칙이기도 합니다. '처음-중간-끝'이 "연기의 '전체 완결성'을 위한 최소 단위라는 것"이라는 말에서도 알 수 있듯이 '순간에서 순간으로' 진행되는 '1초의 순간'을 만들어내는 기술이기도 합니다. 스승 역시 '처음-중간-끝'을 '비트 나누기'로 가르치셨다는 것을 제자의 기록에서도 확인할 수 있습니다.

선생님께서는 비트 나누기에 대해 다음과 같이 말씀하셨다.

1초를 백분의 일로 나눌 수도 있다. 1초가 영원할 수도 있다. 비트를 잘 나누기 위해 맥락을 읽어야 한다. 그러기 위해 배우는 인문학적 소양을 갖추어야 한다.

인문학적 소양을 갖춘 배우가 대본을 토대로 올바른 '직관력'을 발휘할 수 있다는 말이다. 직관력은 '올바른 선택'을 할 수 있도록 돕고, '올바른 선택'은 '극중 인물의 겹 또는 층위'(선생님께서는 '내적 풍경'이라 말씀하신다.)를 한층 풍요롭게 해줄 수 있다.

_ 김여진, 『칼을 쥔 노배우』

인문학적 소양 중 배우가 가장 먼저 장착해야 할 것은 당연히 『시학』입니다. 『시학』은 가장 근원적인 '최초의 연기술'이기 때문입니다. '처음-중간-끝'은 『시학』에서 비롯돼 3000년을 이어온 연기술입니다. 내가 쓴 책 『문장//쪼개기』의 출발 역시 '요소별로 나누는 법', 즉 스타니슬랍스키 시스템으로 배운 '단위 나누기'와 『시학』에서 배운 '처음 – 중간 – 끝'을 '문장//쪼개기'라는 화술로 결합한 세분화의 기술이었습니다. '처음 – 중간 – 끝'은 나의 '문장//쪼개기' 기술의 기본 단위이기도 합니다.

3) 첫 등장

첫 단추를 잘 끼워야 하듯 '첫 등장'에 대해서는 아무리 강조해도 부족합니다. 영화는 첫 15분 동안에 관객을 사로잡지 못하면 끝장이라는 말도 있습니다. 연극에서는 '첫 등장'인 겁니다. 거의 모든 제자가 스승의 '첫 등장' 연습에 대한 기억을 꼽더군요.

첫 등장만을 거의 한 시간에 가깝게 계속 반복했지만, 보는 학생들이 지루해하기는커녕 다들 흥미진진하게 바라보았다. 그 이유는 하나씩 주어진 속닥속닥 코멘트에 짧은 시간이지만 바뀌어가는 모습을 보고 있었기 때문이요, 또 만약 자신들이라면 어떻게 할지를 보는 내내 같이 고민하고 있었기 때문이다. 시연하는 내내 초집중 상태로 있었다. 순간순간 머릿속에서는 어떤 표현 방법을 사용할지, 무엇을 보고 느끼며 어떤 상황을 가지고 들어갈지 수많은 생각이 떠올랐다.

_ 김준호, 『칼을 쥔 노배우』

두말할 필요가 없지요. '스타 등장'을 수십 번을 반복하는 동안 '상세 감각'이 발달할 수밖에 없습니다. 선생님과는 조금 다르지만, 나는 연극에서 공간을 열어주는 것은 배우라고 생각하기 때문에 무대에 등장하면서 시선을 열어주는 훈련을 많이 합니다. 그런 의미에서 나 역시 '첫 등장'에 공도 많이 들이고 시간도 많이 쏟습니다. 그런데 놀랍게도 제아미 역시 '첫 등장'과 함께 '잇 – 세이'라는 '일성'을 강조했습니다. 연기 양식의 다름에서 비롯된 것일 뿐 '첫 등장'을 중요하게 생각한다는 것은 같습니다.

스승의 '스타 등장'과는 조금 다른 맥락이지만, 나 역시 1998년부터 시작한 배우들과의 워크숍에서부터 첫 등장을 수십 번씩 반복시켰습니다. 나의 반복은 배우가 등장하는 그 '공간'에 온전하게 존재하는 것, 다시 말해서 그 공간에 배역으로 존재하고, 느끼며, 보는 것을 목적으로 한 것이었습니다. '공간 감각'을 발달시키는 매우 특별한 연기 훈련 방법입니다. 다시 배우들과 작업할 기회가 있다면, 내 방법과 스승의 방법을 융합해볼 예정입니다. 상세 감각에 공간 감각이 더해지면 금상첨화일 것입니다. 그리고 융합이 필요한 진짜 이유는 다음에 이야기할 네 번째 요소인 '신체 디자인' 훈련을 위해서입니다.

4) 신체 디자인

신체 디자인 능력의 핵심은 첫 번째 '상세 감각'과도 연결되는 몸의 감각입니다. 걸음마 배우들에게는 좀 어려운 문제일 것입니다. 신체 디자인 개념을 이해하려면 인간의 뇌 구조를 이해해야 하고, 동시에 신체시정적 접근 방법의 핵심인 이견지견과 연기 역설의 법칙을 장착해야만 하기 때문입니다. 그러나 일단 이해가 먼저입니다. 그런 다음 기술로서 장착하겠다는 목표를 세울 수 있을 겁니다.

우선 내가 배우 훈련 과정에서나 배우 훈련을 위한 책에서 정말 많이 강조했던 피부와 뇌의 관계를 요약해서 설명하자면, 피부는 발생 과정에서 뇌와 같은 뿌리에서 나왔기 때문에 많은 부분 뇌의 기능과 같은 기능을 수행합니다. 그래서 뇌는 피부 겉면이 자신과 세계를 나누는 경계라고 생각합니다. 그렇게 뇌는 자아의 경계를 피부를 통해서 확장합니다. 우리가 운전을 배우면서 차를 자신의 일부처럼 생각하게 되는 것도 그 이유입니다.

물론 연기 역설의 법칙에 따라 배역으로서 같은 과정이 이루어지려면 뇌가 자동적으로 그것을 인식하기까지는 이견지견을 통한 연습이 필요합니다. 제자들의 기록에 따르면 "절제된 최소한의 움직임으로 가장 효과적인 내적 표현을 지향하는" 움직임의 디테일을 강조하셨다는 것을 알 수 있습니다.

> 배우의 움직임이 적지만 효과적이고 정확하다면 이보다 좋은 움직임이 어디 있겠는가?
>
> _ 이민우, 『칼을 쥔 노배우』

제자가 선생님이 하신 말씀을 그대로 받아 적은 내용입니다. 스승이 말한 '적지만 효과적이고 정확한 움직임'이란 어떤 움직임일까요? 사실 그 답은 이미 100년 전에 스타니슬랍스키가 찾아놓았습니다. 스승은 그 사실을 몸으로 겪고 증명하고 있는 셈이고요. 스타니슬랍스키의 대답은 '작지만 믿어지는 행동'을 찾으라는 것이었습니다. 그리고 한 가지 더, '비극적 무행동'입니다. 『배우 수업』 제8장 「믿음과 진실감」에서 토르초프 선생이 코스챠에게 "비극적 무행동의 순간에도 온갖 활동이 가득 차 있었음"에 대해 설명하는 부분을 찾아 확인할 수 있습니다. 그리고 믿어지는 행동이라고 했을 때, 더 정확하게는 관객에게도 '믿어지는 행동'이라야 합니다. 배우 혼자 믿는 것은 의미가 없습니다. 연기 선택과 판단의 기준은 '관객'이라는 사실은 변할 수 없는 원칙입니다.

*신체 디자인 & 소품

선생님은 배우가 소품을 쓰는 것에 대해 대단히 민감하게 반응하셨습니다. 그도 그럴 것이 배우에게 소품이 주어진다면 분명 목적이 있기 때문입니다. 소품은 때로는 배우의 신체가 해낼 수 없는 표현도 해냅니다. 배역에 대해 많은 것을 드러낼 수가 있습니다. 배우에게 소품이 주어졌을 때 그 소품은 신체 디자인의 일부가 되며, 때로는 신체 디자인의 완성을 좌우할 수도 있습니다. 연주자에게 악기가 주어졌을 때 그 악기가 연주자의 신체일부가 되어야 하는 것과 같습니다. 그랬을 때, '나는 연기한다. 고로 존재한다.'가 이루어지는 겁니다. 어마어마한 일인 거죠. 그것이 가능한 이유는 우리가 그렇게 진화되었기 때문입니다.

우리의 뇌는 인간으로 진화하는 과정에서 도구를 사용하면서부터 도구를 손에 잡는 순간 그 도구를 자동으로 신체 일부로 판단하게 되었습니다. 도구가 신체로 확장되는 것입니다. 그래서 그 도구를 내 목적과 의도대로 사용할 수 있는 것으로 생각합니다. 훨씬 복잡한 도구를 쓸 때도 그렇습니다. 그러지 않으면 도구를 자유자재로 다룰 수 없습니다. 신체와 도구의 관계를 알면 소품이 있을 때 그 소품을 손의 연장으로 받아들이는 능력을 제대로 이해하고 쓸 수 있습니다. 물론 도구를 다루는 훈련이 필요하지요. 배우가 '준비된 상태'에 따라서 소품이 배역을 뚜렷이 드러내는 디테일을 위해 활용될 수도 있고, 오히려 없느니만 못할 정도로 방해될 수도 있습니다. 소품이 몸의 일부가 아니라 오히려 거추장스러워질 때는 차라리 없는 것이 낫겠지요.

*신체 디자인 & 의상

소품이 손에 연결되는 것이라면 의상 또한 우리 몸의 경계, 즉 피부의 연장인 것이지요. 의상이 입혀지면서 몸이 결정되거든요. 그야말로 온몸으로 '나는 연기한다. 고로 존재한다.'가 발산되는 겁니다. 여러 번 언급한 대로 그 상태는 "겉으로는 외적인 몸의 형태를 인식하고 내적으로는 자신이 실존한다는 것을 인식(self-awareness)하는 것"이거든요. 바로 스승이 '신체시정적 순간'이라고 하는 '외적 풍경과 내적 풍경이 일치되는 상태'인 것입니다. 이 또한 우리 몸이 그렇게 진화되었기 때문에 가능한 것입니다.

피부는 몸의 형태를 기억합니다. 몸의 기억이 피부 감각에 의존하거든요. 피부에 의상이 걸쳐졌을 때, 피부는 자기 몸의 형태를 아는 만큼 의상에 걸맞게 바꿔버립니다. 물론 무의식적으로 그렇게 하지요. 그래서 자기 경험에 있는 의상이 아닌 경우, 의상도 거추장스러워질 수 있습니다. 배역을 제대로 드러내는 의상이라면 배우는 연습 중에 충분히 의상과 하나가 되는 경험을 해야 합니다. 마치 자신이 늘 그러한 의상으로 생활했던 것인 양 말이지요. 만약 배우가 갑자기 자신의 경험과는 거리가 먼 의상을 입고 의식적으로 매우 긴장된 상태라면, 배우는 그 상태에 갇혀버리겠지요.

5) 음성 디자인 & 신체

솔직히 말하겠습니다. 현재 우리 배우들의 상황으로는 가장 어려운 작업입니다. 음성 디자인을 할 수 있는 단계에 도달한 배우는 아마 없으리라는 것이 내 생각입니다. 그러한 사고가 없었기 때문입니다. 배우는 연기 화술의 재능과 기술을 겸비해야 하는데, 기술의 문제가 가장 큰 걸림돌입니다. 우리말 화술 연구가 전무한 상태거든요. 우리 현실에서 연기를 위한 화술 문제는, 공학적으로 표현하자면 기술의 기초적 개념 설계 단계부터 해야만 하는 일입니다.

그래서 음성 디자인 문제는 사실 '신체시정적 접근' 방법을 자리매김하는 데도 가장 어려운 과제입니다. 소리는 신체로부터 나오므로 신체와 상보적으로 불가분의 관계에 있지요. 화술 수업 첫 단계가 신체를 통한 소리 확인인 이유도 그런 맥락에서 비롯되는 것이고요. 화술이 해결되지 않고는 디테일 과정은 꿈조차 꿀 수 없으니까요. 40년을 미국에서 연기하셨기 때문에 스승이 연기를 위해 쓴 언어는 '영어'이고, 당연히 음성 디자인 방법도 영어에 적응된 것입니다. 그런 까닭에 한국에서 연기 활동을 하는 데 제한적이었던 것입니다. 추측건대 마지막 디테일 단계로 제자들을 끌어올릴 수 없으셨던 것 같습니다.

그렇습니다. 우리말 화술의 기초적 개념 설계는 외국에서 수입한 화술로는 결코 해결되지 않습니다. 언어의 근본적 차이에서 비롯되니까요. 우리말 한글은 그 어떤 나라의 말과 글자와도 아주 다른 근본적 차이가 있습니다. 그 문제가 실제로 '신체시정적 접근' 방법을 연기술로 발전시키는 과정에서 스승이 부딪힌 어려움 중 하나가 아니었나 싶습니다. 이에 대해서는 다음 장에서 좀 더 구체적으로 다루겠습니다.

밑그림 요소 7

마지막 요소는 '즉흥'입니다. 마지막에 다루게 되었지만, 요소로서 다루기에는 너무나도 중요한 연기의 근원입니다. 다루지 않으려고까지 했지만, 오순택 선생님도 피해 가지 않았던 문제이기에, 특히 '신체시정적 순간'과 너무도 긴밀히 엮이기 때문에(밑그림 요소 3. '시정적 순간'에서도 다룬 바 있습니다.), 책을 고쳐 쓰는 단계에서 겨우 움켜쥔 실마리나마 풀어놓는 것이 옳다고 생각했습니다.

그 실마리도 역시나 『시학』에 있습니다. 이렇게 실마리나마 풀어놓을 수 있게 된 것은 최근 『시학』을 다시 풀어쓰고 있기 때문입니다. 생각해보면 이 또한 이상한 일입니다. 오순택 선생님을 알게 된 시기에 연기술로 풀어쓴 『시학 & 배우에 관한 역설』이 선생님 제자에 의해 출판되었고, 그 출판을 기념하는 자리에 선생님께서 와주셨습니다. 그리고 지금 나는 『시학』을 다시 풀어쓰는 동시에 이 책을 고쳐 쓰고 있습니다. 아무튼 본론으로 돌아와서, 어쩌면 선생님의 영향으로 생겨났을 수 있는 습관대로 즉흥의 한자를 찾아보는 것부터 시작했습니다.

卽興: 그 자리에서 바로 일어나는 감흥이나 기분.

그런데 여기서 꼭 기억해야 할 것이 있습니다. 반드시 대상이 있고 자극이 있다는 것입니다. 즉흥은 모방, 즉 미메시스 본성에 내재된 '선율과 리듬'에 대한 쾌감과 즐거움의 본성에서 비롯되었습니다. 예술가들이 즉흥에 매달리는 이유, 즉흥을 창조의 원천이라 믿는 이유입니다. 『시학』에 그 증거가 있습니다. 박문재 번역의 『시학』에서 한 번 더 옮겨 오겠습니다.

모방은 물론이고 선율과 리듬(운율은 분명 리듬의 한 부분이다)도 인간의 본성이기 때문에, 이러한 것에 본능적으로 아주 강력하게 끌리는 사람들이 처음에는 즉흥적으로 모방했다가, 그것이 점점 발전해서 시가 출현한 것이다.

_아리스토텔레스, 『시학』

시의 출현이 바로 '즉흥적 모방'입니다. 다시 말해서 연기의 출현이 바로 '즉흥적 모방'이라는 것입니다. 모방 본성으로서 즉흥의 원재료는 그 자리에서 대상에 대해 본능적으로 바로 일어나는 '감흥'이며, '선율과 리듬'입니다. 본능에 의한 즉흥이 비극의 원천인 것입니다. 이제 고스란히 『시학』에 가 닿는 스승의 생각을 보겠습니다.

> 행하는 것과 반응하는 것이 동시에, 외적 상황과 내적 풍경이 동시에 이루어지는 것, 순간에서 순간으로 넘어가는 감각이 '즉흥'이다. 그리고 즉흥은 상대에게 집중을 안 해주면 나오지 않는다. 즉흥 감각에서 예측할 수 없는 연기가 나온다. 그것이 궁극적으로 '흥미', 극적 쾌감을 일으키는 것이다. 관객이라는 동물이 되었을 때, 관객들은 기가 막히게 알아챈다. 그러므로 정직하게, 믿을 수 있게 연기해야 하는 것이다.
>
> _오순한, 『칼을 쥔 노배우』, 「7일의 기록」

오순택 선생님의 지도로 행해진 워크숍에 어시스턴트로 참가했을 때 내가 기록한 것입니다. 그때 나는 아주 작은 순간까지도 적어두고 싶어서, 한순간도 놓치지 않으려고 완전히 집중했기 때문에 스승의 말을 거의 토씨까지 받아 적었습니다. 그리고 나 나름대로 이해한 바를 다음과 같이 기록해놓았습니다.

말 그대로 조화의 즉흥이다. "행하는 것과 반응하는 것이 동

시에, 외적 상황과 내적 풍경이 동시에"라는 것은 조화의 상
태, 중립의 상태다. 조화 – 중립의 상태에 이르러 순간에서
순간으로 넘어가는 감각, 조화의 즉흥이다. 조화의 즉흥은
'어떤 구조를 가진 재적용'이다.

_오순한, 『칼을 쥔 노배우』, 「7일의 기록」

　그때 스승이 시연하시던 모습은 분명 그랬습니다. 그리고 시
간이 많이 흘러 배우들과 『시학』을 공부하면서 박문재 번역으로
앞의 구절을 다시 읽었을 때, 즉흥은 본능으로부터 오는 것을 알
아버렸습니다. 12년 전 『시학＆배우에 관한 역설』을 쓸 때는 천
병희 번역 『시학』을 가지고 썼던 것인데, 그때는 미처 발견하지
못했던 겁니다. 그때 알게 된 것과 지금 내가 알게 된 것은 다릅
니다. 특히 '본능'과 '내적 풍경'의 연결입니다.

　그리고 단지 '즉흥'만이 아니라 스승의 '신체시정적 접근' 방법
을 푸는 실마리 또한 『시학』에 있었습니다. 이미 여러 차례 반복
한 그 모방과 선율과 리듬의 본성입니다. 스승께서 우리 살풀이
춤에서 찾았던 그 선율과 리듬의 본성 말입니다. 그래서 지금 든
생각은 아리스토텔레스 『시학』을 고쳐 쓰는 일 역시 뒤로 미루
면 안 되겠다는 것, 왠지 뭔가 또 다른 연기 기술을 찾게 될 것 같
다는 겁니다. 여기서 다하지 못한 '즉흥'에 대해 좀 더 깊은 대화
를 나눌 수 있을 것 같아서 가슴이 뜁니다.

8장

신체시정적 접근법의 실천

오순택 음, 시인이 시를 쓰듯, 배우 역시 자신이 쓰는 등장인물의 대사를 단어 하나하나 연금해야 하는 것 아닐까? 그런 생각으로 시작된 거지. 우리 배우들이 모국어라는 생각 때문에 자기가 쓰는 '단어'에 대해서 깊이 생각을 안 하는 것 같아. 대사를 그냥 외워서 쓰는 것도 그래서고. 문장을 그냥 통째로 삼켜서 뱉고 있지 않나 하는 생각이 들어.

내 경험으로 미국에서 연기할 때, 영어 단어는 단어마다 몇 가지의 다른 뜻을 갖고 있어서 정확한 의미를 파악하기 위해 단어 하나마다 정확한 뜻을 찾아야 했어. 그런데 한국에 와서 연기를 하려니 또 한국말은 받침이 들어 있어 어려운 거야. 뜻을 정확하게 찾는 것보다 발음이 정확해야 전달이 명확해지는 거지.

순전히 화술이 달라져야 해. 띄어 읽기를 하는 데 있어서 한국말은 주어가 있고 형용사·부사가 있고, 동사가 제일 마지막에 나오는데, 처음 한국에 와서 대사를 할 때 좀 당황스러웠어. 영어는 주어가 있고 동사가 있고 형용사 부사가 있으니 여러 가지로 데커레이션을 할 수 있는데, 한국어는 마지막에 동사에 나오니까 당혹스러웠어. 영어에서는 감정을 모음에 싣는 것이 비교적 쉬웠는데, 한국말은 모음을 길게 하고 받침을 하면 이상해지는 거지…….

_『칼을 쥔 노배우』, 「후기를 대신하여」

이제 각자의 실천이 남았습니다. 그래서 이 장은 스승의 경험과 연결되는 나 자신의 실천을 중심으로 쓰겠습니다. 스승의 저 경험이 나는 예사롭지 않습니다. 그러니까 스승께서 할리우드에서 40여 년을 영어로만 연기하다가 한국에 와서 배우들을 가르치면서 연기를 병행할 때 한국어 발음으로 곤란을 겪으신 경험에 깊이 공감합니다. 나 역시 같은 경험을 했습니다. 러시아어를 전혀 접해보지 못한 상태로 유학을 갔고, 언어 과정 1년 반 만에야 GITIS 연출과에 들어가긴 했으나, 수업도 그렇지만 특히 에뜌드 발표가 가장 힘든 문제였습니다. 연출 전공 역시 적어도 2학년이 끝날 때까지는 에뜌드를 해야 했는데, 전혀 낯선 언어를 언어가 지닌 감정과 느낌까지 경험하고 표현하는 것에 대해 상상해보십시오. 내가 우리말 '한글 화술' 탐구에 몰두하게 된 것은 바로 그 경험 때문이었습니다. 어쨌거나 나는 그 과정을 끝냈고, 덕분에 그들 시스템에서 연출과 연기 수업 못지않게 중시하는 화술 수업을 들으면서 그 실제적이고 폭넓은 기술과 함께, 동시에 디테일함을 깨닫게 된 것이 컸습니다.

음, 스승께서 신중하게 고르신 첫 문장부터 깊이 고민하고 또 제대로 설명하려고 합니다. 저 말씀을 하시기 전, 스승께서 잠깐 생각에 잠긴 듯 호흡을 머금으셨던 기억이 납니다.

음, 시인이 시를 쓰듯, 배우 역시 자신이 쓰는 등장인물의 대사를 단어 하나하나 연금해야 하는 것 아닐까?

'시인이 시를 쓰듯'이란 표현에 신체시정적 접근의 자리매김에 대한 스승의 생각이 담겨 있습니다. 아마도 셰익스피어를 워낙 좋아하셨고, 셰익스피어 작품을 많이 하셨기 때문에 가지게 된 생각이 아닐까 하고 짐작해봅니다. 셰익스피어 작품 전체가 '시'이기 때문입니다. 그래서 셰익스피어 희곡의 대사는 거의 대부분 시적 감수성 없이는 제대로 표현할 수 없습니다. 실제로 뜻밖의 기회에 스승이 영어로 시연하신 햄릿의 저 유명한 독백 대사를 들으면서 스승께서 대사 하나하나 공을 들여 익히셨다는 것을 알 수 있었습니다.

내가 오랫동안 던졌던 질문은 '단어 하나하나 연금하는 것은 어떻게 하는 것일까?'입니다. 구체적으로, 실제적으로 '어떻게' 하는 것인지를 알아야 배우들이 적용할 수 있을 것이기 때문입니다. 그리고 드디어 내가 찾은 대답은 대사를, 단어를 하나하나 심적으로 체험해서 '자기 삶에 붙이는 것'입니다. 그것이 스타니슬랍스키 시스템 용어로 '배역의 생활화'입니다. 그리고 "내가 알고 있는 일련의 소재들을 단어를 통해 '보는' 것"이라는 오르한 파묵의 통찰과도 맞물립니다. '한글 화술'에 대한 내 생각이 틀리지 않았습니다. 『배우 수업』을 풀어내는 과정에서 다시 말할 텐데, 한 가지 '배역의 생활화'는 배역의 대사, 즉 모든 단어를 배우 자신의 삶에 붙이는 것임을 기억해두십시오.

스승과의 대화로 돌아가서, 안타깝게도 배우 오순택에게는 우리말로 사는 삶이 단절되었던 시간이 길어 우리말에 서툴렀습니다. 당연히 한국에서 배우로 사는 것이 쉽지 않으셨습니다. 그리고 어쩌면 그래서 더 간절했을 것입니다. 화술 문제의 핵심을 정확히 짚으셨습니다. "순전히 화술이 달라져야 해!"라고 하신 심중에는 그 간절함이 있었던 것입니다. 나 자신도 그 간절함이 있어서 연출 마스터 과정을 마치고 한국에 돌아와 곧바로 시작한 것이 우리말 '한글 화술' 탐구였고, 지금까지 그 연구를 놓지 않고 있습니다. 그런 이유에선지 스승과 대화 중에 화술이 주제가 될 때면 완벽히 의기투합이 됐습니다. 그리고 그때마다 스승께서는 '한글 화술'의 완성을 누누이 당부하셨습니다.

우리 한글은 우리 배우들에게 행운입니다. 한국인만이 가진 특별한 정서를 담아낼 수 있음은 물론, 글자 그대로 발음기호이기도 한 우리말 자음과 모음의 특수함 때문입니다. 바로 우리말 한글이 품고 있는 독특함, 즉 자음 자체가 구강 구조로부터 디자인된 글자여서 발음하는 순간 글자 그대로 감각으로 인지할 수 있다는 것입니다. 이에 대해서는 정말 할 말이 많은데, 그것은 지금 쓰고 있는, 천 쪽 분량이 넘어버린 '한글 화술' 원고가 책으로 출판될 때 확인할 수 있을 것입니다. 지금 여기서는 한 가지만 강조하지요. 우리말 화술, "한글이 답이다."라는 겁니다. 배우들에게 화술을 교육하면서 내가 늘 하는 말입니다.

우리말 발음의 비밀은 한글 창제 원리에 다 있습니다. 1998년 연출 마스터 과정을 마치고 돌아와서 시작한 첫 연기 워크숍 때부터 외쳤던 말입니다만, 안타깝게도 2025년 지금까지도 잘 통하지는 않는 것 같습니다. 제대로 경험을 해봐야 합니다. 특히 배우들이 시를 통해 한글의 위대함을 체험할 때 많이 놀라워합니다. 그야말로 '신체시정'의 순간들이 나옵니다. 문제는 경험을 하고도 지속적으로 실천에 옮기는 것은 선택의 문제이기 때문에 배울 때뿐인 경우가 많다는 점입니다. 아직까지 내 주장을 증명해주는 배우가 없는 것도 사실입니다. 그런 좌절과 함께 매리언 울프가 우리 한글에 대해 어떻게 말하는지 알려드리고 싶습니다.

> 그리스어 알파벳 외에 완벽한 문자 체계를 하나 더 꼽는다면, 혜안을 가진 통치자 세종대왕이 15세기에 창제한 한글을 들 수 있다.
>
> _매리언 울프, 『책 읽는 뇌』

이 외국 저자가 한글이 실로 얼마나 어마어마한 글자인지 확인시키고 있습니다. 더구나 그리스어는 인류가 오랜 세대에 걸쳐 발명하고 진화시켜낸 결과로 탄생한 글자지만, 한글은 불과 몇 세기 전 한 위대한 왕의 혁신적 발상으로 창제된 글자입니다. 다시 매리언 울프의 표현을 빌려 말하면, 한글은 독서를 통한 '혁신에 적합한' 글자인 것입니다. 매리언 울프는 뇌과학적 연구를 통해서 인간은 '유전적으로 혁신에 적합한 존재'로 설계되어 있고, 그러한 이유로 글자와 독서를 발명해냈다고 주장합니다.

> 독서는 뇌가 가소성 있는 구조로 되어 있기 때문에 비로소 학습이 가능한 것이다. 그리고 독서가 이루어진다는 것은 그

사람의 뇌 안에 이미 생리적, 인지적으로 돌이킬 수 없는 변화가 일어났다는 뜻이다.

_ 매리언 울프,『책 읽는 뇌』

21세기 새로운 연기 혁신을 열어줄 길이 어디에 있는지 자명해지는 순간입니다. 사실 3000년의 노하우를 좇기에는 '연기술'에 대해서만은 우리가 취약하다는 점을 인정해야 합니다. 그러나 그렇다고 그 가능성에 대해서 절망할 필요는 없습니다. 서구에서도 화술이 연구된 것은 불과 200년이 넘은 정도거든요. 그리고 내가 가능성을 자신할 수 있는 근거는 한글이 연기예술에 최적이라는 점 때문입니다. 한글은 3000년의 노하우를 완벽히 뛰어넘는 최고의 발명입니다. 아니, 그 이상일 수도 있습니다.

나의 실천은, 한글 화술을 연기술의 핵심으로 해서 특별한 길을 열 수 있다고 생각하기 때문에, 그리고 또 내가 알게 됐고 그러니 마무리 또한 나만 할 수 있다고 생각하기 때문에 끝까지 가보려는 겁니다.『도덕경』에도 도(道)는 '끈기'라고 기록되었더군요. 스승의 가르침을 생각하면 자꾸『도덕경』과 호환이 되어 놀라곤 합니다. 삶의 도가 그렇다면 연기의 도 역시 그렇지 않을까요. 어쨌든 내가 하고 싶은 말은 디테일 문제와 관련해서 우리말 '음성 디자인'의 문제를 비롯해 우리 배우의 연기는 우리말 화술로만 해결할 수 있다는 겁니다. 그런 이유로 '화술'이 바뀌어야 한다는 이 지점에서 스승과의 저 대화가 끝날 수밖에 없었던 것입니다.

스승은 '신체시정적 접근법'이 21세기 우리 연기 미학으로 가장 적절한 방법이라고 믿었습니다. 45년의 배우 이력으로 축적된 믿음이니 의심의 여지가 없습니다. 다만 스승께서도 늘 안타까워했던 부분, 스승이 연기를 위해서 사용하는 언어가 영어였다는 것이지요. 연기를 가르치는 것은 가능했지만 화술의 문제는 속수무책이었던 겁니다. 100년의 연극 역사로 3000년의 연극 역사를 극복하는 일은 생각만 해도 숨이 턱까지 차오르는 일입니다. 그러나 길은 분명 있습니다. 그 길이 바로 '한글'입니다.

호흡부터 다시 시작해야 합니다. 연출 마스터 과정을 끝내고 한국에 돌아온 1998년부터 워크숍 과정을 통해서 배우 훈련으로 에뛰드 창조 과정을 거친 젊은 배우들과 1999년 처음 극단을 만들고 에뛰드 결과를 가지고 〈창작 단편 13〉을 무대에 올리고 움직임과 이미지를 결합하는 실험극 〈데포르마시옹 햄릿〉을 연극으로 올렸습니다. 그다음 단계로 정극을 선택하고 5개월 이상을 연습했는데, 도저히 진전이 이루어지지 않았습니다. 그때도 문제는 바로 말이었습니다. 포기하는 단원들이 생기고, 남은 단원들과 작품을 바꾸면서 다시 시도해도 결과는 같았습니다. 더는 나아갈 방향을 찾지 못했습니다. 극단은 문을 닫았습니다.

그때 '화술' 역시 연기의 기본적인 토대이며, '화술'이 바뀌어야 함을 더욱더 깊이 깨달았습니다. 그리고 우리 배우들이 우리 말을 제대로 표현해내려면 호흡부터 바뀌어야 한다는 생각을 한 것입니다. 그때부터 다시 본격적으로 우리 배우에게 적합한 우리말 화술을 탐구했습니다. 그리고 가장 빠른 길이 시라는 확신이 들었습니다.

러시아의 모든 연기 학교의 실기 시험과 화술 수업에서 '시' 표현은 필수입니다. 물론 일반적인 '시 낭송'이 아닙니다. 시를 그 시답게 정말 잘 연기해야 합니다. 러시아 연극학교에서의 1학년 첫 화술 시험이 기억납니다. 『고대 그리스 신화』의 한 부분을 극화하는 것이었는데, 시에 가까운 텍스트였습니다. 제우스 신의 아들 헤르메스를 낳은 여신 메이(마이아) 역을 연기하다가 중도 하차했습니다. 당연합니다. 근본적 이유는 단어 표현의 부족입니다. 그래서 학기말 화술 시연 시험도 못 볼 뻔하다가 몸으로 표현하는 신체화술 시범으로 겨우 탈락을 면했습니다.

그때를 생각하면 정말 아찔합니다. 사실 시범과 연기를 더해서 점수를 주기 때문에 둘 중 어느 하나를 못 해도 떨어집니다. 외국인이고 연출 전공이라는 것과 그들이 가장 중요하게 따지는 성실성, 그리고 연출 마스터의 지지 덕분에 화술 선생님이 한 번 더 기회를 주었던 것이지요. 몸으로 하는 것이라서 정말 열심히 연습했거든요. 화술 마스터가 재능보다 성실성을 우선으로 생각하는 분이었던 것이 내게는 행운이었습니다.

2학년 '화술' 시험은 푸시킨의 장시 『예브게니 오네긴』을 극화하는 것이었어요. 스타니슬랍스키가 생전에 살았던 저택인 스타니슬랍스키 박물관 극장에서 공연까지 하는 특별한 경험을 했습니다. 나는 여자 주인공 따찌아나 역을 연기했는데, 러시아어가 조금 익숙해지고 있는 2학년이고, 또 '시'니까 가능했던 것이지요. 내가 특별히 '시' 표현에 집착하게 된 것이 그때부터입니다. 그 뒤로도 유사한 경험을 더 했고, 그런 여러 가지 복합적 이유에서 '시'로 화술은 물론 연기 수업을 하는 것의 유용함을 확신하게 되었습니다. 그런 맥락에서 다시 스승의 생각으로 돌아가 봅시다.

음, 시인이 시를 쓰듯, 배우 역시 자신이 쓰는 등장인물의 대사를 단어 하나하나 연금해야 하는 것 아닐까? 그런 생각으로 시작된 거지.

스승의 이 생각은 연극의 본질, 연극이 탄생한 원점을 다시 기억하게 합니다. 고대 그리스 비극이 시작된 그 순간 말입니다. 시의 비밀이기도 하지요. 아리스토텔레스가 『시학』 제4장에 밝혀 놓은 비밀입니다. 한 번 더 옮겨 오겠습니다.

> 이렇게 모방은 물론이고 선율과 리듬(운율은 분명 리듬의 한 부분이다)도 인간의 본성이기 때문에, 이러한 것에 본능적으로 아주 강력하게 끌리는 사람들이 처음에는 즉흥적으로 모방했다가, 그것이 점점 발전해서 시가 출현한 것이다.
>
> _ 아리스토텔레스, 『시학』

시의 출현과 비극을 탄생시킨 것은 바로 우리 인간의 본성인

'선율과 리듬'입니다. 선율과 리듬은 우리 자신과 그 바깥의 자연에 있습니다. 그것이 무엇을 의미할까요? 시에는 모방으로 발전된 선율과 리듬이 있습니다. 우리말의 탄생과 한글의 탄생 역시 같은 과정을 거쳤습니다. 그리고 세종대왕은 그 원칙에 따라서 한글을 만들었습니다. 우리말은 시 이전에 이미 자연에 대한 선율과 리듬의 모방입니다. 우리 시에는 이미 우리 자신과 우리 자연의 본성이 있는 것이지요. 우리 자신과 그 바깥 자연의 접촉으로 얻어지는 어떤 것들을 즉흥적 모방으로 발전시킨 것이 시인들의 시입니다.

그런 이유로 특히 배우 입장으로 우리말을 이해하는 데 시는 정말 큰 역할을 합니다. 내가 실기 교육에서 연기와 화술을 '시'로 가르치는 것부터 시작하는 결정적 이유입니다. '시인이 시를 쓰듯' 단어를 연금해가야 한다는 스승의 생각이 곧 나의 생각입니다. 그 생각으로 지금까지 '시'로 화술 수업을 해왔으니까요. 스승이 인물의 형상화를 위한 작업으로 '신체화' 문제에 그치지 않고 신체와 더불어 언어, 특히 시적 '언어'가 중요하다는 생각과 함께 신체시정적 접근법으로 확장하게 된 과정이 이해되는 지점이기도 합니다. 제자의 기록에도 이런 내용이 있습니다.

> 신체시정적 접근법: 연기를 하기 위해 배우는 언어학자와 같은 소양, 시인과도 같은 소양을 동시에 갖추어야 한다. 그래야 사람의 말 이면에 숨은 다양한 뜻을 발견할 수 있다. 그래서 선생님께서는 인물의 내적, 외적인 요소들이 유기적으로

어우러져 신체화를 이루게 되는 것을 신체시정적 접근법이
라고 명명하신다.

_ 김여진,『칼을 쥔 노배우』

　무엇보다도 희곡이 언어로 되어 있으니 자명한 사실이지요. 대사에서 즉흥적 모방으로 행동을 찾아내는 것은 배우의 몫이니까요. 즉흥적 모방은 무엇보다도 우선 대사를 '경험'할 수 있어야 합니다. 스승께서 배우들이 대사를 경험하는 문제에 무척 민감하게 반응하셨던 이유일 겁니다. 그와 관련해서 잊히지 않는 사건이 있습니다.

　2013년 출판된 『시학 & 배우에 관한 역설』 출판 기념 대담에 스승이 오셨을 때입니다. 경기대에서 만나 사제의 인연을 맺은 제자가 시를 연기하는 순서가 있었습니다. 제자가 시를 연기하는 것을 끝내고 나니, 스승께서 대뜸 "그래, 지금 너는 그 시에 나온 언어를 경험하고 있니?"라고 물어보셨습니다. "내 생각에는 네가 그 시의 언어들을 경험하지 못하고 있거든."

　예, 벌써 12년 전입니다. 애초에 언어 감각이 예민하게 발달돼 있다면 너무나 좋겠지요. 만약 아니라고 해도 마음만 먹는다면 연기에 필요한 신체시정적 경험, 시 표현으로도 넘치도록 충분히 할 수 있습니다. 대신 시를 많이 읽어야 합니다. 그런 의미에서 선생님을 만난 인연과 관련된 나의 특별한 경험을 들려주어야 할 것 같습니다.

　나는 시를 많이 찾아 읽기도 하거니와 좋아하는 시인도 많습

313 니다. 특히 정현종 시인의 시집은 수집할 정도로 좋아하고, 또 오래 읽어왔습니다. 그중 스승을 만나고, 특별한 경험이 된 시가 있습니다. 「방문객」입니다. 스승과 만난 그 일이 시인의 표현대로 '실은 어마어마한 일'이라는 것을, 한 사람의 일생이, 그의 과거와 현재와 그리고 미래가 함께 오는 것임을 체험했습니다. 스타니슬랍스키 시스템 용어로 말하면 '심적 체험'을 한 것입니다. 그리고 지금, 이 순간에도 깊이 느끼고 있습니다. 미래에도 그럴 것입니다.

나는 그렇게 경험한 시들이 꽤 많습니다. 시를 쓰지 않아도 시 읽는 것을 루틴으로 행하면 그렇게 됩니다. 시인들은 '단어'를 허투루 쓰지 않습니다. 아리스토텔레스 『시학』에 명시된 그대로 배우가 시인인 것이 자명하다면, 배우는 스승의 가르침대로 '단어'를 시인처럼 깊이 생각할 줄 알아야 합니다.

우리 배우들이 모국어라는 생각 때문에 자기가 쓰는 '단어'에 대해서 깊이 생각을 안 하는 것 같아. 대사를 그냥 외워서 쓰는 것도 그래서고. 문장을 그냥 통째로 삼켜서 뱉고 있지 않나 하는 생각이 들어.

생각해봅시다. 우리는 일상생활에서 정상적이라면 같은 단어를 두 번 말하지 않습니다. 같은 생각을 두 번 하지 않기 때문입니다. 우리의 삶에서 말과 생각은 변할 수밖에 없습니다. 그런 이유로 당연히 연기 역설의 법칙에 따라서 배우는 "(의식적으로) 어떻게 말을 변화시킬 것인가?" 그 방법을 찾아야 합니다. 그런 의미에서 다시 또 오르한 파묵의 말을 빌리겠습니다. 오르한 파묵은 "소설 읽기는 다른 사람의 단어를 가지고 우리 머릿속에 그림을 그리는 것입니다."라고 말합니다. 정확히 배우가 희곡을 읽을 때 할 수 있어야 하는 일입니다. '단어로 그림을 그린다'는 것, 그 단어를 경험하는 일입니다. 문득, 우리 배우가 해야 했을 고민을 미국에서 평생 활동한 스승께서 그렇게 열정적으로 했다는 사실에 부끄럽고 또 새삼 놀랍습니다.

그렇게 우리말 발음의 어려움에도 불구하고 연기에 대한 스승의 열정과 도전은 놀랍습니다. 먼저 제자들의 기록을 읽다가 발견한 내용을 그대로 옮깁니다.

33년 만의 고국에서의 무대는 선생님에게 작지 않은 상처를 남긴 공연이었다. 공연을 본 관객이나 평론가 및 관계자들이 선생님의 화술에 문제를 제기했기 때문이다. 오랜 미국 생활로 우리말보다는 영어가 더 편한 선생님으로서는 공연을 준비하는 과정에서부터 막을 내리는 마지막 순간까지 많은 부담을 가지고 계셨을 것이다.

_ 이민우, 『칼을 쥔 노배우』

스승이 한국의 국립극장에서 공연한 〈떼도적〉에 출연했을 때의 일입니다. 일반 관객은 선생님에 대해 잘 모르니 그럴 수 있습니다. 그런데 스승이 외국에서 오랫동안 배우 생활을 했음을 뻔히 아는 평론가와 관계자들이 선생님의 화술에 문제를 제기한 것은 좀 우습다는 생각이 듭니다. 물론 제자가 제기한 선생님의 상황 때문에도 그렇고, 특히 관계자들이 스승에 대한 정보를 제대로 홍보하지 못했다면 너무 큰 무례를 범한 것입니다. 그리고 스승 역시 그런 일련의 것들을 생각지 않고 무대에 서신 것이 아닙니다. 그 큰 부담에도 불구하고 무대에 설 수 있는 용기는 '자신에게서 풀려나는' 이견지견의 능력을 갖춘 배우만이 낼 수 있습니다. 다행히 제자는 다른 것을 보았습니다.

> 나는 공연에 대한 여러 비판적인 평에도 불구하고 선생님의 연기가 다른 배우들과는 다르게 연기되어지고 있는 어떤 순간들을 보았다. 그 순간들은 선생님께서 늘 말씀하시던 'Acting is Doing. Doing is Reacting, Reacting is Being.'의 순간들이었던 것이다. 배역의 스코어에 따라 아주 구체적인 행동을 하고 자극과 충동에 의한 명확한 반응, 또한 그 순간의 즉흥성으로 빚어진 생명력과 신체화된 조형성이 어우러진 순간의 존재를 볼 수 있었던 것이다.
>
> _ 이민우, 『칼을 쥔 노배우』

제자가 본 것을 본 국립극장의 젊은 배우들이 있었을까요? 대가의 움직임에 주목한 배우들이 있었을까요?

제자가 어떤 마음으로 스승의 연기를 보았을지 짐작이 갑니다. 동양인이기 때문에 겪었던 것을 우리말 때문에 한국에서조차 겪으며 'B 플러스의 비극'이라고 표현하셨던 것은, 아마 그 일이 스승의 마음에 크게 남았기 때문은 아닐까라고 짐작만 해봅니다. 그리고 스승은 그 경험으로 우리 배우에게 의미 있는 중요한 가르침을 남기셨습니다.

> *내 경험으로 미국에서 연기할 때, 영어 단어는 단어마다 몇 가지의 다른 뜻을 갖고 있어서 정확한 의미를 파악하기 위해 단어 하나마다 정확한 뜻을 찾아야 했어. 그런데 한국에 와서 연기를 하려니 또 한국말은 받침이 들어 있어 어려운 거야. 뜻을 정확히 찾는 것보다 발음이 정확해야 전달이 명확해지는 거지.*

사실입니다. 우리말 발음이 한글 받침 때문에 우리 배우들에게도 정말 어렵습니다. 스승이 우리말을 다시, 새롭게 접하면서 찾아내신 어려운 우리말 받침의 문제는 우리말 화술에서 정말 중요합니다. 우리 배우들도 연음으로 발음하기 일쑤인데, 스승께는 얼마나 어려웠을까요? 단어를 '연금'한다는 스승의 표현이 참 적절합니다.

스승이 발견하신 바대로입니다. 발음할 때는 연음으로 하면 안 됩니다. 받침을 정확하게 발음해야 뜻이 정확해집니다. 받침이 정확해야 합니다. 그래서 내가 만든 법칙이 '자음받침제자리법칙'입니다. '자음받침제자리법칙'으로 정확히 계속 발음하다 보면 그 말의 느낌이 제대로 경험되고 또 전해집니다. 우리말 한글 창제의 원칙이었던 합용의 원리에 따른 '모아 쓰기'는 연기 화술에서는 '모아 말하기'가 됩니다. (내가 쓴 책『문장//쪼개기』에서 구체적으로 확인할 수 있습니다.) 그 지점에서 스승이 발견하신 그대로 자음 받침이 매우 중요해지는 겁니다. 당장에라도 확인해볼 수 있습니다.

먼저 어렵다고 생각되는 단어가 들어간 짧은 대사 하나를 선택합니다. '자음받침제자리법칙'을 써서 단어를 발음해봅시다. 정확하게 계속해서 곱씹다 보면 그 말이 경험되는 순간으로 이동됩니다. '경험'하는 것을 계속 반복하면서 더 잘 느끼게 되면 행동이 상상이 됩니다. 동시에 적절한 감정이 행동과 일치되어 생겨납니다. 그럼 배우는 완전하게 자신이 '경험'한 것처럼 발음하게 됩니다. 스승께서 제자들에게 '첫 등장(star entrance)'을 반복시킨 것처럼, 반복하고 또 반복해야 합니다.

처음 대본, 즉 자기 배역의 대사를 마주할 때 '중립'을 유지하는 것이 중요합니다. '중립'은 나의 책『문장//쪼개기』전반을 관통합니다. 오순택 선생님은 물론 샌포드 마이즈너 역시 '중립'을 강조했다는 사실도 참고하십시오. 마이즈너는 배우 학생들에게 "대사를 비어 있고 고정되지 않은 중립적 상태로 받아들이길 바라네."라고 가르칩니다. 중립적 상태로 받아들인다는 의미를 구체적으로 터득하길 바란다면『문장//쪼개기』를 탐구해보십시오. 내가 '한글 화술'을 탐구한 끝에 도달한 '화술'의 문제, 그리고 그 결과로 나온 첫 책이『언어심리행동법』이었고, 그 책이 진화되어 나온 책이『문장//쪼개기』였습니다.

무엇보다도 시와 관련해서 스승께서 강조했던 '상세 감각'과도 연결되기 때문에 내 책을 언급할 수밖에 없었습니다. 배우에게 언어에 대한 '상세 감각(sense of detail)'은 필수지요. 그리고 어느 나라든 언어에 대한 '상세 감각'이 가장 잘 발달한 사람은 바로 시인입니다. 우리말에 대한 '상세 감각'이 가장 잘 발달한 사람은 우리 시인이겠지요. 그러니 한국인의 원초적 예술 감각을 찾는 데도 그렇지만 우리말에 대한 '상세 감각'을 장착하는 방법에서 시를 뺄 수는 없지요.

시를 떠받치는 것이 우리말의 구체적 표현인 우리말-한글입니다. 연기 관련 대학에서 화술 강의를 할 때마다 '시 훈련'을 뺄 수 없었던 이유입니다. 그 모든 수업과 30년 가깝게 시(詩)와 함께해 온 '배우와의 작업' 과정의 압축이 『문장//쪼개기』 마지막 5장 「통합//총체적 해결」입니다.

나는 이제 너무도 분명하게, 시인들이 발견해내는 시적인 순간으로 시작해서 신체시정적 순간까지 표현해내는 길을 낼 수 있다고 확신합니다. 1997년에 한국배우협회 '액터즈 스튜디오'에서 시작했으니 벌써 28년째입니다. 그 과정에서 연출가로서 천부적 재능을 대신할 나의 '그 무엇'이 언어라는 것을 확신하게 되었습니다. 이제는 더 구체적으로 언어를 통한 '신체시정적' 모색이 되었고, 더 나아가 우리말 한글을 토대로 하는 연기 화술의 완성입니다. 소리와 문자가 일치해서 자음과 모음이 그대로 '발음기호'인, 세상에서 가장 뛰어난 언어와 문자를 가지고 있으면서도 우리의 현실적 상황은 배우의 타고난 음성을 제대로 디자인할 수 있게 해줄 화술이 준비되지 않은 상태입니다. 그런 맥락으로 '신체시정적 접근' 방법이 연기 메소드로 자리매김하는 데 '시'는 최고의 도(道)입니다.

　기초적인 개념 설계부터 다시 해야 합니다. 무엇보다도 한글 창제 원리에 따른 우리말 발음법을 올바르게 이해해야 합니다. 우리말 한글은 자음과 모음이 모두 발음기호입니다. 우리 한글은 음성 디자인과 신체의 상보적 관계에 있습니다. 그리고 음성 디자인의 기초는 호흡입니다. 호흡의 주체는 신체입니다. 올바른 발성, 올바른 호흡 방법을 터득해야 합니다. 지금까지 연기술에 관한 한 관례처럼 외국에서 수입된 연기술에 의존했는데, 호흡과 발성법도 예외는 아니어서 여전히 외국에서 들여온 화술에 의존하고 있습니다. 우리 한글의 디테일한 음성 디자인을 위한 구체적 기능을 가지고 있는 신체 기관은 구강 구조인데, 특히 한국 배우에게 음성 디자인의 마지막 디테일을 책임지는 것은 바로 호흡을 나누는 '혀'입니다. 그 비밀이 우리말 한글창제 원리에 있습니다. 우리말과 말을 그대로 적을 수 있게 창제된 위대한 한글에 대해 제대로 아는 것부터 시작해야 할 겁니다.

　우리말 화술을 탐구하면서 알아보니, 영국에서 처음 시작된 '화술' 연구의 역사가 200년 정도입니다. 앞에서도 잠깐 언급했던 3000년의 노하우를 극복해야 한다고 생각하면 숨이 턱에 찰 것 같은 느낌이었지만, 200년이라고 하니 충분히 극복할 수 있다는 자신이 생겼습니다. 한글은 3000년의 노하우를 뛰어넘을 특별하고도 완벽한 '발명'이기 때문입니다. 아니, 그 이상일 수도 있습니다. 스승의 '신체시정적 접근' 방법까지 더하면 어마어마한 일이 되겠다는 생각을 하게 됩니다.

　다시 또 책임감을 느낍니다. 벌써 12년도 넘었군요. 어느 날 대화 끝에 내 한글 화술 초고를 읽어봤으면 하셔서 가져다드렸지요. 스프링으로 엮은 내 화술 노트 세 권이 스승의 서재에 몇 년이나 꽂혀 있었습니다. '읽기 힘드신가 보다' 생각했습니다. 그런데 아니었습니다. 『칼을 쥔 노배우』를 위해 스승의 원고를 교정하던 중에 스승께서 그러시는 겁니다.

　"시간 날 때마다 조금씩 들여다봤는데, 놀랐어. 내가 오 박사에게 화술을 다시 배워야 해. 만약 내가 한국에 들어오자마자 오 박사를 만났다면 어땠을까? 한국에서 가르치는 것보다 배우로 더 생활했을지도 모르지. 내가 조금만 일찍 오 박사를 만났어도……. 나는 이제 오 박사의 열렬한 팬이야, 그러니 멈추지 말고 꼭 완성해야 해."

　스승과 대화 중에 화술이 주제가 되면 그런저런 이야기 끝에 늘 "오 박사가 꼭 해야 할 일이야. 포기하지 말고."라고 하셨습니다. 스승의 그 회한처럼 나 역시 늘 아쉽지만, 만났다는 그것만으로도 나에게는 기적이고 축복입니다. 포기는 없습니다. 화술에 대해서만큼은 놓을 수 없는 평생의 과업입니다. 스타니슬랍스키의 나라 러시아에서 그들이 화술을 어떻게 가르치는지를 경험했기 때문에, 특히 발음의 정교함을 요구하는 훈련을 최우선으로 한다는 것을 알았기 때문에 결코 놓을 수 없는 일입니다.

그래서 계속 고쳐 쓰고 있습니다. 대사를 단어 하나하나 연금하는 것에서 그치지 않고 한 음절 한 음절, 받침 하나하나까지 연금하는 우리말 화술이 완성되어가고 있습니다. 스승이 마지막에 이루고 싶었던, 그러나 외국에서의 오랜 배우 생활로 인해 해결할 수 없었던 우리말 화술 문제, 내 몫인 것이 맞습니다.

호흡부터 바꿔야 합니다. 우리말 발성과 발음의 관계 때문입니다. 한글은 소리글자입니다. 한글 자음과 모음이 곧 '발음기호'입니다. 글자 그대로가 소리인 것입니다. 그래서 내가 선택한 길은 '한글창제 원칙'을 연기 화술에 적용하는 것이었습니다. 그런데다 우리말은 더욱더 받침 발음을 정교하게 해야만 하는 언어입니다. 받침을 제대로 발음하자면 '호흡'을 바꿔야 한다는 것을 알게 됐습니다. 방향은 분명히 맞는데, 앞에서도 말한 것처럼 한글창제 원칙을 화술로 적용하는 일을 내가 처음 시작한 일이라 쉽지 않습니다. 처음 시작했을 때 이미 평생의 화두가 될 것을 예상했고 각오는 했습니다만, 만만치 않습니다. 좀 더 오래 걸릴 듯합니다. 누구도 걸어가지 않은 눈길에 처음 발자국을 내는 것이니 한발 한발 신중하게 디딜 것입니다. 나의 마지막 숙제라고 생각하기에 결코 서두르지 않으려 합니다.

나에게는 '신체시정적 접근법'의 구체적 실천 방법도 중요합니다. 과거 속의 '현재 진행'이 아니라 현재 지금, 이 순간 '현재 진행'입니다. 그러니 나는 반드시 이 책을 써야 했던 것이고, 쓰고 있습니다. 그런 의미에서 스승이 살아 계신 동안에 스승께 배운 제자들과 『칼을 쥔 노배우』를 함께 기획하고 책으로 출판한 것은 정말 잘한 일입니다. 『칼을 쥔 노배우』에 기록된 제자들의 경험이 이 책의 플랫폼이니까요. 배우 오순택의 무형의 연기 학교에 대한 밑그림을 그리는 데 너무 늦지 않았기를 바라면서 내가 먼저 첫 삽을 뜹니다. 제자들 모두 스승이 남기신 과제, 미완으로 남기신 '신체시정적 접근'이 연기술로 자리매김되기 위한 구체적 실천 방법을 찾는 일을 잊지 않았기를 바랍니다.

"나는 스승보다 멀리 보았다. 난쟁이지만 거인의 어깨 위에 앉아 있었기 때문이다."

12세기의 플라톤주의 철학자 베르나르 드 샤르트르가 처음 말했고, 후대에 뉴턴이 다시 인용한 이 말을 생각해주기 바랍니다.

내 연극 인생 전체로 보면 나에게 가장 큰 거인은 스타니슬랍스키입니다. 연극 역사로 보면 세계사에 단 한 페이지도 차지하지 못하는 나라 한국에서 태어났고, 또 여자라는 치명적 약점까지 갖춘 난쟁이일 수밖에 없지만, 나는 연극 인생 중 33년을 스타니슬랍스키라는 거인의 어깨에 오르는 중이고, 올라앉기 위한 마지막 힘을 내서 겨우 그의 어깨를 움켜쥔 듯합니다. 『배우에 관한 역설』에서 드니 디드로가 추앙했던 여배우 클레롱의 연기 자세에 대한 비유를 위해 예로 든 프랑수아 뒤케누아의 말을 제대로 이해하게 되었습니다.

뒤케누아가 자신의 팔을 붙잡으며 만류한 친구에게 다음과 같이 외친 것처럼 말입니다. 그의 친구는 "그러지 말아요. 가장 훌륭한 것은 훌륭한 것의 적입니다. 당신은 모든 것을 망칠 겁니다……."라고 말했습니다. 그러자 예술가는 감식안을 갖춘 매혹된 친구에게 헐떡이며 대답했지요. "당신은 내가 만든 것을 보고 있습니다. 하지만 당신은 내가 본 것, 내가 추구한 것은 못 보죠."

_드니 디드로, 『배우에 관한 역설』

각주에 적힌 뒤케누아의 정확한 대답은 "당신이 옳아요. 당신은 단지 복사본만을 보니까요. 하지만 저 또한 옳습니다. 제 머릿속에 있는 원본을 따르고 있으니까요."입니다.

오랫동안 안개처럼 모호했던, 그러나 분명히 무엇인가 있다는 생각으로 원본을 탐구했습니다. 스타니슬랍스키가 본 것, 초-초목표이기도 했던, 안개처럼 모호했던 그 '위대한 비극의 고원'을 어렴풋하게라도 보았습니다. 스승께서 우리에게 남긴 '신체시정적 접근'이라는 태도와도 연결되리라고 생각합니다. 그렇습니다. 위대한 스승들에게 내가 배운 태도는 그들이 보았던 원본을 보려는 집요함입니다. 내가 스타니슬랍스키라는 거인의 어깨로 올라앉아야 하는 이유입니다. 모든 제자에게 하고 싶은 말입니다. 자기 스승의 어깨에 올라앉으십시오. 그럴 만한 스승을 찾으십시오.

물론 사람마다 강점이 다르고, 처한 상황도 다르고, 목표가 다르고, 결국은 도달하는 목적지가 다릅니다. 다만 언젠가는 도달할 자신의 목적지로 가기 위해 '지금, 여기'에서 해야 할 일, 할 수 있는 일을 하자는 것입니다. 지난 1년, 다시 이 책을 붙잡고 매일매일 고쳐 써왔습니다. 살아보니 10년이란 시간이 결코 길지 않았습니다. 『칼을 쥔 노배우』를 공저로 출간한 지도 12년이 되었습니다. 그때 내가 던진 약속이 지켜지는 데 12년이 걸리고 있는 것입니다.

나도 곧 스승이 한국에 오신 그 나이가 될 것입니다. 내 삶의 가치에 대해 '내적 풍경'과 '외적 풍경'의 조화를 생각할 나이입니다. 스승께선 그러한 상태를 제아미의 '꽃의 철학'을 빌려 꽃으로 피어나는 모습으로 표현하셨습니다. 스승의 삶을 생각하고, 또 내 삶을 반추해본 끝에 얻은 깨달음은 삶 그 자체로서 연기 또한 고통을 통해서만 꽃으로 피어날 수 있다는 것입니다.

"이제 내가 그토록 사랑했던 눈으로 볼 수 있는 세상을 잃어버렸으니, 다른 것을 만들어야 해. 나는 미래를 만들어야 해. 내가 정말로 잃어버린 가시적인 세상을 이어받을 미래를 말이야."

호르헤 루이스 보르헤스가 시력을 잃고 마음속으로 했다는 이 말이 이제 비로소 이해됩니다. 스승께서도 보르헤스와 같은 이유로 오로지 한국 배우들의 미래를 생각하면서, 한결같이 그 마음으로 제자들을 가르쳤습니다. 바라기는, 내 기록이 누군가의 미래로 연결되는 것입니다. 제자들 가운데 누군가는 연기 고수로, 또 누군가는 연기 마스터로 스승께서 남긴 과제 '신체시정적 접근법'을 21세기 연기 메소드로 완성해내기를 바랍니다.

제자들이 13년 동안 직접 보고 겪은 기록이 이 책의 플랫폼이었던 것처럼, 이 책 또한 누군가에게는 그런 역할을 했으면 합니다. 탐구를 멈추지 않으면 됩니다. 물론 나부터도 35년 공부로 스승이 축적한 배우의 경험과 그 가르침을 생생히 전하는 일이 쉽지만은 않습니다. 그럼에도 확신을 가지고 한 가지는 말할 수 있습니다. 배우로서 마스터로서 스승의 특별함은, 한 제자의 표현에 따르면 '삶의 결정적인 시점 앞에 선 사람의 자세'입니다. 지금, 나에게 꼭 필요한 자세이기도 합니다.

에필로그

선생님은 우리 배우들에게 좋은 길, '명시를 낳은 시인의 서정적 마음만큼이나 무궁한 상상력을 잉태하고 있는' 그런 배우의 길을 열어주는 것, 그것이 본인의 마지막 과업이라고 생각하신다. 그 열정으로 80 나이에도 불구하고, '신체시정적 접근'이라는 새로운 모색을 시작하셨다. 신체시정적 접근이 시적 언어와 연결된다고 여기시기 때문에 언어의 연금과 연결되는 우리말 - 화술 탐구에 대한 의욕도 점점 더 커지시는 것 같다. 그렇게 선생님이 추구하시는 신체시정적 접근은 '현재 진행' 중이다.

우리의 토론은 신체시정적 접근에 대한 얘기를 막 시작해놓고 끝났다. 공연하러 가야 하는 배우가 있었고, 그 공연을 함께 보러 가는 계획이 잡혀 있었다. 선생님도, 제자들도 모두 좀 더 이야기를 나누고 싶은 마음이 간절했지만, 아쉽게도 얘기를 다 끝내지 못했다.

활발하게 활동하고 있는 제자들이 왠지 정체 상태라는 생각에 다시 재활 워크숍을 하고 싶어 하시지만, 각자의 상황이 여의치가 않은 것이 현실이다. 재도약의 장을 열 수 없는 것이 안타깝다. 이 순간 예감처럼 스치는 연상, 스타니슬랍스키가 '신체 행동'을 다시 시작해놓고는, 뒤에 남은 사람들에게 풀어야 할 '과제'로 남긴 일……. 아니다, 얘기를 다 끝내지 못했다는 것은 다시 시작해야 한다는 의미다. 선생님이 열정적으로 꿈꾸는 과업 – 신체시정적 배우가 되는 것 – 은 지금 시작하는 젊은 배우들의 미래다. 반드시 다시 시작되어야 한다. 이 책이 그 시작이다.

스승의 제자들과 함께 냈던 책 『칼을 쥔 노배우』 후기 대신으로 끝나는 글의 '마무리'입니다. 그때의 대화는 신체시정적 접근에 대한 얘기를 막 시작해놓고 끝났습니다. 그리고 마지막으로 내가 그 시기 스승과 대화할 때마다 스승께서 늘 하신 얘기로 요약하고 끝냈습니다. 한 걸음을 뗀 그날로부터 12년이 훌쩍 지나서 많이 늦어버렸습니다만, 그래도 "반드시 다시 시작되어야 한다."라고 했던 그 약속을 지킬 수 있게 된 데 위안을 삼습니다.

스승께서 마스터로서 마지막 불꽃을 태우시던 그 시기, 나 자신 연출가였으며 누군가에게는 선생이었습니다. 하지만 나는 첫 만남에서 이미 연기와 배우에 대한 스승의 자세에 경도돼 도제를 자처했고, 운 좋게도 스승의 마지막 제자로서 짧다면 짧을 테고 길/ 다면 길 수 있는 시간 동안 연극과 배우에 대해 밀도 있는 대화를 나누는 행운을 누렸습니다. 그리고 스승의 마지막 워크숍(2013년 5월 6일~2013년 5월 20일)에 어시스턴트로 함께하는 기회도 잡았지요. 스승과의 마지막 수업에 함께했던 그 시간이 없었다면 이 책 또한 나올 수 없었습니다. 이 책을 쓰면서 『칼을 쥔 노배우』를 통해 스승께서 제자들에게 던진 모든 질문을 고스란히 나에게 다시 던져보았습니다.

과연 스승의 신체시정적 접근 방법이 21세기 연기 혁신의 발판이 될 수 있을까?

스승의 제자들과의 공저 『칼을 쥔 노배우』 한쪽에 기록한 내 질문 내용입니다. 그리고 제자의 기록에서 마치 그 질문을 예상했다는 듯 다음과 같은 스승의 대답을 들었습니다.

"스타니슬랍스키의 심리 연기인 inner truth가 20세기 연기 혁명이라면 21세기 오늘날의 연기는 어떻게 해야 할까? 어떻게 inner truth를 outer truth로 표출하느냐가 핵심이겠지."

_ 이두성, 『칼을 쥔 노배우』

사실 나에게는 스타니슬랍스키 시스템은 21세기에도 여전히 연기 혁명입니다. 시스템의 핵심이 바로 '어떻게 내적 진실을 외적 진실로 표출하느냐'의 문제에 대한 근원적이고 본질적인 해결이기 때문입니다.

어떻게 시스템이 해결이 되는가? 당연하게도 시스템으로부터 자라난 또 한 사람의 스타니슬랍스키 계승자 샌포드 마이즈너에게서 해결의 실마리를 얻을 수 있습니다.

> "대사를 읽을 때 가장 먼저 할 일은 자기 자신을 발견하는 거야. 진정한 나 자신. 우선 자네 스스로를 찾은 다음에, 등장인물은 어떻게 행동하는지 찾아야 해. 현실을 기반으로 하여 역할의 핵심을 파악해야 하지."
>
> _샌포드 마이즈너·데니스 롱웰, 『샌포드 마이즈너 연기 테크닉』

다시, 배우의 정체성입니다. 배우 자신이 바로 현실입니다. 가볍게 생각지 않기를 바랍니다. 스타니슬랍스키 시스템의 핵심, '자기로부터 시작'이라는 참된 뜻을 말해줍니다. 진실은 진정한 자기 자신이 배우가 기반으로 해야 하는 현실이라는 점입니다. 스타니슬랍스키 시스템의 압축된 결정(結晶), 『배우 수업』의 출발인 제1장 「첫 시험」이 바로 학생 저마다의 정체성 확인과 함께 '어떤 연기를 해야 하는가?'라는 질문입니다. 그리고 『배우 수업』 전체가 '무엇을 할 것인가?'에 대한 거장의 답인 것입니다.

그리고 시스템을 어떻게 읽을 것인가에 대해 스타니슬랍스키가 들려주는 최고의 현답은 『배우 수업』 마지막 장(제16장)에 있습니다.

이렇게 모든 요소를 조합하면서 자네가 반드시 기억할 중요한 사항은 어떤 요소를 선택하여 출발을 하든, 그 가능성의

한계까지 끌고 가야 한다는 것이다. 자네가 이미 알다시피,
이 창조적 고리들 중 어느 하나를 잡아당겨도 전체가 끌려오
기 때문이다.

_ 스타니슬랍스키,『배우 수업』

스타니슬랍스키 시스템을 배우 각자에게 '어떻게 적용할 것인
가'에 대한 올바른 해결이지만, 우리가 스승의 '신체시정적 접근'
을 선택했을 때도 어떻게 적용할 것인가에 대한 올바른 답이 됩
니다. 사실은 스승께서 이미 던져놓은 화두였습니다. 자칫 놓쳐
버릴 뻔했습니다.

「신체시정적 접근법 – 身體詩精的 接近法」은 어떠한 연기
또는 배우를 꿈꾸면서 하는 모색일까?

_ 이민우,『칼을 쥔 노배우』

그렇습니다. 스스로 배우에 대해, 연기에 대해 진실된 마음으
로 '어떠한 배우, 어떠한 연기'를 할 것인지 각자 자신의 정체성
을 따라 각자가 모색해야 합니다. '신체시정적 접근법 – 身體詩精
的 接近法'은 스승이 본 것입니다. 어떤 출발을 하든지 가능성의
한계까지 가보는 것은 오직 스스로의 문제입니다. 스승 역시 아
메리칸 메소드로 시작하셨다고는 하나 배우 오순택이라는 정체
성으로 적용하면서 완벽히 다른 방향이 생긴 것입니다. 배우의
다양성 측면에서 특별한 진화인 것입니다.

잊지 마십시오. 지금 이 책을 읽고 있다면, 그리고 당신의 정체성과 맞물린다면 당신은 귀한 나침반을 손에 쥔 겁니다. 스승께 직접 배운 많은 배우가 그 나침반으로 자신의 길을 가고 있습니다. 그리고 확신컨대 역설적으로 그 길이 바로 자신이 되는 길입니다.

그런 말이 있습니다. "때는 온다." 그리고 또 그런 말도 있습니다. "때는 때대로 간다." 나는 공교롭게도 이 책을 쓰면서 후자의 경우를 혹독히 겪었습니다. 때가 나에게 오는 것이 아니었습니다. 내가 나의 때를 향해서 부단히 걷는 겁니다. 내가 선택하고 내 보폭으로 오늘, 지금의 이때로 걸어온 겁니다. 지금 알게 된 것은 오직 지금이라야 알 수밖에 없었던 겁니다. 그래서 나는 사람이 때를 향해서 가는 것이라고 생각합니다.

우리 모두 살아 있는 한 시간으로부터 자유로울 수 없습니다. 그러나 또 시간은 누구에게나 공평합니다. 오늘 '지금, 여기'는 순간일 뿐이라는 것을 깨닫는 순간에 이미 나는 다른 어느 순간으로 갑니다. 나는 늘 있어야 할 그때에 도착하게 되는 것이더군요. 그리고 다시 계속해서 그때를 향해서 가는 겁니다. 그래서 우리 모두는 시간 여행자인 것입니다. 그 여정이 언제 끝날지는 누구도 알 수가 없습니다.

스승을 생각하면, 연기는 정말 해볼 만한 일입니다. 다른 삶을 깊이 경험하는 일이니까요. 삶의 압축이라는 의미에서 연못 속 진흙에서 연꽃을 피워내는 일이기도 합니다. 배우가 주는 영향력을 생각해도 그렇습니다. 바라기는, 이 책이 단순히 제자로서의 약속을 지키는 것, 스승에 대한 환대로 그치는 것이 아니라, 끝없이 변하는 환경 속에서 스타니슬랍스키 제자들이 각자 자신과 가장 적합한 요소들을 선택해서 자신만의 길을 간 것처럼, 오순택 선생님의 제자들이 스승의 가르침을 더욱 튼튼하고 설득력 있는 연기술로 더 발전시키고 확장시키는 데 한몫을 하는 것입니다. 스승께 배운 그 연기를 행할 줄 아는 것과 각자 그리고 또 함께 스승의 연기 방법을 전수하는 전수자가 되는 것입니다. 그리고 내 몫은 이 책으로 대신합니다.

스승의 가르침을 21세기를 살아갈 배우들에게 실질적인 연기술이 될 수 있도록 잘 풀어냈는지 모르겠습니다. 스승과 함께 했던 시간, 스승이 추구했던 이상적인 연기, '외적 풍경'과 '내적 풍경'이 조화를 이루는 몸짓을 처음 보았을 때의 그 느낌, 교육자로서 또 마스터로서의 삶 또한 스승의 내적 진실 그대로 외적 진실로 표출되었던 그 모습들을 통해 내가 본 것들을 최대한으로 담아내고 싶었습니다만, 부족합니다.

『칼을 쥔 노배우』 속 제자들의 기록에는 여기저기 숨은 보석이 반짝이고 있습니다. 다시 읽을 때마다 새롭게 읽힙니다. 심지어 최근 샌포드 마이즈너의 연기 방법을 공부하다가 더 명확해진 것도 있습니다. '은밀한 사이드 코칭! 속닥속닥 코멘트!'입니다. 연기를 가르치는 사람에게 정말 중요한 태도입니다. 나에게 부족했던 점, 연기 내공의 부족과 배우들을 어떻게 대하는지에 대한 태도를 다시 자성할 수 있었습니다.

이 순간, 문득 선생님과의 그 대화 자리에 함께했던 제자가 던진 질문이 생각납니다. 바로 초초목표에 대한 것이었습니다. 그때 제대로 대답하지 못했던 기억이 납니다. 지금 할 수 있는 답은, 배우의 초초목표는 '이야기가 배우 연기를 통해 풍경이 되어 관객과 깊이 연결되는 지점으로 나아가는 것'이라는 말입니다.

그렇다면 나의 초초목표는? 이 책을 고쳐가는 중에 오랫동안, 마치 산이 안개에 싸여 봉우리를 어슴푸레 드러낸 것처럼 희미했던 그 답을 품고 구슬 하나가 또르르 굴러 나옵니다. 바로 '위대한 비극의 고원'입니다. 스승이 도달하고자 했던 '생존의 탈(mask)들이 말끔히 벗겨지는 순간, 관객과 배우의 실존, 즉 참(진실)이 서로 부딪쳐 참됨이 숨을 쉬는 순간'은 어쩌면 스타니슬랍스키가 초초목표로 삼았던 '위대한 비극의 고원'에 이르는 순간과 같다는 확신이 들었습니다. 기억을 더듬어 『배우 수업』을 열었습니다. 그 단어는 제8장 「믿음과 진실감」에 있습니다.

> 위대한 비극의 고원에 이르기 위해서 배우는 자신의 창조력을 극도로 발휘해야 하지만 그것은 극히 어려운 일이다.
>
> _ 스타니슬랍스키, 『배우 수업』

두 거장이 바라보았던 지점은 다르지 않습니다. 그리고 두 거장은 그들이 본 것들, 알게 된 것들을 다음 세대에 남겨주려고 모든 의지를 다해 분투했던 것입니다. 나는 나의 영원한 두 스승의 발자국을 따라가는 것만으로도 힘에 부칩니다. 그러나 가봐야 합니다.

'시시포스 신화'의 고통을 받아들이지 못하는 한 비극의 주인공을 제대로 연기하기는 극히 어려운 일일 것입니다. 삶을 통해 삶이 비극이라는 것을 배운 사람에게만 '비극의 고원'이 보입니다. 인간에게 비극이 필요했던 이유일 것입니다. 셰익스피어의 위대한 비극 『리어왕』의 비극을 연기하려면, 그 비극의 고원을 살아내려면 삶이 비극이라는 것을 겪지 않고서는 극히 어렵습니다. 직시, 그리고 자기 객관화가 중요합니다. 빠를수록 좋습니다.

7년 만에 대학로로 돌아와 연극 네 편을 이어서 보았습니다. 여전히 연극을 좋아하는 나를 발견했습니다. 그러면서 든 생각은 연극과 관련된 내 정체성이 시작부터 지금까지 '관객'이었다는 것입니다. 오래전 『관객심리행동법』이란 책을 쓴 것도 그 정체성에서 비롯한 것일 겁니다. 어쨌든 연출가로서 살았던 그 시간 덕분에 '위대한 비극의 고원' 그 언저리를 배회라도 해보았고, 내가 누구인지, 왜 존재하는지, 어디로 가는지에 대해 깊이 생각할 수도 있게 되었습니다. 1 - 1이 2가 될 수도 있다고 했던, 수수께끼 같았던 바실리 칸딘스키의 그 말도 어렴풋이 알게 되었습니다.

예술가의 삶이 그럴 것입니다. 그저 살았다가 가는 것은 아무것도 아니지만, 미래로 무엇인가를 넘겨주고 가는 삶은 분명 그럴 것입니다. 그러므로 나는 겸허한 마음과 끈기를 갖고 비극의 고원 그 '중심부'로 천천히, 무겁게 한 걸음씩 끝까지 가보려고 합니다.

부디 모든 배움에서 다양성의 관점과 함께 자신의 특별함을 놓치지 마십시오. 연기 방법은 스스로 실행하고 고치면서 자신에게 적응시켜가는 겁니다. 그것이 모든 발전으로 추동하는 부정의 법칙이지요. 연기 방법에 자신을 억지로 꿰맞추려고 하지 마십시오. 중요한 것은 각자 스스로 '나는 어떤 연기를 해야 하는가'에 대한 답을 찾는 것입니다. 결국 '나는 누구인가'라는 물음으로 되돌아오게 됩니다. 부디 우리의 젊은 배우들이 연기가 예술이 될 때까지 연기에의 존경과 예의를 갖추고 배우의 길을 꿋꿋이, 천천히 가보기를 바랍니다. 그런 맥락으로, 제2장의 대화에서 나누었던 '멈춤'을 기억해봅시다.

개인의 삶에서도 그런 멈춤이 생깁니다. 괜찮습니다. 실제로 나는 한동안 정신적 공황으로 인해 부산 광안리에 나 자신을 유배시켰던 적이 있습니다. 그때, 3년여 멈춤의 시간 동안에 스승에 대해 제 몫을 하고자 이 책의 초고를 썼습니다. 다만 배역의 삶에서 멈춤이 있어도 목적을 놓치지 않아야 하는 것처럼 삶에서도 자신의 삶에 절대적으로 중요한 목적을 놓치지는 않아야 합니다. 그것이 더 중요합니다.

이 책을 읽는 모든 배우의 건승을 빕니다.

오순택 선생님은 "배우는 항상 기회가 왔을 때 그 기회를 마지막이라고 생각해야 합니다. 따라서 배우는 미리 준비하고 있어야 합니다."라고 했습니다. 예, '배우가 무엇을, 어떻게 준비하고 있어야 하는가?' 그 문제에 대한 가장 적절한 대답을 줄 원전, 즉 '기준이 되는 본디의 책'은 스타니슬랍스키의 『배우 수업』, 드니 디드로의 『배우에 관한 역설』, 아리스토텔레스의 『시학』입니다. 100독이 넘었거나 100독에 가깝게 읽고 있는 나의 주된 교과서입니다. 세 권 모두 실재적인 연기술이 되도록 풀어쓰면서 여전히 계속 읽고 있습니다.

백 번을 읽었을 때 어떤 일이 일어나는지, 읽기 전에는 상상도 할 수 없는 경험을 하게 됩니다. 이야기, 드라마, 연기와 연극의 진화 과정이 압축된 책들이라고 해도 과언이 아닙니다. 연기에 입문하는 단계에서부터 마지막까지, 배우로 사는 일평생에 걸쳐 반드시 알아야 할 내용이 담겨 있습니다. 결코 '－론'이 아닙니다. 배우가 실행에 옮길 수 있고 배우 자신에게 맞게 제대로 장착할 수 있는, 연기에 대한 모든 실제적 비답을 얻어낼 수가 있습니다. 모르긴 몰라도 이 책에서 내가 미처 다 말하지 못한 '사이'를 꽉꽉 채워줄 것입니다. 그리고 감히 단언컨대, 이 특별한 책들의 가치를 알게 되는 순간 배우로서 그의 삶 역시 특별해질 것이라고 장담합니다. 스승의 연기를 설명하는 데도 반드시 필요했던 책들입니다.

그리고 단계와 관계없이 계속 읽는 책들이 있습니다.

우선, 연극을 시작하고부터 '놀이'에 관심을 가지게 되고, 책을 발견한 그날로부터 그냥 계속 읽고 있는 스티븐 나흐마노비치의 『놀이, 마르지 않는 창조의 샘』은 수시로 손에 들었던 책입니다. '즉흥'이라는 오랜 숙제를 해결할 수 있는 실마리를 『시학』에서 발견하고 함께 탐구하고 있는 책입니다.

데클란 도넬란의 『배우와 목표점』은 드니 디드로의 역설의 연기론이 그의 핵심 관점이라서, 어렵지만 바로 그 이유로 고집스럽게 수시로 읽고 있습니다. 그렇게 책을 다시 읽고 또 읽는 이유는 깨달음이 느리다는 뜻이기도 합니다만, 더 큰 이유는 그 책들이 어느 순간 연결이 되기 때문입니다. 특히 21세기에 그 가치가 더욱 제대로 발휘될 책들입니다. 개인적으로는 파고 또 파도 끝없이 드러나는 새로운 발견으로 매일매일 조금씩 갈증을 해소했습니다. 그런데 결과적으로 스승의 '신체시정적 접근' 방법을 이해하고, 또 그 방법이 21세기 한국 배우들에게 적합한 연기 학교의 핵심 연기 메소드로 자리매김하는 데 꼭 필요한 공부였습니다. 돌이켜 보니 만약 읽지 않았다면 결코 이 책도 이만큼이나마 쓸 수 없었을 아주 중요한 책들입니다.

그리고 스승께서 직접 배우들에게 읽기를 권했던 우타 하겐의 『산 연기』, 스승이 여러 번 영향을 받았다고 강조한 제아미의 『풍자화전』 역시 스승의 연기 접근 태도와 연기 철학을 이해하는 데 중요한 책입니다. 두 권의 책도 꼭 함께 읽기를 당부합니다. 마지막 뒤의 세 권은 분야가 다른 책이지만 스승의 생각을 올바르게 이해하는 데 크게 도움이 된 책입니다.

*** 아리스토텔레스, 『아리스토텔레스 시학』, 박문재 역, 현대지성**

그리스어 원전 완역본입니다. 가장 최근에 번역되어 나온 책이어서 그중 읽기 쉽습니다. 분명 『시학』은 최초의 연기술입니다. 비극이 올라가던 그 시대, 최고의 경험철학자로서 최초의 비평가이자 최고의 비평가로 평가되기도 하는 아리스토텔레스가 비극 작품들을 관람하고 예리한 통찰력으로 쓴 시학 원리입니다. 긴 역사의 공백과 고어로 쓴 이유로 잘된 번역이라도 결코 읽어내기가 쉽지 않지만, 배우가 되려면 불문곡직 읽어야 하는 책입니다. 연기술의 시작, 원전이니까요. 3000년 이어지고 있는 노하우인 것이지요. 특히 '극적 지성'의 기본 중의 기본을 장착하려면 꼭 읽어야 합니다.

그리고 『칼을 쥔 노배우』에 담긴 제자들의 기록을 보면 곳곳에 아리스토텔레스 『시학』에 기초한 기술들이 발견됩니다. 스승 역시 그 노하우를 섭렵했다는 증거입니다. 읽지 않으셨을 리 없지요. 언젠가 대화 중에 말씀하셨는데, 미국 유학 시절 네이버후드 연기 학교에 다니실 때 도서관에 살다시피 하시면서 연극과 관련된 책을 모두 찾아 읽었다고 하셨습니다. 그때 이미 읽으셨으리라 짐작합니다. 좀 어렵습니다만, 그래도 연기 기술로서 '극적 지성'을 장착하려면 반드시 읽어야 합니다. '쪼개기'를 하면서 꼼꼼히 읽으면 '사이'가 드러납니다. 즉, 그 책에 담긴 근원적인 연기술이 있습니다. 어쩌면 '시학' 자체의 의미만으로도 '신체시정적 접근' 방법의 본질과 연결되지 않나 생각합니다. 3000년이라는 시간을 극복하기 위해 100독이 넘어가면서 든 생각입니다.

*** 드니 디드로, 『배우에 관한 역설』, 주미사 역, 문학과지성사**

나에게 이 책은 대부분 아는 것처럼, 이론이 아니라 메소드 이전의 메소드라고 할 수 있는 연기의 절대 법칙인 역설에 관해 알게 해준 책입니다. 배우가 반드시 읽어야 할 책입니다. 『시학』을 읽고 난 뒤 읽어야 미메시스로 이어지는 연기술 진화의 그다음인 스타니슬랍스키의 『배우 수업』을 이해하기 위해서 『배우 수업』보다 먼저 읽어야 합니다. 책이 집필된, 그러니까 진화의 순서도 그렇습니다. 연기 역설의 법칙은 스타니슬랍스키의 『배우 수업』 전체를 관통하기 때문입니다. 스승의 '신체시정적 접근' 방법을 이해하는 데 있어서의 균형은 물론 스타니슬랍스키 시스템을 이해하는 데도 역시나 균형을 잡아줄 것입니다.

스승의 '이견지견'의 기술과 관계해서 제아미의 『풍자화전』을 제대로 이해하기 위해서도 반드시 읽어야 하고, 또 21세기 연기술로서 꼭 읽어야 하는 책인 데클란 도넬란의 『배우와 목표점』을 제대로 이해하기 위해서도 먼저 읽어야 합니다. 데클란의 책은 연출의 관점으로 쓴 것인데, 역설로서 연기를 이해하는 데 도움이 됩니다.

*** 스타니슬랍스키, 『배우 수업』, 신겸수 역, 예니출판사**

『배우 수업』은 연기술의 바이블로 통합니다. 나에게는 백 번을 훌쩍 넘겨버린, 그 후에는 세지도 않는 경전입니다. 말이 필요하지 않겠습니다만, 나는 배우가 되기 위한 준비 과정으로는 동서고금을 막론하고 지구상에 존재하는 최고의 연기 입문서라고 생각합니다. 누구에게나 배우 자신에게 맞춤이 되는 시스템입니다. 스승의 연기 방법을 이해하는 데도 당연히 꼭 필요합니다. 아무래도 스승이 처음 연기를 시작한 출발 지점이 아메리칸 메소드 중 특히 샌포드 마이즈너의 연기 기술을 중점으로 가르치는 네이버후드 연기 학교이고, 스승이 배우로 활동하신 곳이 할리우드였으니 스승의 연기 방법과 태도와 관련해서 스승 역시 스타니슬랍스키 시스템에 한 발을 담그고 있을 수밖에 없습니다. 시대순으로 세 번째이나 배우에게는 가장 중요한 연기 교과서입니다.

*** 샌포드 마이즈너·데니스 롱웰, 『샌포드 마이즈너 연기 테크닉』, 김보영 역, 미디어샘**

이 책 『배우 오순택의 연기 미학』을 다시 검토하는 중에 출간되었는데, 샌포드 마이즈너의 수업 내용을 읽다 보니 때때로 선생님의 수업을 듣는 기분이 들었습니다. 마이즈너 연기 방법에 특히 오순택 선생님이 강조했던 내용이 아주 많이 겹칩니다. 물론 지극히 초보자들을 위한 워크숍이고, 대체로 마이즈너가 고안한 기초적인 'exercises(연습)' 방법을 알려주고 있지만, 그 고리는 충분히 확인됩니다. 운이 정말 좋았습니다. 그래서 더더욱 『배우 수업』 읽기를 권합니다. 원본을 읽어야 합니다. 그래야 샌포드 마이즈너의 방법도 자기 정체성을 토대로 더 잘 받아들일 수 있습니다.

세 번을 읽고 나니 마이즈너 테크닉 수업도 해줄 수 있겠더군요. 물론 스타니슬랍스키 시스템을 알고 있어서입니다. 『배우 수업』이 원본입니다. 아주 많은 부분에서 '스타니슬랍스키 - 샌포드 마이즈너 - 오순택'의 연결고리를 발견해낼 수 있을 겁니다. 그리고 무엇보다도 그는 이름만 들어도 누구나 알 수 있는 손꼽히는 배우를 많이 키워낸 연기 스승 중 한 사람입니다. 물론 샌포드 마이즈너의 연기 테크닉이 배우 자신과 맞물린다면 더할 나위 없이 좋을 것이고, 그렇지 않더라도 공부할 가치는 충분합니다.

* **데클란 도넬란,** 『배우와 목표점』, **허순자·지민주 역, 연극과인간**

데클란 도넬란의 책을 꼭 읽어야 하는 까닭은 '신체시정적 접근'의 핵심인 '이견지견'과 맞닿는 맥락(context) 때문입니다. 특히 연기술에서 『시학』에 담긴 3000년의 노하우로부터 드니 디드로의 『배우에 관한 역설』, 그리고 스타니슬랍스키의 『배우 수업』이 21세기 현재적 시점으로 통합되는 데 연결 고리가 되는 책입니다. 21세기 배우들이 놓쳐서는 안 되는 꼭 필요한 연기술입니다.

그런 이유로 21세기를 연기로 살아낼 생각을 가진 배우라면 반드시 읽어야 하는 '특별한 도서 목록'에서 뺄 수가 없습니다. 역시 그런 이유로 아리스토텔레스의 『시학』, 드니 디드로의 『배우에 관한 역설』, 스타니슬랍스키의 『배우 수업』을 풀어내는 책에도 반드시 읽어야 할 목록으로 꼽아놓았습니다. 정말 꼼꼼히 읽기를 권합니다.

*** 스티븐 나흐마노비치, 『놀이, 마르지 않는 창조의 샘』, 이상원 역, 에코의서재**

이 책은 오래전 '놀이'에 대해 고민하면서 발견했습니다. 요한 하위징아의 『호모 루덴스』라는 대단한 책을 읽었지만 뭔가 아쉽고, 석연찮고, 그래서 찾다가 발견한 책입니다. 발견한 날부터 단번에 읽었고, 때마다 반복해서 읽는 특별한 책입니다. 그리고 다시 『시학』을 연기술로 풀어쓸 때 '즉흥'에 대해 꽤 많은 실마리를 주었을 뿐만 아니라 오순택 선생님의 신체시정적 접근 방법을 선생님이 염원하셨던 바, 21세기 연기 방법으로 자리매김하는 방법을 모색하는 이 책을 쓸 때도 다시 『시학』과 연결되면서 신체시정적 접근 방법과 '즉흥'의 연결 고리도 찾을 수 있었습니다.

*** 우타 하겐, 『산 연기』, 김윤철 역, 한신문화사**

배우로서의 삶에 '스타니슬랍스키 시스템'을 적용한 우타 하겐의 연기적 삶의 기록입니다. 아마도 제1장 「첫 시험」의 중심 주제인 배우의 '정체'가 가지는 중요성을 짐작한 것만으로도 스타니슬랍스키 시스템의 올바른 계승자라고 할 수 있습니다. 어떻게 스타니슬랍스키를 각자의 방법으로 수용해야 하는가에 대한 대답이 될 수 있다는 점에서도 반드시 읽어봐야 합니다. 시스템 적용에 있어 모범적이면서 경험한 바를 토대로 했다는 것이 특별합니다. 세 번째 장(3. 대체)에서 스스로 "지금까지 제시한 모든 대체의 실례들에서 나 자신의 예들만 들었는데, 바로 그 점을 꼭 기억해주기 바란다. 대체가 여러분한테 정말로 가치 있으려면 여러분 고유의 대체를 찾아야 한다."라고 천명한 것처럼, 그 자신이 말한 바대로 책의 모든 내용이 무대와 실제 삶에서 배우로 살았던 자신의 경험을 예로 제시한다는 것이 이 책의 진짜 가치입니다.

백 명의 배우가 있다면 백 가지 연기 접근법이 있는 것이 정상입니다. 자신의 배우 인생과 생활에 적용해보지 않는다면 기록에 불과합니다. 우타 하겐이 깨달은 것을 배우로서 자신의 삶과 생활에서 깨달아야 합니다. 오직 자기 경험, 훈련, 관찰로서 필터링하는 것이 중요합니다.

*** 제아미, 『풍자화전』, 김충영 역, 지식을만드는지식**

'오순택 연기 학교'의 핵심 연기술은 '신체시정적 접근법'입니다. 스승께서 '신체시정적 순간'을 미학적으로 설명하기 위해서 제아미 연기 원칙에서 도움을 많이 얻으셨다고 합니다. 가장 대표적인 것을 꼽자면 '이견지견'이겠지요. 좀 어렵긴 하겠으나 오순택 연기 미학, 신체시정적 접근에 대해 알고 싶다면 꼭 필요한 교과서입니다. 반드시 읽어야 합니다.

*** 오르한 파묵, 『소설과 소설가』, 이난아 역, 민음사**

연기를 가르치면서 혹은 연기하는 후배들에게 아무리 강조해도 소설 읽기가 주는 실질적 이득을 몰라 거의 대부분 간과하는 것을 목격하며 안타까운 마음이었습니다. 그런데 이 책을 발견하고 정독해서 읽노라니, 특히 배우가 '소설 읽기'를 어떻게 해야 할지에 대한 답을 얻기에 이만한 책이 없겠다 싶습니다. 소설을 읽어서 배우가 얻을 실질적인 이득이 저자의 말대로 "종국에 우리에게 삶에 대해 가르쳐주고, 느끼게 해주고, 암시해주고, 보여주고, 경험하게 한 심오한 어떤 것"이라는 것을 알게 해줄 귀한 책입니다.

*** 리사 펠드먼 배럿, 『감정은 어떻게 만들어지는가?』, 최호영 역, 생각연구소**

책을 고치는 한편, 뇌신경과학을 바탕으로 『배우 수업』을 다시 탐구하는 과정을 병행하면서 발견한 책입니다. 잘 알겠지만, 감정은 스타니슬랍스키 시스템에서 연기에 필요한 가장 기본적인 내적 원동력의 세 기둥 중 하나입니다. 특히 연기(action)의 정수로서 감정의 문제는 무엇보다 우선하는 문제이므로 인간의 '감정'에 대해 올바르게 이해하기 위해서도 꼭 읽어야 할 책이라고 생각했습니다. 오랫동안 감정과 행동의 문제들을 풀기 위해

345 읽었던 감정에 대한 책 가운데 개인적으로 나에게 많은 도움을 준 최고의 감정 교과서입니다.

* 페터 비에리, 『자기 결정』, 문항심 역, 은행나무

페터 비에리의 책은 자기 인식의 문제에 대해 구체적인 답을 얻게 해준 책입니다. 이 책을 쓰는 중에(2019년) 행운처럼 발견했습니다. 그즈음 내 삶의 결정적 전환을 앞에 놓고 생각이 많아서 읽게 된 책인데, 읽고 나니 스승의 삶의 철학을 이해하는 데도 많이 유익했습니다. 특히 '자기 인식'의 문제 해결에 큰 도움이 되었습니다. 특별히 권합니다. 배우에게는 감각에 대한 자기 인식과 함께 철학적인 자기 인식 또한 중요합니다. 특히 오순택 선생님께서 중요하게 강조하셨던 점이죠. 정말 '딱이다!'라고 생각했을 정도로 스승의 삶과 배우로서의 자세와 철학을 관통하는 통찰이 담겨 있습니다. 제자들의 기록 그 '사이' 보이지 않는 스승의 가르침을 찾아내는 데 크게 도움이 되었습니다.

부록

『칼을 쥔 노배우』, 「후기를 대신하여」
전문

2013년 9월 14일, 오전 11시, 초고 마감일. 모두의 원고를 취합한 뒤에 점검 차원에서, 각자에게 여전히 해결되지 않는 미진한 부분에 대해 이야기를 나누고자 몇몇 제자가 – 김여진, 김종태, 오순한, 이민우, 이종무 – 오순택 선생님 댁에 모였다. 둘러앉아 선생님이 직접 내려주신 커피를 마시면서 한 사람씩 말문을 연다. 공연 때문에 좀 일찍 일어나야 하는 이종무의 궁금증부터 풀어나가기로 했다.

이종무 예전에 선생님 수업을 받을 때 적어놓은 글과 또 지금 다시 느끼는 것 중 여전히 고민되는 것이 있는데, '만일에'로 필터링을 할 때 늘 걸리는 부분이 있습니다. 인물의 목표를 정할 때, 목표를 중심으로 하다 보니, 순간을 놓치거나 상황을 놓쳐서 오히려 목표가 '순간에서 순간으로' 넘어가는 데 방해되는 경우가 있습니다. 배우의 집중과 상상만으로 바로 주어진 상황에 들어갈 수는 없는가? 여전히 고민입니다.

오순택 사실 처음부터 magic if, 그 말이 이해가 되지 않았다. 왜? 주어진 상황으로 그대로 들어가지 못하는가? 항상 주어진 상황이 있는데, 왜 '만일에'가 필요한가? 배우가 내적 진실의 감각을 가지고도 주어진 상황에 바로 들어가지 못하겠는가? 상황을 충분히 이해하고 자기의 능력 안에서 상황을 흡수하면 되는 것이 아닌가? 길을 가는 데도 항상 조정이 필요해지는 것처럼, 연기를 하는 데도 역시 마찬가지로 순간순간 장애가 있다. 그래서 조정이 필요해지는데, 목적이 있으니까 조정이 가능해지는 것 아닌가?

이종무 예전에 Rissa―미국에서 초청된 연기 강사― 선생님으로부터 우리 배우들이 스타니슬랍스키가 말한 것에 비해 목표에 과도하게 집착하고 있는 것 같다는 말을 들었습니다. 한국 배우가 너무 목표에 집중한다는 것에도 문제가 있다는 생각이 듭니다.

오순택 목표를 향해서 항상 직진하려고 하니까 재미가 없는 거지. 목적은 본래 있는 것이고 목적을 향해서 '순간에서 순간으로' 진전해 가야 하는 것이다. 산에 오를 때 꼭 한 길만 있는 것은 아니잖아. 때로는 물도 만나고 암벽도 만나지 않나. 때로는 목적을 상실할 때도 있겠지. 작가가 그려놓은 지도를 그대로 따라가고 싶지 않을 때는 어떻게 해? 그렇다고 꽃이 있는데, 그 꽃을 보고 싶은데 그냥 넘어가면 살아 있는 연기가 아니야. 너무 무미건조해. 그래서 순간순간의 즉흥 감각이 필요한 거지. 그러나 그렇다고 목적의식을 잊어버려서는 안 되는 거지. 그래서 리허설이 필요한 거고. 그리고 사실은 목적을 놓치는 경우는 없어. 작가가 그려놓은 지도가 있으니까.

김종태 선생님 표현이 옛날하고 좀 달라지고 있다는 생각이 듭니다. 옛날에는 acting is doing, doing is reacting, reacting is being이라고 하셨는데, 최근에 acting is being이라고, being 먼저여야 한다고 말씀하십니다. 지금 선생님 말씀을 들으면서 든 생각이, 배우가 목적을 향해서만 가야 하는가? 아니면 목적에 집착하지 않고 다양한 선택을 해야 하는가? 그 문제를 생각할 때, 아까 '목적이 있어야 하고 또 너무 아름다우면 좀 쉬었다 갈 수 있는 것 아니냐'라고 하셨는데, 배우가 자기는 아름다운 꽃이라고 생각하고 쉬는데, 그러니까 배우 나름대로 미적으로 연극적인 선택을 한다고 한 것인데, 연출이나 상대 배우가 봤을 때 미학적으로 지극히 별로라고 생각해서 연출이 '너 뭐 하고 있어? 왜 거기서 쉬냐?' 그렇게 지적하는 그 순간, 배우는 난감하고 위축되고 맙니다. 예술적 감각이나 극적 지성이 있어서 다른 선택을 할 수 있어야 하는데, 선생님의 말씀처럼 아름다운 꽃을 보고 돌아갈 수도 있는데, 결국 목적만을 향해서 가게 됩니다.

오순택 연출하는 사람이 그 순간의 선택을 알아듣지 못한다든지 자기의 감각으로는 필요가 없다고 생각하든지… 어쨌든 연출이 이해를 못 한다는 건 그건 연출의 책임이 아니라 배우한테 책임이 있다고 생각해. 길을 가다 '꽃을 발견했다'. 그런데 길을 가는 건 어떤 목적지가 있다는 거지. 산책을 하는 것이 아니라면 말이야. 꽃을 발견했을 때, 지금 가는 길을 잃어버리고 아름다운 꽃에 완전히 몰입을 해버리면, 흐름이 끊어져버려. 목적을 잊어버리지 않으면 되는 거지. 물론 너무 아름다운 꽃이 있으면 잠깐 쉬었다 갈 수 있는 거 아니겠어?

이종무 이야기를 듣자니, 배우가 인물의 행동을 찾아가는(이해하는) 과정, 인물의 행동을 찾고, 수행하고 acting, reacting 하는 과정 속에서 찾아지는 캐릭터다운 모습들이 내 삶하고 만나는 지점 속에서

being이 나타나는 것이라고 생각하는데, 얘기를 들어보면 인물은 사라지고 배우인 나의 존재만 남는 건 아닌가? 그런 의아심이 가요.

오순택 캐릭터가 사라진다는 것은 있을 수가 없는 얘기고. 첫째로는 작가가 작품을 쓸 때에 인물을 설정하잖아. 이렇게 생각할 수도 있어. '나라는 사람이 작가가 설정한 캐릭터의 세계로 들어간다.' 그러니까 캐릭터가 돼라. 그건 마술사가 아닌 이상 불가능하고, 배우가 천부의 재능이 있으면 문제가 없어. 그 사람들은 연기 공부를 해도 연기를 하고 또 안 해도 연기를 해. 내가 고민하고 있는 것은 being의 문제야. 어느 정도의 그릇인가에 따라서 역할을 발견해서 창조를 할 때도, 이를테면 나무를 조각하는 분들이 있잖아. 그 사람의 능력에 따라서 나무에서 조각이 어떻게 나오느냐가 결정되는 것이거든. 그러니까 배우로서 자기의 being(존재)이 풍요로우면 인물을 창조할 때 풍요로운 것이지. 우리가 오해하는 부분이 있는데, 작가는 인물의 세계를 만들어놓은 것이지 배우의 세계를 만들어놓은 것이 아니거든. 내가 요즘 being에 대해 신경을 쓰는 이유는 사람마다 색깔이 다르다는 것 때문이야. 화가가 색깔을 쓸 때 원색만 쓰는 게 아니잖아. 원색이 캐릭터라고 생각하면 거기에 작가가 다른 색을 써서 창조를 하잖아. 지금 생각은 배우가 가지고 있는 색깔이 보다 더 뚜렷이 나타나야 인물이 살아나지 않을까 하는 생각이야. 그런데 작가가 작품을 쓸 때 인물을 설정하고 우리한테 상황을 주잖아. 상황을 분명히 파악하고 흡수를 하면 우리를 잃지 않고도 캐릭터가 첨가되는 것 같아. 종태가 하는 햄릿, 민우가 하는 햄릿, 내가 하는 햄릿이 다 다르잖아. 각자가 '나'라는 존재가 있기 때문이지. 생각에 생각이 더해져 자꾸 생각이 바뀌는데, 같이 작업하는 사람들이 혼동될지 모르지만, 배우가 작가가 그려놓은 인물의 세계로 들어간다는 것이 옳다고 생각해. 종무라는 배우가 가정에서는 아버지, 남편의 역할을 하잖아, 가르칠 때는 선생님 역할을 하고. 그 모든 역할을 종무가 하는 거지 종무가 없어지는 건 아니잖아. 배우가 없어지는 게 아니라 인물의 세계로 들어가는 거지. 그래서 연기라는 게 재미있는 것 아냐?

이민우 그런 면에서 보면 일반적으로 오해가 많은 거 같아요. 일반적으로 연기를 한다 하면 배우의 존재가 인물과 만난다는 생각을 하기보다는 인물에 쑥 빠져서 배우가 자기 자신을 잃고 인물화되는 거를 생각하잖아요.

오순택 그러니까 내가 근래에 무슨 생각을 하는가 하면, 한국은 연기의 첫 단추를 잘못 끼웠다는 거예요. 애초에 일본에서 공부하고 온 사람들, 이를테면 그분들이 그러니까 대단한 일들을 하셨지만, 일본에서 공부를 하실 때 연기 공부를 직접 하신 게 아니거든. 그분들이 실제로 연기 공부를 하셨다면 이해가 되는데, 그분들은 스타니슬랍스키 시스템을 하나의 학문으로 배워 온 것이지 배우로서 배워 온 것이 아니었어. 그리고 한국에 와서는 연출을 하셨지, 연기 수업을 하신 게 아니었다는 거야. 물론 그분들이 능력이 없다거나 잘못을 한 건 아니지만, 배우로서 자기의 역할을 소화해서 수행하는 것하고, 연출하는 사람이 자기의 그림을 그리기 위해서 배우를 지도하는 건 다른 일이라고 생각해. 우리의 사실주의 연기의 첫 단추가 그렇게 잘못 끼워졌어요.

이민우 아까 종무가 얘기했던 magic if에 관한 부분의 경우, 저는 그 말에 대해서 깊이 생각하지는 않았지만, 오히려 magic if라는 표현이 학생들로 하여금 배우로서 자기를 좀 더 확장해야 하는데도 자기 안에 머물고 안주하게끔 하는 역할도 하는 거 같다는 생각이 듭니다.

오순택 근데 나는, 개인적인 생각이지만 처음부터, 미국에서도 스타니슬랍스키 메소드가 들어와서 아메리칸 메소드로 변형되고, 한참 스트라스버그 스쿨에서 시스템을 가르칠 때도, 그때가 60년대였는데, 그때도 왜 magic if가 필요한지 이해를 못 했어. 배우가 감수성이 강하고 자아의식이 뚜렷하면 그 상황에 직접 들어가게 되는 거지, 굳이 그런 말들이, 그런 테크닉이 필요하지 않다고 생각해.

이종무 그런데 사실 학생들이 작가가 만든 인물의 상황을 이해하지 못하거나 공감하지 못할 때, 그걸 이해시키기 위해 magic if를 말하게 되거든요. '만일 너라면 어떻겠어?'라고 하는 순간 그 학생들에게 자기로서 다시 생각해보는 계기를 주거든요. 그런 면에서 유용하게 생각되는데…….

김종태 나는 magic if나 정서 기억을 그렇게 정리를 했던 거 같아. 연습에서는 유용할 수 있다. magic if도 스타니슬랍스키의 독자적인 개발이 아니라 발견이라고 생각하고 있어. 기초단계에서의 메소드가 아닐까? magic if로 접근하면 배우는 진실할 수는 있겠지만, 인물을 소화할 수 있을까? 오히려 오순한 선생님께 여쭙고 싶은데… 신체행동법이 스타니슬랍스키가 오랫동안 시도한 결과물인데… 시스템을 공부하는 사람들이 그 점은 간과하고 굳이 'magic If'부터 시작하는 건 아닌지?

오순한 magic if라는 말 쓰임에 문제가 있습니다. 시스템에서 '정서 기억'의 장치로 쓴 말은 'if(만일에)'였지요. magic이라는 말을 원래부터 그렇게 하나의 단어였던 것처럼 붙여서 쓴 것이 아니지요. 전체적으로 시스템 안에서 'if, 만일에'는 기술이 아니라 정서 기억을 위한, 다시 말해서, 'if, 만일에'는 배우 자신이 예전에 겪었던 희·로·애·락… 모든 정서들의 총체적 복합체 안에서 배우가 필요할 때마다 경험들을 끄집어낼 수 있는 키워드로서 사용하는 말일 뿐입니다.『배우 수업』에서 '정서 기억'에 배당된 것은 제9장 단 한 장일 뿐입니다.

스타니슬랍스키는 초지일관 갔어요. 스타니슬랍스키가 초기 시스템에서 '신체 행동'보다 '정서 기억'에 더 무게를 두었다는 그 사실도 너무 자의적으로 받아들인 결과지요.

이종무 우리가 일반적으로 듣기로는 스타니슬랍스키 초창기, 미국으로 건너간 아메리칸 메소드 역시 그런데, 인물의 내적 진실, 진실된 감정을 어떻게 끌어낼 것인가에 있어서, 매직 이프, 정서적 기억이 중요하게 다루어지고, 후기로 가면 진실된 감정을 이끌어내는 정서적 기억이라는 것은 배우의 의지에 따라 한 번 정도는 실현 가능하지만 반복해서 사용할 수 없고 감정이라는 것은 배우가 원하는 대로 불러올 수 있는 것이 아니지만, 행동은 배우의 의지대로 수행 가능한 것이고, 그 행동은 저절로 감정을 부른다고 그렇게 바뀐 것 아닌가요? 그렇게 이해하고 있는데요…….

오순한 앞에서 종태 씨가 한 말처럼, 학생에게 '만일 네가 그랬다고 생각해봐' 그러니까 그 학생이 감정을 찾기 시작한 것처럼, 스타니슬랍스키도 초보자들에게 '만일에'를 쓴 겁니다. 배우 수업 내용이 모두 초보자들을 지도하는 과정이라는 것을 생각해야 합니다. 배우 수업에서 분명히 그 말을 합니다. 제7장 '단위와 목표'에. 단위와 부분으로 나누는 과정이 필요한 것은 다시 거꾸로 전체로 돌아가기 위함이라고. 희곡 전체로 돌아가기 위해 지금 먹기 좋게 썰었을 뿐이라는 겁니다. 그리고 인물의 행동을 찾는다든지, 감정을 찾는 것들이 안 되면 안 될수록 더 잘게 부숴야 한다고, 그러면 디테일해질 것이라고. 하나의 목표, 등장인물의 행동을 창조한다는 하나의 목표를 위한 기술입니다. 시스템을 잘못 받아들인 사람들은 이 목표를 놓친 것입니다.

스타니슬랍스키가 만약 애초에 완성된 시스템을 가지고 교육했다면, 지금 우리가 전체적으로 검증할 수 있는 시스템으로 전달됐겠지만, 그게 아니에요. 지금 우리가 접하는 책들로 나오기 전까지 스타니슬랍스키 본인이 무수한 시행착오를 하면서 실험을 했고, 그 실험을 재구성해서 가장 효율적인 순서와 체계로 구성한 것입니다. 개인적인 생각으로는 그런 이유에서 시스템 이후의 학교는 오히려 틀에 갇히는 단점이 있다고 봅니다. 그 이전의 실험 단계에서 배운 제자들은 오히려 자유롭게 스타니슬랍스키의 가르침을 자신의 판단으로 받아들였고, 틀이 없을 때 배운 제자들이 훨씬 자유로웠어요. 박탄코프도 그렇고 미하일 체홉도 그렇고. 그런데 오히려 시스템 완성 이후의 제자들은 거장이 없어요. 이를테면, 선생님께서 마지막에 했던 워크숍 내용을 정리한 내 원고와 초기에 배운 여러분의 원고를 살펴보면, 내 원고는 너무 잘 정리되어 있지만 여러분의 원고가 더 생생한 것들이 많아요.

오순택 스타니슬랍스키는 그 당시에 가장 팽배한 연기 스타일인 결과 위주의 보여주는 연기를 깨기 위한 방법을 찾아서 가장 인간다운 선택을 하는 연기, 보여주는 연기가 아니고 정직한 연기를 탐구한 것이고, 그 양반이 고생을 한 덕분에 지금은 보여주는 연기라든지 결과 위주의 연기를 안 하게 된 거야. 우리가 생각해야 할 것은 '그러한 기술과 실천이 어떤 상황에서 나왔는가?' 그거지.

자꾸 생각이 바뀌는데, 배우가 작가가 만들어놓은 인물의 세계로 들어가는 것이 맞는 것 같다. 인물에 들어가는 것은 불가능하고 인물의 세계로 들어간다. 종무가 집에서는 아버지 역할을 하고 학교에 가면 선생의 역할을 하더라도 종무가 없어지는 것은 절대 아니지. 배우가 주어진 인물의 세계로 들어가는 것이지, 배우 자신이 없어지는 것은 절대 아니다. 같은 역할이라도 배우에 따라 달라지는 것이 연기의 재미 아닌가?

지금의 연기는, 어떻게 하면 관객하고 같이 주어진 상황을 경험할 수 있느냐가 문제야. 그런데 배우가 자기 색깔이 없으면 재미가 없어. 미국에서 메트로폴리탄 오페라의 레퍼토리가 거의 비슷해. 관객도 늘 오는 그 관객이 와. 배우가 바뀌는 거야. 예를 들면 종태가 햄릿을 하면 보러 가, 내일 종무가 하면 또 보러 가. 배우의 색깔이 다르기 때문이지. 민우가 킹 리어를 하면 민우의 킹 리어를 보러 가는 거지, 킹 리어를 보러 가는 게 아니야. 그래서 배우는 being이 중요한 것이지요. 배우라는 존재가 중요하다는 거지요. 테크닉은 그다음에 배워서 습득하면 되니까.

이종무 그 말씀은 간단히 정리하면 배우가 결국 어떤 사람인가가 중요하다는…….

오순택 그렇지. 그래서 배우에게 하늘의 축복과 극적인 지성이 필요하다는 거지. 하늘의 축복이 없으면 배우 못 해. 언젠가 얘기를 했는데, 배우가 무식하면 아무리 캐릭터가 돼 봐야 작가의 패턴을 따라갈 뿐이지, 희곡 자체를 깊이 이해를 못 하잖아. 캐릭터를 충분히 이해 못 하면 인물 창조를 어떻게 해? 그리고 배우가 캐릭터가 된다? 아니야. 작가가 창조해놓은 캐릭터의 세계로 들어가는 거지. 배우가 천부의 재능이 있으면 문제가 없다.

이민우 저는 신체시정적 접근에 대한 얘기를 더 듣고 싶습니다. 신체시정적 접근이 연기 메소드가 되려면, 그러니까 방법론으로 자리매김하기 위해서 구체적인 실천 방법들이 필요하다는 생각이 드는데요?

오순택 음, 시인이 시를 쓰듯, 배우 역시 자신이 쓰는 등장인물의 대사를 단어 하나하나 연금해야 하는 것 아닐까? 그런 생각으로 시작된 거지. 우리 배우들이 모국어라는 생각 때문에 자기가 쓰는 '단어'에 대해서 깊이 생각을 안 하는 것 같아. 대사를 그냥 외워서 쓰는 것도 그래서고. 문장을 그냥 통째로 삼켜서 뱉고 있지 않나 하는 생각이 들어.

내 경험으로 미국에서 연기할 때, 영어 단어는 단어마다 몇 가지의 다른 뜻을 갖고 있어서 정확한 의미를 파악하기 위해 단어 하나마다 정확한 뜻을 찾아야 했어. 그런데 한국에 와서 연기를 하려니 또 한국말은 받침이 들어 있어 어려운 거야. 뜻을 정확하게 찾는 것보다 발음이 정확해야 전달이 명확해지는 거지.

순전히 화술이 달라져야 해. 띄어 읽기를 하는 데 있어서 한국말은 주어가 있고 형용사·부사가 있고, 동사가 제일 마지막에 나오는데, 처음 한국에 와서 대사를 할 때 좀 당황스러웠어. 영어는 주어가 있고 동사가 있고 형용사 부사가 있으니 여러 가지로 데커레이션을 할 수 있는데, 한국어는 마지막에 동사에 나오니까 당혹스러웠어. 영어에서는 감정을 모음에 싣는 것이 비교적 쉬웠는데, 한국말은 모음을 길게 하고 받침을 하면 이상해지는 거지…….

선생님은 우리 배우들에게 좋은 길, '명시를 낳은 시인의 서정적 마음만큼이나 무궁한 상상력을 잉태하고 있는' 그런 배우의 길을 열어주는 것, 그것이 본인의 마지막 과업이라고 생각하신다. 그 열정으로 80 나이에도 불구하고, '신체시정적 접근'이라는 새로운 모색을 시작하셨다. 신체시정적 접근이 시적 언어와 연결된다고 여기시기 때문에 언어의 연금과 연결되는 우리말－화술 탐구에 대한 의욕도 점점 더 커지시는 것 같다. 그렇게 선생님이 추구하시는 신체시정적 접근은 '현재 진행' 중이다.

우리의 토론은 신체시정적 접근에 대한 얘기를 막 시작해놓고 끝났다. 공연하러 가야 하는 배우가 있었고, 그 공연을 함께 보러 가는 계획이 잡혀 있었다. 선생님도, 제자들도 모두 좀 더 이야기를 나누고 싶은 마음이 간절했지만, 아쉽게도 얘기를 다 끝내지 못했다.

활발하게 활동하고 있는 제자들이 왠지 정체 상태라는 생각에 다시 재활 워크숍을 하고 싶어 하시지만, 각자의 상황이 여의치가 않은 것이 현실이다. 재도약의 장을 열 수 없는 것이 안타깝다. 이 순간 예감처럼 스치는 연상, 스타니슬랍스키가 '신체 행동'을 다시 시작해놓고는, 뒤에 남은 사람들에게 풀어야 할 '과제'로 남긴 일……. 아니다, 얘기를 다 끝내지 못했다는 것은 다시 시작해야 한다는 의미다. 선생님이 열정적으로 꿈꾸는 과업 – 신체시정적 배우가 되는 것 – 은 지금 시작하는 젊은 배우들의 미래다. 반드시 다시 시작되어야 한다. 이 책이 그 시작이다.

2013. 9. 22.

토론 내용 정리 오순한

배우 오순택의 연기 미학

발행일 2025년 12월 10일 초판 1쇄

지은이 오순한
발행인 고영래
발행처 (주)미래사

주소 서울시 마포구 토정로 195 – 1 정우빌딩 3층
전화 (02)773 5680
팩스 (02)773 5685
이메일 miraebooks@daum.net
등록 1995년 6월 17일(제2016 000084호)

ISBN 978-89-7087-167-7(13680)